宝鸡文理学院陕西省重点学科建设经费资助

西方哲学讲演集

王干才 著

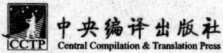
中央编译出版社

他山之石，可以攻玉

——《西方哲学讲演集》序

收在这本文集中的是我给哲学专业研究生授课时的两部讲稿。一部是《黑格尔〈小逻辑·存在论〉导读》，另一部是《现代西方人本主义哲学》。

自 1988 年起我成为哲学专业研究生导师，负责"西方哲学原著研究"课程。当时给同学们主讲两本书。一本是亚里士多德的《形而上学》，另一本是黑格尔的《小逻辑》。由于两本书文字难易程度不同，第一本采取了学生自学为主，老师答疑解难的方法，主要参阅汪子嵩先生的《亚里士多德关于本体的学说》、高清海先生的《哲学的憧憬》两本大作，配以我的《智慧之光——〈形而上学〉研究》，效果还不错。第二本因文字艰涩，"虽然字都认识，但不知其意如何"，无奈只好采取逐句对译、导读即一字一句解释、研讨的方法。同学们反映只有这样才能由少到多、由浅入深，一步步地理解得更全面、更深入、更准确一些。

实际上作为教师的我开始时和同学们的感受是相同的，因为《形而上学》毕竟还听高先生给硕士生讲过一次，而《小逻辑》则从未听任何人讲过，唯一能借助的只有张世英先生的《黑格尔〈小逻辑〉绎注》，因此这本书对我的帮助特别大，没有它简直就是"寸步难行"，所以在每节逐句讲完之后，需要对全文进行贯穿时，我总是采用张先生的原文，甚至照搬。至于在讲解过程中间或有与张先生不合的，就属于个人谬断了，不对之处恭请张先生教诲、各位同仁指正。据说马克思一生最崇拜两个人，一个是黑格尔，一个是亚里士多德。列宁在战火纷飞的一战期间也是潜心研读这两个人的著作，想必其中有一定道理。

后来我又担任了现代西方哲学的教学工作，现从讲稿中整理出一部分献给读者。这一部分内容若说还有点价值的话,那就是它的出发点不是站在唯我独尊、别人都不对的立场上,而是力求从别人那里学得更多一些,借以丰富充实"自己"。基于此就没有再把诸如叔本华、尼采、弗洛伊德、海德格尔、萨特等人的思想看作是反动的或没落的资产阶级的意识形态,而是更多的从人类思想发展的总体趋势中去看它们所具有的必然性或合理性的方面。

他山之石,可以攻玉。世界文化发展本就多姿多彩,参差不齐。学人之长,攻己或补己之短,原本题中应有之义。可惜的是今人强调学习西方科技的多,学习人家文化思想,特别是治国安邦策略的少,祈愿这一点早日改变为好。

目录 Contents

上部 逻辑学

黑格尔《小逻辑·存在论》导读

代绪论 ·· 3

第一篇 存在论（Die Lehre Vom Sein）

A. 质（Die Qualitat） ·· 15
   （a）存在（Sein） ··· 15
   （b）定在 ··· 48

B. 量（Die Quantitat） ·· 97
   （a）纯量（Reine Quantitat） ·· 97
   （b）定量（Quantum） ·· 108
   （c）程度（Grad） ·· 112

C. 尺度（DasMaB） ··· 130

下部 人本主义哲学

绪 论

一、解题 ·· 147

二、现代西方人本主义哲学产生的社会历史根源和
　　思想理论根源 ……………………………………………… 148
三、人本主义与科学主义的对立 …………………………… 149
四、现代西方人本主义哲学对马克思主义哲学的挑战 …… 151
五、现代西方人本主义哲学的实质和意义 ………………… 152

序　章

第一节　费尔巴哈人本主义哲学 …………………………… 154
一、生平与著作 ……………………………………………… 154
二、对黑格尔哲学的批判 …………………………………… 155
三、创立人本主义哲学 ……………………………………… 157

第二节　克尔凯郭尔的存在主义思想 ……………………… 162
一、生平与著作 ……………………………………………… 162
二、存在主义思想 …………………………………………… 163

第一章　意志主义（唯意志主义）

第一节　意志主义概论 ……………………………………… 166

第二节　叔本华的生存意志论 ……………………………… 169
一、生平与著作 ……………………………………………… 169
二、叔本华的哲学思想 ……………………………………… 170

第三节　尼采的权力意志论 ………………………………… 176
一、生平与著作 ……………………………………………… 176
二、尼采的哲学思想 ………………………………………… 177
三、权力意志论的真理观和价值观 ………………………… 182

第二章　生命哲学（The Philosophy of Life）

第一节　狄尔泰的生命哲学 ………………………………… 185
一、生平与著作 ……………………………………………… 185
二、基本观点 ………………………………………………… 185

第二节　柏格森的生命哲学 ………………………………… 188

一、生平与著作 …………………………………… 188
　　二、基本观点 ……………………………………… 189

第三章　弗洛伊德主义

第一节　古典弗洛伊德主义的产生及影响 ………… 195
　　一、什么是弗洛伊德主义（Frendism）………… 196
　　二、为什么要重视研究弗洛伊德主义 …………… 197
　　三、弗洛伊德主义是怎样产生的？ ……………… 198
第二节　弗洛伊德及其思想 ………………………… 199
　　一、生平与著作 …………………………………… 199
　　二、弗洛伊德学说的主要内容 …………………… 200

第四章　存在主义

第一节　存在主义概况 ……………………………… 206
　　一、存在主义产生的根源 ………………………… 206
　　二、存在主义的基本特征 ………………………… 207
　　三、存在主义的影响和传播 ……………………… 208
第二节　海德格尔的存在主义 ……………………… 209
　　一、生平与著作 …………………………………… 209
　　二、存在主义思想 ………………………………… 210
　　三、简短的评价 …………………………………… 219
第三节　萨特的存在主义 …………………………… 220
　　一、生平和著作 …………………………………… 220
　　二、萨特的存在论 ………………………………… 221
　　三、萨特的自由观 ………………………………… 224
　　四、萨特的人学辩证法 …………………………… 228

第五章　法兰克福学派

第一节　霍克海默、阿多诺的"辩证法" …………… 233
　　一、生平与著作 …………………………………… 233

二、霍克海默的"启蒙辩证法" …………………………… 233
　　三、阿多诺的"否定辩证法" ……………………………… 235
第二节 马尔库塞多形态的马克思主义 ……………………… 238
　　一、生平与著作 …………………………………………… 238
　　二、黑格尔主义的马克思主义 …………………………… 238
　　三、弗洛伊德主义的马克思主义 ………………………… 242
　　四、变革形态的马克思主义 ……………………………… 244
第三节 弗罗姆的"人道主义的马克思主义" ………………… 246
　　一、生平与著作 …………………………………………… 246
　　二、保卫马克思 …………………………………………… 247
　　三、新人性论 ……………………………………………… 249
　　四、人的异化与人的解放 ………………………………… 251
第四节 哈贝马斯反叛传统的马克思主义 …………………… 254
　　一、生平与著作 …………………………………………… 254
　　二、认识与兴趣 …………………………………………… 254
　　三、反叛"传统批判理论"和"历史唯物论"，
　　　　提出"晚期资本主义理论" …………………………… 256
　　四、由"革命"到"改良"，建构"交往行动理论" ………… 257

第六章　新康德主义（Neo—Kantinism）

第一节 新康德主义概况 ……………………………………… 260
　　一、新康德主义的产生 …………………………………… 260
　　二、新康德主义学派结构 ………………………………… 260
第二节 早期学派 ……………………………………………… 261
第三节 马堡学派的新康德主义 ……………………………… 263
　　一、马堡学派对思维逻辑功能的探讨 …………………… 263
　　二、对康德认识论的改造 ………………………………… 264
第四节 弗莱堡学派的新康德主义 …………………………… 265
　　一、社会历史学方法 ……………………………………… 265
　　二、弗莱堡学派的价值观 ………………………………… 266

第七章 现象学（Phenomenology）

第一节 现象学与胡塞尔 …………………………… 268
一、现象学的的地位 …………………………… 268
二、现象学的含义 …………………………… 269
三、胡塞尔现象学的目标 …………………………… 270
四、现象学代表人物 …………………………… 271
五、胡塞尔思想的发展 …………………………… 272

第二节 现象学方法 …………………………… 273
一、什么是现象学方法？ …………………………… 273
二、悬置法（加括号法） …………………………… 274
三、本质还原 …………………………… 275
四、先验还原 …………………………… 276

上部　逻辑学

黑格尔《小逻辑·存在论》导读

代绪论

不读黑格尔的著作，当然不行，而且还需要时间来消化。先读《哲学全书》的《小逻辑》，是很好的办法。

恩格斯

马克思和恩格斯认为，黑格尔辩证法这个最全面、最丰富、最深刻的发展学说，是德国古典哲学最大的成果。

列宁

黑格尔的《小逻辑》是我最爱阅读也是下工夫较多的著作之一。开始阅读时，确实味同嚼蜡，不要说深层的意思不理解，就是字面意思也难知其一二。列宁在《哲学笔记》中多次谈到：阅读黑格尔的逻辑学是引起头痛的最好方法。对此，我不仅深有同感，而且还把列宁的话常常讲给同学们听，借以鼓励他们和自己硬着头皮读下去。多亏有张世英先生的《黑格尔〈小逻辑〉绎注》指引，才使得我的学习与教学工作得以坚持下来。遗憾的是1998年之后，我同时担任了西北政法大学和鲁东大学两个专业的研究生和本科生的教学任务，课程经常多达每周十几、二十几节，而且每两个月就要在西安和烟台之间往返一次。繁重的教学迫使我不得不把《小逻辑》的诠释、导读工作停了下来，因而只完成了"存在论"部分，而且质量很难令人满意。余下的"本质论"和"概念论"只好寄希望于后人，或等到完全退休之后再说了。若上苍假我以时日，当早一天了却这一心愿。

王干才

第一篇　存在论（Die Lehre Vom Sein）

[德语原文简释]

"Die"是定冠词，相当于英语中的"the"。

"Lehre"理论、小说

"Vom"是 Von Dem 的缩写，"关于……"

Sein 中文意思是"存在"、"有"、"是"（因此有些译文：例杨一之先生翻译的《逻辑学》、贺麟先生翻译的旧版《小逻辑》的这一部分都译作"有论"，而新版《小逻辑》都译为"存在"）。由此可以看出：Die Lehre Vom Sein 的中文意思是"关于存在（有）的理论或学说"。

§84

存在只是潜在的概念。存在的各个规定或范畴都可用是去指谓。把存在的这些规定分别来看，它们是彼此互相对立的。从它们进一步的规定（或辩证法的形式）来看，它们是互相过渡到对方。这种向对方过渡的进程，一方面是一种向外的设定，因而是潜在存在着的概念的开展，并且同时也是存在的向内回复或深入于其自己本身。因此在存在论的范围内去解释概念，固然要发挥存在的全部内容，同时也要扬弃存在的直接性或扬弃存在本来的形式。

《小逻辑》与《逻辑学》正文都由三部分构成，即"存在论"、"本质论"、"概念论"，每个部分又由若干概念、范畴构成。第84节是"存在论"的开始，其核心是论述构成"存在论"中所有概念、范畴具有的特性。它和后面讲的"纯存在"既有联系又有区别，并不完全等同。

"存在只是潜在的概念"。这句话是对"存在"这个范畴的总的、第一个规定。什么叫"潜在"，就是没有发展、没有展开、没有实现出来的意思。单从这句话去看，可以说：什么叫"存在"呢？存在是一个概念。是个什么样的概念呢？是一个没有得到充分发展、充分展开的概念。如果联系逻辑学的体系去看，无论是《大逻辑》还是《小逻辑》都分为三部分，即"存在论"、"本质论"、'概念论'，三者之间紧密相连，形成一个发展过程。最初的"存在"即是最后"概念"的潜在阶段，而最后的概念又是"存在"充分发展、充分展开了的阶段。因此，就说："存在只是潜在的概念。"

"存在的各个规定或范畴都可用是去指谓。"这句话可以说是这一节的一个难点。无论是张世英先生的"绎注"，还是姜丕之先生的"浅释"都没有作出明确的说明。我认为可以有两种理解：第一，大致是说"存在"这个范畴虽然处在逻辑学的开端，但仍然包含有一些更小的规定或范畴，也就是说在"存在"这个较大的概念、范畴内，或者说在绝对理念发展的第一个大的阶段内，还包含着一些小的概念、范畴，还要经过一系列小的发展环节、阶段。而这些每一个小的概念、范畴、阶段、环节又都可以看作是一种"存在"、一种"是"，因而都可以用"存在"、用"是"去表述。也即是说这每一个环节、每一个阶段都是一种"存在"，都是一种"有"，都是一种"是"（在德语中"存在"、"有"和"是"是一个词）。

第二种理解是，开头的两个字"存在"不是我们上面说的作为"潜在的概念"的那个存在，而是我们一般讲的、万事万物的客观存在。而带着重点的"是"，才是作为"存在"概念的另外一种译法。这样，这句话的意思就是：现实存在、客观存在着的万事万物，包括思维性的范畴、概念等等，都具有"存在"、都具有"有"、都具有"是"这种特性。抽去了万事万物、范畴、概念、规定的种种特殊性，剩下的一个普遍性、共相就是"存在"着，"有"着，"是什么"。因此都可用"存在"、用"有"、用"是"去表述、去说明、去界定。

以上两种理解，那个比较恰当，大家可以再考虑，联系着后文，我个人比较倾向于第一种。

"把存在的这些规定分别开来看，它们是彼此互相对立的。"上面说了"存在"这个概念本身依然是个比较大的概念，它还包含许多环节、规定。把这些规定（比如"质"和"量"）分别开来看，相互间具有区别，比如质不是量，量也不是质。不过应当注意的是按照黑格尔的哲学思想，绝对理念内在矛盾着的两个方面互相对立的程度有一个发展过程。这里的"互相对立"和平常我们说的"矛盾的两个方面又统一,又'对立'"的那个对立,不能同等看待。这里矛盾着的两个方面还只是达到互有区别的程度,还没有达到不仅互相区别,而且正相反对、尖锐对立的那种程度。易言之,是说这里的"对立",只是讲二者之间存在着外在的区别,还不是程度更高、更强的内在对立。

"从它们进一步的规定(或辩证法的形式)来看,它们是互相过渡到对方。"请注意括弧里面的话"辩证法的形式"。这是和否认事物、概念发展变化的形而上学划清了界限。意思是说,依照辩证法的看法,或者说依循辩证思维的逻辑去思考问题,"存在论"中所包含的各个范畴都不是孤立存在的,而是发展变化的,一个消失了,另一个就继起产生了。不过这里,还不要把"过渡到对方",理解成矛盾两个方面的互相转化,因为按照黑格尔的思想,绝对理念的发展在"存在论"中还没有充分展开,其内在矛盾的发展在这里还没有完全实现,这里的"互相过渡"仅仅是指概念、范畴之间的前后相继,还不是指互相矛盾着的对立面之间的相互转化。

"这种向对方过渡的进程,一方面是一种向外的设定,因而是潜在存在着的概念的开展,并且同时也是存在的向内回复或深入于其自身。"黑格尔的逻辑学(无论是《大逻辑》还是《小逻辑》)都是由一百多个概念有机结构而成的,概念的发展是遵循着螺旋式、圆圈式的轨迹进行的。所谓"螺旋式"发展,是说后面的概念较之前面的概念无论是在外延上还是在内涵上都更广大、更深入,也即更具体,因而相比之下处于更高一个层次,"如同螺旋,越升越高"。所谓"圆圈式"是说,开头要说明的概念和最后达到的概念其实是一个概念,或者说最后得到的概念就蕴含着开头的概念,开头的概念一定蕴含于最后的概念之中。换句话说,开头的概念实质上是潜在的、没有充分发展的最后的概念,最后的概念是充分展开了的、实现出来的概念。开头和末尾重合,因而整个发展轨迹呈现出"圆圈"状态。这表明,在黑格尔看来,概念的发展有两种含义:一是由此概念出发,表面上看来是离出发点越来越远,而另一种含义是,这种表面上的越来越远,实际上是返回头来越来越深刻、越具体地说明自己。比如为了说明张三,我们有可能去研究张三的父亲,而为了弄清楚张三父亲的情况就有可能去研究与其有关的另一个人,这样,表面上看好像离出发点即张三越来越远，实际上是返回头来越来越深入地研究、说明了作为出发点的张三。这里的"向外的设定"，就是超越自己的特定范围发展自己。"向内回复"或"深入于其自身内部"即越来越深刻、具体、全面地说明自身。这既揭示了"存在论"中范畴发展的规律，同时也是整个逻辑学甚或全部黑格尔哲学范畴发展的规律。

"**因此，在存在论的范围内去解释概念，固然要发挥存在的全部内容，同时也要扬弃存在的直接性或扬弃存在本来的形式。**"这是由上述分析得出的结论。意思是说，我们要去说明、表述存在论中所包括的概念，一方面就应该充分阐述每一个概念所蕴含的全部内容，同时另一方面，也不能停留在这个概念当下的、直接的、表面的形式上，而要充分挖掘、揭示其内在的东西，从而自然地使其过渡到一个新的阶段、新的概念。这里的"扬弃"就是既抛弃又保留，既肯定又否定。"抛弃"、"否定"当下、直接、外在的形式，"保留"、"肯定"其内在的、合理性的内容，使其成为新的概念、范畴的一个有机组成部分，从而达到一个新阶段，获得一个新概念。

现在我们把这一节的意思再连贯起来叙述一下（以下内容请参看张世英著《黑格尔〈小逻辑〉绎注》，吉林人民出版社，1982年版第228—300页，后文同此例，不再注明）：

黑格尔认为"绝对精神"或"绝对理念"是世界万物的本原、本质、本体。而绝对精神又处于不断的发展变化当中。它发展变化的第一个大的阶段是"逻辑学"阶段。在这个阶段中绝对精神以"逻辑理念"的形式表现自己。"逻辑理念"在逻辑学（无论是大逻辑还是小逻辑）中具体表现为大大小小的一百多个概念，而这些概念就构成了绝对精神在"逻辑学"阶段的发展变化中所经历的一个个有机的环节、一个个有机的阶段。而"存在"就是这个大的阶段中的第一较大的阶段、第一个较大的环节。因此把它和逻辑学的最后一个较大的环节、最后一个较大的阶段（即"概念论"）相比，就只能是一个没有展开、没有发展、没有充分实现出来的概念。再则，黑格尔哲学的一个典型特征是"本体论"、"认识论"、"方法论"（或逻辑学）三者内在有机地统一在一起。这同一个"存在"既是本体论意义上作为万事万物本体的绝对精神现实存在、发展变化的最初状态、逻辑起点，同时又是绝对精神自我认识所达到的第一个环节、第一个阶段，同时也是人们用以把握它的方法的第一个步骤、用以表述它的第一个概念。因此无论从哪一个角度讲它都是最初的、没有得到进一步展开的即"潜在的"东西。所以,"存在"是绝对精神、绝对理念的最初级、最简单、最一般的规定,在"存在"中,绝对理念的各个环节、各种特性都还没有得到展开和显露,它只是"自在的概念",只是概念的潜在状态。属于"存在"这个较大范围内的规定(概念、范畴),都表现为当下"直接"的存在,或者说都是具有"直接性"即不包含间接性的存在。将这些概念、规定分别来看,它们是"彼此互相对立",即互相区别、互相外在的;进一步来从辩证法的角度来看这些概念、规定,则它们又不是固定不变的,而是"一方过渡到他方",即由这一直接性的规定过度到另一直接性的规定(例如质过渡到量,量过渡到质)。这种由一方过渡到另一方的进程,一方面是一方离开自己本身,超出自身的界限,向自己以外超越出去(heraussetzen),因而是"潜在存在着的概念"的向外扩张。但另一方面超出自身而形成的新的概念同时也可看作是反转过来更加"深入于其自己本身",即更深入地对自己的说明,或者可以是"存在"的向自己内部回复(例如由量变过渡到质变,一则是量变超出自己而形成了质变,另一则质变同时也可看作是对量变自身的更加深入)。所以,在"存在"这个较大的范围内解释它所包含的每一个概念,都既要对它内在所涵容的内容给以充分的说明,同时又要注意扬弃它当下存在的形式,说明它是如何"过渡"到另一方的。

§ 85

存在自身以及从存在中推出来的各个规定或范畴,不仅是属于存在的范畴,而且是一般逻辑上的范畴。这些范畴也可以看成对于绝对的界说,或对于上帝的形而上学的界说。然而确切地说,却总是只有第一和第三范畴可以这样看,因为第一范畴表示一个范围内的简单规定,而第三范畴则表示由分化而回复到简单的自身联系。因为对上帝予以形而上学的界说,就是把他的本性表达在思想里;但是逻辑学却包括了一切具有思想形式的思想。反之,第二范畴则表示一个范围内的分化阶段,因此只是对于有限事物的界说。但当我们应用界说的形式时,这形式便包含有一种基质浮起在我们观念中的意思。这样一来,即使绝对——这应是用思想的意义和形式去表达上帝的最高范畴——与用来界说上帝的谓词或特定的实际思想中的名词相比，也不过仅是一意谓的思想，一本身无确定性的基质罢了。因为这里所特别讨论的思想或事情，只是包括在谓词里，所以命题的形式，正如刚才所说的那个主体或绝对，都完全是某种多余的东西（比较§31和下面讨论判断的章节）。

这一节正文的意思主要是讲"存在"自身所包含的范畴以及"存在"之后、从"存在"中推演出来的的其他范畴一方面不仅可以看作是对"绝对精神"（即黑格尔心目中的"上帝"）及其发展过程的说明、界定、规定，因而属于本体论范围，而且同时亦可看作是用以表述绝对精神自我认识、以及人们用以思考、用以表述这一过程不同阶段的逻辑范畴，因而又属于认识论、逻辑学的范围（这里再次表达了黑格尔本体论、认识论、逻辑学三者有机统一的思想）。

"存在自身以及从存在中推出来的各个规定或范畴，不仅是属于存在的范畴，而且是一般逻辑上的范畴。"意思是说，"存在"自身是个较大的概念，它本身又包括若干环节、若干范畴，而且还可以由它出发推演出后面的规定和范畴（比如从"存在"推演出"本质"、"概念"等等）。但是无论是"存在"本身，还是从它推演出来的其他规定或范畴，一方面不仅是对作为客观存在着的绝对精神及其发展变化过程的说明，因而属于本体论的范围，另一方面无论是"存在"自身、还是它所包含的环节、还是从它推演出来的后来的概念、范畴都同时又是用于表述绝对精神自我认识、人们进行逻辑思维必经阶段、必经环节的逻辑范畴，因而又属于认识论、逻辑学的范围。黑格尔的这一思想显然是建立在思维与存在同一、本体论与认识论、逻辑学同一的基础之上的。因为在他看来：同一个范畴，比如"存在"既是作为世界万物本体的绝对精神发展变化的第一个环节，同时又是绝对精神自我认识或者说是人们对它认识所达到的第一个环节、第一个阶段，因而存在论范围内的范畴、概念既属于"本体论"范围，同时又是人们用以表述绝对精神自我认识、表述人们对它的认识深化程度的一般逻辑学上的范畴。

"这些范畴也可以看成对于绝对的界说，或对于上帝的形而上学的界说。""存在"自身，以及从"存在"推演出来的其他范畴，推而广之逻辑学的全部范畴每一个都可以看成对于"绝对"（即"绝对理念"、"绝对精神"）或黑格尔心目中的、人们日常所说的上帝的说明和规定。所谓对上帝予以"形而上学的界说"，就是从哲学的角度、从本体意义上、从本性上去说明上帝。这里的"形而上学"是"哲学"的意思，不是和"辩证法"对立意义上的形而上学。"形而上学"的界说，就是从本原、本体、本性意义上，也即哲学的层次上所作的说明。而要作这种说明，就不得不运用思想的形式即逻辑范畴。

"**然而确切地说，却总是只有第一和第三范畴可以这样看，因为第一范畴表示一个范围内的简单规定，而第三范畴则表示由分化而回复到简单的自身联系。因为对上帝予以形而上学的界说，就是把他的本性表述在思想里；但是逻辑学却包括了一切具有思想形式的思想。**"黑格尔认为，绝对精神、绝对理念的发展是按照否定之否定的规律进行的。发展的过程、发展的每一个阶段、每一个环节都表现为一个个概念、一个个范畴。这也就意味着在黑格尔那里，概念、范畴是按照"正"、"反"、"合"的系列排列的。在这个系列中，只有位于第一（即"正"）、第三（即"合"）的两个范畴可以看作是对"上帝"的说明和规定。这是因为所谓正、反、合也就是肯定、否定、否定之否定。第一范畴、即"正"、"肯定"是从正面认定、肯定某物是某物；第三范畴"合"是表示事物经过分化、展开、重新回复到自身，达到第二次的肯定、达到多样性的具体统一或对立面的统一，同样是对事物的正面确认、肯定，而且相比之下，这次肯定所包含的内容比起第一次肯定来内容更广泛、程度更深入。这说明，由于这两个范畴，特别是第三个范畴是讲全体性的范畴，是对于事物的正面肯定，因此，只有它们才能作为对于"绝对"、对于上帝的界说。因为"绝对"、"上帝"本来就是全面性、圆满性的东西而不能是片面性、不圆满的东西。所谓"对上帝予以形而上学的界说"就是从哲学的层次、哲学的高度运用概念、范畴这些思维形式对上帝的本性作出说明。而他的逻辑学就包括了所有用来表述思想的概念、范畴。换句话说，正是他的逻辑学、他的哲学、他所建立的思想体系才是对"绝对"、上帝本性的最好、最完整的说明。

"**反之，第二范畴则表示一个范围内的分化阶段，因此，只是对于有限事物的界说。**"这句话和上面联系得很紧密，是说在"正、反、合"的公式中，因为相对于处于"正"、"肯定"位置的第一个范畴，处于"反"、"否定"位置的第二个范畴表示的是思想的分化、是对前面的关于事物正面肯定的否定，不宜于表述作为"正"面、"肯定"的、具有无限全体性、圆满性的事物，只适于说明和规定有限的、具体的、特定的甚或片面性的事物，或事物的某一侧面，因而不能用它来界说"绝对"，界说上帝。

"但当我们应用界说的形式时，这形式便包含有一种基质浮起在我们观念中的意思。这样一来，即使绝对——这应是用思想的意义和形式去表述上帝的最高范畴——与用来界说上帝的谓词或特定思想中的名词相比，也不过仅是一意谓的思想，一本身无确定性的本质罢了。"这句话的基本意思是在说用"界说"（即下定义、判断）的形式去说明上帝，说明无限事物所具有的局限性。详细一点就是运用"界说"、"下定义"的形式去说明上帝是不够的、是难以达到目的的。因为这种方式总是用一些谓词（谓语）去说明主体（主语），由于主体或主语往往是"多方面的统一"，当你用某一个命题、判断去说明它时，只能说明它某一方面的规定性，而不能全面、具体地说明它多方面的规定性。其结果往往导致人们片面地把握某种事物，更不用说把握作为无限丰富内容有机统一的绝对、上帝了。这样一来，原本要你说明的主体或主语便始终好像是浮现在我们心目中的一个有待说明的，即使用许多谓词也难以说明的东西，而这个东西正是承载事物各种各样属性的"基质"。因为事物特点、属性的多样性，你随便用多少命题、下多少定义，那个有待说明的"基质"（主体）总无法为你所能够完全说明。这表明，用判断、用"界说"这种形式去说明"绝对"，其结果只能使它成为一个只可以意会、"本身无确定性的基质"、而不能完全表述的东西。

"因为这里所特别讨论的思想或事情，只是包括在谓词里，所以命题的形式，正如刚才所说的那个主体或绝对，都完全是某种多余的东西。"这里和上面的意思紧密相联，是说既然用某一个或某一些命题、判断、界说不能完全说明"绝对"，而"绝对"、"上帝"的说明要通过全部逻辑范畴体系去说明，因而要简单地下一个"判断"，比如说"绝对"就是质或"绝对"就是量，就是非常片面、不适用的。而要弥补这种缺陷，只有借助于整个逻辑学范畴体系或全部黑格尔哲学范畴体系才可予以解决。关于这一点可参考第31节和下面关于讨论判断的章节。

我们现在把全部意思贯串一下（参看张世英《黑格尔〈小逻辑〉绎注》第228—230页）："存在"概念自身、以及它所包含的每一个环节、还有从"存在"中推演出来的其他范畴、甚至全部逻辑学的规定（范畴），都不仅是关于客观"存在"着的事物（这里的事物，按照黑格尔的思想自然是以绝对精神为本质、为基础的事物）自身的说明，因而属于"存在论"、本体论的范围，而且也是人们认识事物、进行逻辑思维过程中的环节、阶段。这里明显表达出黑格尔具有的本体论、认识论、逻辑学一致的思想。而且在他看来逻辑学中的全部范畴都是对"绝对理念"、"绝对精神"也即上帝的规定和说明，每一范畴都可以看成是从本体上，从本性上去界说"绝对"。与此同时这里的每一个规定、范畴也都可以看作是"绝对"、上帝自我认识以及人们对它们发展变化过程认识所达到的一个个阶段或环节。然而，更确切地说，在按"正、反、合"组成的范畴系列中，只有第一与第三两范畴可以看作是对"绝对"的界说。这是因为第一范畴是"正"，是事物的正面规定，是有关事物的全体；第三阶段是"合"，是经过分化、展开后又回复到了统一，回复到了"简单的自身联系"，这个阶段当然更是一个全体。而且和第一阶段相比更全面也更深入。由于第一和第三两阶段都是讲全体性的范畴，故只有它们才能作为对无限的"绝对"的界说；至于第二范畴"反"，则表示某一体系范畴内的"分化阶段"或否定阶段，不宜于表述无限的全体，只适于界说有限事物。但是，无论如何，运用界说、下定义的形式去说明上帝总是不够的：下定义的形式总是用一些谓词去说明主体，主体便好像是浮现在我们心目中的一个有待说明、隐藏在诸多谓词背后的东西（"基质"）。随便你用多少命题，下多少定义，那个"基质"（主体）总无法为你所穷尽；因此像对"绝对"这样的主体，如果只是采取这种形式，也就成了一种只可以意会的东西，"一本身无确定性的基质"。这表明，在黑格尔看来，"绝对"只有用整个逻辑范畴体系或者说只有用他的全部哲学思想体系才能表达。关于命题、判断不能表达和穷尽无限的具体真理，可参看《小逻辑》第31节和下面关于判断的章节。

下面学习附释，先看第一段的第一句：

逻辑理念的每一范围或阶段，皆可证明其自身为许多思想范畴的全体，或者为绝对理念的一种表述。

这里的"逻辑理念"是黑格尔哲学体系的核心——"绝对精神"（又称"绝对理念"）在逻辑学阶段的具体表现。黑格尔认为"绝对精神"是世界万物的本原、本质、本体。而绝对精神处于不断的发展变化当中。它发展变化的第一个阶段是逻辑学阶段，而在这个阶段中"绝对精神"就表现为"逻辑理念"。而逻辑理念又是一个内容丰富的综合体,它本身又包括许多阶段、环节。而这每一个阶段、环节、范围自身又包括若干阶段、环节。无论大的规定、环节还是小的规定、环节又都具体表现为一个个概念、范畴,因此较大的概念、范畴又都是由许多较小的功能、范畴组成的。这就是大的"正、反、合"中又包含着许多小的"正、反、合"。而每一个范围、阶段、环节、概念、范畴又都可以看作是对绝对理念的一种说明,一种表述,或者标志着对绝对理念自我发展、自我认识所达到的一个特定阶段。

譬如在"存在"的范围内,就包含有质、量、和尺度三个阶段。

就是说,"存在"这个逻辑理念一方面可以看作是"绝对理念"发展的第一个阶段,或者说是对它发展过程第一个环节的表述,同时也可看作是"绝对理念自我认识以及人们它的认识所达到的最初阶段"。而"存在"本身又不是单一的,自身也包含有"质"、"量"、"度"(或尺度)三个环节,也可以说,对"存在"这个范畴的认识,先后还应经过"质"、"量"、"度"三个阶段。

质首先就具有与存在相同一的性质,两者的性质相同到这样程度,如果某物失掉它的质,则这物便失其所以为这物的存在。

这是对"质"这个范畴的初步界说。意思是说:质与事物完全同一。某物之所以是某物,而不是别的事物,正因为是"质"不同。因此,如果某物丧失了它的特定的质,那么这个事物也就变化了,或者说不存在了。这就是说"质"与事物的存在密切相关、不可分离。

反之,量的性质便与存在相外在,量之多少并不影响到存在。譬如,一所房子,仍然是一所房子,无论大一点或小一点。同样,红色仍然是红色,无论深一点或浅一点。

相反,如果说"质"的特性和事物的存在二者关系是那样密切,因而把质一般叫作事物的内在规定性的话,那么比较来看,"量"可以叫作事物的外在规定性,即是说量的变化并不立即密切地影响到事物的存在。接着他举了两个例子:一个说,房子大一点,小一点(这些都是"量"的具体情况)并不立即直接影响到房子仍然还是房子。红色无论是深一点浅一点,仍然是红色。应当注意的是这里说的变化不影响事物的质、不影响事物的存在,是在一定限度内说的。超过一定限度量的变化就必然要影响到事物的存在即事物质的状况了。

尺度是第三阶段的存在，是前两个阶段的统一，是有质的量。一切事物莫不有"尺度"，这就是说，一切事物都是有量的，但量的大小并不影响它们的存在。不过这种"不影响"同时也是有限度的。通过更加增多，或更加减少，就会超出此种限度，从而那些事物就会停止其为那些事物。

"度"（或尺度）是对"存在"发展到第三阶段的说明，它是前面"质"与"量"两个阶段的统一，是具有特定质的特定的量，或者说是保持事物具有特点的规定性、特定的质的那个特定的量。当然，这个量往往不是一个点，而是一个从小到大的范围。任何事物都有量的规定性，虽说"量"的增加或减少在一定范围内并不影响事物质的规定，但是这种"不影响"是有限度的，超出一定限度，事物就会发生质的变化，原来的事物就不复存在了。

于是从尺度出发，就可进展到理念的第二个大范围，本质。

逻辑理念发展的三个大的阶段，它所包括的三个大范围是：存在、本质、概念。而"存在"又包括"质、量、度"三个阶段，"度"是存在的最后一个阶段，因此也可以说，它是由存在向本质过渡的最后一个环节，由度出发，再发展就进到"第二个大范围，本质"了。

这里所提及的"存在"的三个形式，正因为它们是最初的，所以又是最贫乏的，亦即最抽象的。

这是在说明存在所包括的质、量、度三个范畴具有的特性。因为它们既然位于"绝对理念"发展的最初阶段，同时又位于绝对理念自我认识以及人们对它认识的最初阶段，因此无论就其自身发展来说还是就人们对它的认识发展来说，所包含的思想内容都是最简单、最贫乏的。而又因为它们概括的范围特别广，万事万物的具体特点都被抽象掉了，单单剩下这几个最普遍、最广泛的概念因而又是最空洞、最抽象的。

直接的感性意识，因为它同时包含有思想的成分，所以特别局限在质和量的抽象范畴。这种感性意识通常被认作最具体的，因而同时也常被看成是最丰富的。但这仅是就其材料而言，倘若就它所包含的思想内涵来看，其实可以说是最贫乏的和最抽象的。

这是从认识论的角度出发，对认识的最初阶段：感性意识（从本体论角度讲实际上也是绝对理念发展的最初阶段）所具特点的说明。感性意识就是我们平常所说的感觉，一方面从它是借助于人的各种各样的感觉器官直接接触事物所获得的来看，在一定意义上可以说是具体的，包含的直观材料是非常丰富的，但另一方面，又因为它仅仅是对事物表面的、浅层次的认识，还没有认识到事物的本质，因此从其内含的思想内容来看又是最贫乏的，只能认识到某个事物是个什么样的事物（即具有什么样的规定性而不是事物的本质如何）、量的情况（多大规模、体积）如何等等。为什么说这个阶段的范畴就它包含的思想内容来说，是最贫乏、最抽象的呢？这是因为黑格尔从唯心主义观点出发，把事物的本质认作是思想性的东西，而感觉又认识不了本质，因此说它包含的思想内容是最贫乏，最抽象的。

附释中的全部内容简单说来就是："存在"论中的三大范畴，质、量、度既是"绝对理念"（或绝对精神）发展变化的最初阶段，同时也是人们对"绝对理念"的认识所达到的最初的阶段，或者说是人们对这一阶段最直接的说明和表述。从认识论的角度讲，直接的、感性的意识或认识虽然也是人们认识、思想活动的结果，因而也具有思想范畴的意义，而且由于它是人们直接借助于感官获得的，表面看来多种多样，最丰富也最具体，可它毕竟是人们事物表面的、浅层次的认识，与人们对于事物更深层次、本质层次的认识相比，显然在其所包含的思想内容意义上讲又是最抽象、最贫乏的范畴（黑格尔之所以得出这样的结论，这是因为在他看来事物的本质——"绝对精神"或"绝对理念"是思想性的东西，感性认识既然认识不到事物的本质而只能认识到事物的现象所以即是内容贫乏、抽象的范畴，又因为这些范畴位于绝对精神、绝对理念发展的最初阶段、位于人们对其认识开始的最初阶段，所以它们又是"最贫乏"、"最抽象"的范畴）。关于这一点：可参考《小逻辑》第 19—25 节中的有关论述。

A. 质（Die Qualität）

(a) 存在（Sein）

§86

纯存在或纯有之所以当成逻辑学的开端，是因为纯有既是纯思，又是无

规定性的单纯的直接性,而最初的开端不能是任何间接性的东西,也不能是得到了进一步规定的东西。

这一节主要是讲逻辑学为什么要以"纯存在"即"纯有"作为开端。黑格尔讲了两点理由。第一,纯有是纯粹思想性的东西(即纯思);第二,纯有又是没有任何规定性的单纯的直接性。这两点正符合作为逻辑学开端的要求。为什么呢?因为逻辑学是以"绝对理念"为对象的,而"绝对理念"是思想性的东西,所以,作为它发展的第一个环节、第一个阶段也只能是思想性的东西;再则,既然是"绝对理念"发展的第一个阶段、第一个环节,或者说是人们对它认识的最初阶段,它就理应是最直接的,或者说是理应具有单纯"直接性"的东西,不能带有任何间接性。因为一旦具有了"间接性"就说明它不是最直接的东西,它的存在、它的本质需要借助于别的什么东西来规定、来说明,这样一来,就不是它规定、说明别的东西,而是别的东西说明、规定它。这表明作为逻辑学开端的"存在"、"有"不能有任何的规定性,而只能是"纯粹"的思想性的东西。"纯有"或"纯存在"既然符合作为"开端"阶段范畴的要求,那么,把它作为逻辑学的开端也就成为理所当然的了。

[说明] **只要我们能够简单地意识到开端的性质所包含的意义,那么,一切可以提出来反对用抽象空洞的存在或有作为逻辑学开端的一切怀疑和责难,就都会消失。**

意思是说,只要我们弄明白了"开端"这个环节所具有的性质特征,那么任何反对用"纯存在"或"纯有"作为逻辑学开端的意见,都不会成立。因为所谓"开端"就意味着是最原始的、最根本的、是第一个,所谓"开端"也就意味着只能由它去规定说明别的东西,而不能由别的东西说明、规定它。易言之,作为"开端"的东西不能有任何规定性,因而最空洞、最抽象,而"纯存在"或"纯有"正符合这一点,所以反对用它作为开端的理由、怀疑、责难都不能成立。显然,这是对正文意思的进一步说明。

存在或有可以界说为"我即是我",为绝对无差别性或同一性等等。

什么叫存在(实际上这里的"存在"是指作为逻辑学开端的"纯存在"、"纯有",而不是作为逻辑理念发展的第一个较大的阶段"存在论"意义上的"存在",要注意二者之间的区别),什么叫有?它们或者按照费希特(费氏认为:自我创造自我、自我创造非我、自我创造自我与非我的统一,他的哲学的出发点是"自我",而且这个"自我"是自身完全同一的,不包含任何差别)的观点,可以规定表述为存在就是"我即是我"(我与我自身完全同一);或者按照谢林的观点,可以规定表述为:存在就是绝对无差别性,存在就是同一性等等,因为在谢林看来思维与存在之间没有任何差别、二者绝对同一。

只要感觉到有从绝对确定性,亦即自我确定性开始,或从对于绝对真理的界说或直观开始的必要,则这些形式或别的同类的形式就可以看成必然是最初的出发点。

只要我们感觉到我们是从绝对确定的东西出发,也就是从比如自己认为自己是毫无疑义的客观存在着这样确定的事实出发,推而广之从确定无疑的、坚实肯定的前提、根据、事实出发,是从对于什么是绝对真理的规定和说明出发,或者是从直接观察出发是必要的、是站得住脚的,那么用以表达上述这些事实的(思想)形式(范畴、概念等)或类似的(思想)形式(范畴、概念等)从表面上看都可以作为必然的、最初的出发点。因为它们在提出这些命题的人看来都符合作为"出发点"的要求:作为出发点的东西一定是无可怀疑的、绝对确定的、不仅是依靠直接观察得来的,而且这种东西本身就是对绝对真理的说明。

但是由于这些形式中每一个都包含着中介性,因此不能是真正的最初开端。

但是由于上述每一种形式都不是最直接的,最根本的,它自身都需要通过其他别的事物、别的原因加以说明,也就是说它们自身都或多或少地包含着某种规定性,即间接性、中介性,因而都需要通过别的东西去说明、界说它,因此都不能够成为真正的、最初的出发点,都不符合"真正的开端"的性质特征要求,因而就不能成为真正的最初的开端。

因为中介性包含由第一进展到第二,由此一物出发到别的一些有差别的东西的过程。

这是对"中介性"的含义及其不能作为开端的进一步说明。为什么包含着"中介性"的东西不能作为真正的最初的开端呢?这是因为所谓中介性,就意味着"包含由第一进展到第二",也就是说,包含中介性的事物本身又是要从别的事物得到说明,不是从它去说明规定别的事物,而是要从别的事物去说明、规定它，既然是这样，就说明它不是最直接、最根本、最终、最后的原因，因而不能作为真正的最初的开端。

如果"我即是我"，甚或理智的直观真的被认作只是最初的开端，则它在这单纯的直接性里仅不过是有罢了。反之，纯有若不再是抽象的直接性，而是包含间接性在内的"有"，则是纯思维或纯直观。

这是说，如果按照上述要求，把"我即是我"（我只能用我来说明、由我来规定）或者把从直接观察得来的东西当作是最初的开端的话，那么，其结果就使"自我"变成了脱离了间接性、多样性的空虚的"存在"，即把"我"的各种各样的规定性剥离掉，末了还是以抽象的、直接的东西即"纯有"、"纯存在"作为开端。反过来说，"纯有"如果不再是最抽象，最直接的，而是包含有间接性，中介性的东西的话，那么它就不成其纯粹的、极端抽象的"纯有"了，而是作为有一定规定性的、包含着间接性的、具体真理性的"纯思维"或"纯直观了"。这里应当注意的是：黑格尔心目中的"纯思维"、"纯直观"有双重含义：一重是相对于具体事物而言的纯粹思想性的东西；另一重是同为纯粹思想性的东西而同时又具有不同的特点。其一是包含有间接性的纯思维，另一是不包含任何间接性的纯思维。前者如作为逻辑学第一大部分"存在论"中的"存在"，后者就是作为逻辑学开端的"纯存在"、"纯有"。尽管"纯有"也是"纯思维"但它是最低阶段，最贫乏的"纯思维"，而和具有一定规定性的、具体真理性的"纯思维"是不同的。

如果我们宣称存在或有是绝对的一个谓词，则我们就得到绝对的第一界说，即："绝对就是有"。

如果我们说"存在"或"有"是用来说明作为主语"绝对"（即"绝对理念"、"绝对精神"）的一个谓词（谓语），那末我们就得出对于什么是绝对的第一个规定和说明。这个界说就是："绝对就是有"，"绝对就是存在"。或者说绝对（上帝）的第一个特征就是"有"或者"存在"。

这就是纯全（在思想中）最先提出的界说，最抽象也最空疏。

这里"纯全"的意思不是很清楚，大意是"纯粹思想的全体"，既可以看作是指黑格尔自己所提出的他自己的整个思想体系、哲学体系，也可以看作是指巴门尼德的观点、思想体系。整句话的大意是说：从我的或巴门尼德的观点来看，"纯有"（"纯存在"）就是对绝对理念的第一个规定，第一个说明。由于它处于"绝对理念"发展的最初阶段，或者说是人们对"绝对理念"认识的第一个环节，因而自然是最抽象、最空疏、最贫乏的。

这就是爱利亚学派提出来的界说，同时也是最著名的界说，认上帝是一切实在的总和。

从哲学史的发展来看，哲学史上首先提出这种认识（即"绝对就是有"）的是古希腊的爱利亚学派。该学派把上帝（也即"存在"）规定为一切实在的总和，认为"世界上只有存在存在，不存在是不存在的"，这一思想在哲学史上是很著名的。

简言之，依这种看法，我们必须排除每一实在内的限制，这样才可以表明，只有上帝才是一切实在中之真实者，最高的实在。

按照爱利亚学派的观点，简单说来，"我们必须排除"每一个具体事物的限制，即必须超越每一个具体事物的限制，剥离掉每一具体事物的特点之后即可看到，剩下的只有一个存在了，只有一个上帝了。而这个"存在"、这个上帝是再也不能剥离的，因为假使连它们也剥离了就一切变成了"无"，就没有什么可谈的。这表明只有"存在"、只有上帝才是一切存在着的具体事物中永恒不变的东西，是它们之中的无限的绝对，是所有实际存在的事物之中的最真实者，因而是最高的实在。

如果实在已包含有反思在内，那么，当耶柯比说斯宾诺莎的上帝是一切有限存在中的存在原理时，就已经直接说出这种看法了。

如果说实在包含有间接性，即通过反复思考可以看到它可以借助于其他事物予以证明、规定、说明的话，那么当耶柯比揭示出斯宾诺莎关于上帝学说的实质时已经说出这种看法了。因为耶柯比指出，在斯宾诺莎看来，上帝（作为实体）是一切有限物之所以能够存在的原则、根基、最终原因，从而表明上帝是"真实者"，而这种说明方法虽和爱利亚学派不同：前者是通过突出上帝（即实体）在有限事物中的地位而说明它是最高、最终的存在，后者是通过否定其他事物的存在（世界上只有"存在"存在，其他事物是不存在的）而确认上帝（即实体）的真实存在，但结果一致。

现在我们把第 86 节正文及其说明的内容再简述如下（参看张世英《黑格尔〈小逻辑〉绎注第 231—232 页）：

作为逻辑学开端的范畴，必须第一是"纯粹思想性的东西"。因为只有这样才能成为逻辑学的研究对象；第二，必须不包含任何中介性而只具有直接性，因为只有这样才能说明只有用它去说明别的事物，而不需要由别的事物说明它。"纯存在"（即"纯有"）恰恰符合这两个条件，所以就成了逻辑学开端的范畴。反之，如果以有规定性的、"包含着中介性的"（即包含着间接性的）东西亦即特定的存在为开端，则它还需要用别的东西来说明，需要以别的存在为前提，这样"第一"要以"第二"为前提，"其一"要以"其他"作为自己得以成立的根据，那么所谓"第一"也就根本不成其为"第一"，"开端"自然也就不能成为真正的"开端"了。

当然，也可以把"存在"说成为像费希特所说的"我即是我"，或像谢林所说的"绝对无差别性"等等，因而可以把这些形式作为绝对确定无疑的东西、作为通过"理智直观"而获得的绝对真理，从而把它们看成是开端，但这些形式，每一个都是具体的，都是包含着中介性的，换句话说，都要通过其他事物给予规定、给予说明，因而都不能作为真正的开端。如果一定要像费希特那样，以"自我"为开端，那就只能去掉其具体性，使"自我"变成了脱离间接性、多样性的空虚的"存在"，其结果还是以抽象的、直接的"纯存在"为开端。反过来说，"纯存在"若发展成为包含间接性在内的"存在"，则"纯存在"也就不成其为"纯存在"，而是作为包含有间接性在内的、具体真理性的"纯粹思想性的东西"了。当然"纯存在"也是"纯粹思想性的东西"，不过它是处于最低阶段的"纯粹思想性的东西"，与包含有中介性、包含有具体真理的"纯粹思想性的东西"是不同的。

根据第85节所说，如果把每个逻辑范畴都看成是对"绝对"的一个界说，那么"存在"则是对"绝对"的第一个界说，也是最抽象、最空疏的界说。哲学史上首先提出这个范畴的是巴门尼德，他所代表的爱利亚学派及其哲学体系的核心就是"存在"。他们把"存在"概念当是"最高的实在"（上帝）。认为"存在"是一个"排除"了每一个别事物的"限制"和特性的最一般的概念，即剥离掉每一具体事物特性而获得的最具普遍性的概念。此派认为"存在"以外并无"非存在"。黑格尔说爱利亚学派"认上帝是一切实在的总和"，就是指此派所说的"整个存在是一"，"存在以外便无非存在"。接着，黑格尔对比了爱利亚学派的观点与斯宾诺莎的学说：爱利亚学派所讲的"存在"完全排斥否定性、根本不承认"非存在"；反之，斯宾诺莎哲学的最高范畴"实体"(上帝)则是包含"反思"即间接性在内的,承认有限性和否定性,并认为:"一切规定就是否定",即规定、肯定某物是这个而不是那个。爱利亚学派是用排除限制,排除否定性的办法表明上帝("存在")是"真实者";斯宾诺莎则是指出上帝("实体")是一切有限存在物之所以能存在的原则,根基,从而表明上帝是"真实者",显然两者方法不同,但结果一致。耶柯比认识到并指出了斯宾诺莎学说的这一实质。

这一节除了"说明"以外,还有两个附释,先看:

附释一:开始思维时,除了纯粹无规定性的思想外,没有别的,因为在规定性中已包含有"其一"与"其他";但在开始时,我们尚没有"其他"。

这是说,我们刚刚进行思维活动时,最初的,作为开端的思想只能是没有任何规定性(特性、属性)的,因为所谓"规定性"本身就已经包含着用其他的事物去说明、界说这一个事物。而被说明、被界定的事物就不能作为开端的思维范畴。作为开端的东西是只能由它去说明别的,而不能由别的说明它,是只能有其一,而不能有其他的。

这里我们所有的无规定性的思想是一种直接性,不是经过中介的无规定性;不是一切规定性的扬弃,而是无规定性的直接性,先于一切规定性的无规定性,最原始的无规定性。

这是对于作为开端的思想所具有的无规定性特征的进一步说明。黑格尔说,"无规定性"就是一种直接性,就是只能由它说明别的事物,而不能由别的事物说明它。也就是我们平时用以说明、界说事物的最原始、最基本、最终的根据、原因。这种无规定性不是包含有间接性,可以经过什么中介环节的无规定性,也不是先有了一些规定性,后来又把这些规定性扬弃掉的无规定性,而是从来没有、压根没有过什么规定性的最直接的无规定性,是先于任何规定性的无规定性,因而也就是最原始、最根本的无规定性。

这就是我们所说的"有"。这种"有"是不可感觉,不可直观,不可表象的,而是一种纯思,并因而以这种纯思作为逻辑学的开端。

上述这种无规定性的思想,"最原始的无规定性"的思想到底是什么呢?这儿,黑格尔作了回答,他说,这就是我们所说的"有",所说的"存在"。这种"有"或者"存在"具有什么特性呢?他说,这种"有"是不能感觉,不能直观到的,也是不能加以表述和说明的(因为能够感觉、直观到的"有"

或"存在"必定是某种特定的"存在"、特定的"有",即具有某种规定性的"有"了)。既不可直观又不能表象,那到底是一种什么东西呢?他接着回答,这是一种"纯粹思想性的东西"(纯思)。而且也正因为它既不可感觉,又不可表述因而最抽象、最贫乏才符合关于开端的要求,因而才作了逻辑学的开端范畴。

本质也是一无规定性的东西,但本质乃是通过中介的过程已经扬弃了规定并把它包括在自身内的无规定性。

这是把"存在"与"本质"两个范畴进行比较。他说,作为逻辑理念发展第二个大阶段的"本质"范畴也是一种无规定性的东西,因为它是把各种各样具体事物的本质(例如桌子有桌子的本质,椅子有椅子的本质)所具有的特殊性都剥离掉以后所得到的、为任何事物都具有的、纯思想性的"本质",而不是说的某种特定的本质,因此它也是一种"无规定性的东西"。但它却和"存在"不同,"存在"是最具直接性的、从一开始就无规定性的东西,而"本质"却是要通过一系列的中介环节、过程把若干规定性(如有、无、变等这些都位于"本质"范畴之前)扬弃掉,并且以一定的形式又使它们内含于自身之内的那种无规定性。因而两者("存在"和"本质")是不同的。

附释一的内容串起来,可以概述如下:黑格尔认为,作为逻辑学开端的思想只能是纯粹无规定性的思想,因为在规定性中便包含有"其一"与"其他",这是不符合开端的要求的。作为开端的思想,只能有"其一",不能有"其他";只能有直接性,不能有间接性。按照黑格尔的规定,这种直接性是先于一切规定性的,是最原始的无规定性,因而只能是"纯有"。纯有是不可感觉,不可直观、不可表象的。所以说,这种"有"是一种纯思。最后简单谈了一下本质与"有"的区别。他说本质与"有"虽然都是无规定性的纯粹思想性的东西,但是本质位于逻辑学的第二阶段,它的无规定性是经过前面一系列环节的发展而达到的,它是扬弃了先前诸如"质"、"量"、"度"等环节的直接性形式而又包含它们的内在规定于自身的无规定性。因而这种无规定性是与作为逻辑学开端的"纯存在"、"纯有"的无规定性不同的。区别在于"有"是直接的,本质是间接的。

附释二:在哲学史上,逻辑理念的不同阶段是以前后相继的不同的哲学体系的姿态而出现，其中每一体系皆基于对绝对的一个特殊的界说。

附释二集中地阐述了黑格尔的哲学史观。这第一句话的意思是说，在哲学史上，逻辑理念的发展阶段是通过先后出现的不同的哲学体系而表现出来的。每一个哲学体系都是对于"绝对"（即"绝对精神"或"绝对理念"、上帝）发展到一个特定阶段的规定和说明。

正如逻辑理念的开展是由抽象进展到具体，同样在哲学史上，那最早的体系每每是最抽象的，因而也是最贫乏的。

正像逻辑理念的发展是从抽象、空泛、贫乏的范畴发展到具体、丰富、充实的范畴一样，在哲学史上，最早产生的哲学体系也是最抽象、最贫乏、最空泛的。这个思想在《逻辑学》（即《大逻辑》）中表述为："那在科学上是最初的东西，必定会表明在历史上也是最初的东西"（上卷，第77页）。这里明显地表露了黑格尔关于"历史的发展与逻辑的发展是一致的"思想。

故早期的哲学体系与后来的哲学体系的关系，大体上相当于前阶段的逻辑理念与后阶段的逻辑理念的关系，这就是说，早期的体系被后来的体系所扬弃，并被包括在自身之内。

与上文紧密相连，黑格尔指出先后哲学体系之间的关系基本上与先后逻辑理念之间的关系是一致的。意思是说逻辑理念的发展，是后面一个高级的范畴扬弃了前面的一个较低级的范畴，而又把前一个范畴的合理因素包括在自身之中。哲学史的发展也是这样，前一个体系为后一个体系所推翻，新体系对先前的体系加以改造，并把它所包含的合理性内容吸收在自身之内，作为构成自身的一个成分。

这种看法就表明了哲学史上常被误解的现象——一个哲学体系为另一哲学体系所推翻，或前面的哲学体系被后来的哲学体系推翻的真意义。每当说到推翻一个哲学体系时，总是常常被认为只有抽象的否定的意义，以为那被推翻的哲学已经毫无效用，被置诸一旁，而根本完结了。如果真是这样，那么，哲学史的研究必定会被看成异常苦闷的工作，因为这种研究所显示的，将会只是所有在时间的进程里发生的哲学体系如何一个一个地被推翻的情形。

这里表明了对于哲学史发展的两种对立的观点。一种是辩证法的，认为哲学史的发展是辩证扬弃（即否定、抛弃其直接性的、过了时的外在形式，而保留、吸收具有合理性的内容，并将这种内容改造成为自身的有机组成部分）的过程，这一点上面已经说了，黑格尔主张的就是这种看法。另一种是形而上学的看法，认为哲学史的发展无非是后来的推翻先前的，而这种"推翻"又被认为是"抽象的否定"，即完全的抛弃，而被推翻、被抛弃的体系被放在一边认为是根本无用了。黑格尔说，如果情况真是这样，那么哲学史的研究就是非常苦闷、无聊、毫无价值、毫无意义的工作，因为按照这种看法，随着时间的推移，当下存在的一切都会成为"过去"，成为"先前"，都要被彻底推翻，彻底抛弃，那研究它还有什么用呢？应该说这种针对形而上学历史虚无主义的批判是比较有力量的。

虽然我们应当承认，一切哲学都曾被推翻了，但我们同时也须坚持，没有一个哲学是被推翻了的，甚或没有一个哲学是可以推翻的。这有两方面的解释：第一，每一值得享受哲学的名义的哲学，一般都以理念为内容；第二，每一哲学体系均可看作是表示理念发展的一个特殊阶段或特殊环节。因此所谓推翻一个哲学，意思只是指超出了那一哲学的限制，并将那一哲学的特定原则降为较完备的体系中的一个环节罢了。

这是对上述思想的进一步阐明。黑格尔说，虽然我们一方面应当承认，一切先前的哲学都曾经被推翻了，但另一方面，同时也必须坚持认为，没有一个哲学体系是被推翻得了的，甚至进一步可以说，没有一个先前的哲学体系是能够被推翻的。这里的关键是对于"推翻"作何种理解，为什么这样说呢？他讲了两点理由：第一，因为每一个能够称得上哲学的哲学体系，一般都以理念为自己的研究对象、研究内容，因此，各个哲学体系之间都存在着共性：有着同样的研究对象、内容，既如此就谈不上"推翻"的问题；第二，每一个哲学体系都可以看作是理念发展进程中（或者对理念的认识过程中）的一个特殊阶段或特殊环节，因此各个体系之间以理念发展过程为纽带，前后相继地紧密地联系在一起。各个体系之间有着互相贯通的联系。因而所谓推翻一个哲学，并不是说将旧的体系彻底抛弃，将内在联系彻底割断，而是将旧体系的一些基本的特定原则变为后来的、新的、较完备的体系中的一个环节罢了。

所以，哲学史的主要内容并不是涉及过去，而是涉及永恒及真正现在的东西。而且哲学史的结果，不可与人类理智活动的错误陈迹的展览相比拟，而只可与众神像的庙堂相比拟。这些神像就是理念在辩证发展中依次出现的各阶段。

既然哲学史的发展是一个辩证扬弃，而不是一个逐次彻底否定的过程，所以哲学史的主要内容，研究对象也不是用来说明完全消失了的，过去了的东西，而是用来说明永恒、绝对（绝对精神、绝对理念、上帝）等过去和现在的具体表现（即绝对理念在过去、现在是通过什么概念、范畴具体表现出来的）。既然如此，哲学发展的结果，哲学史发展的具体情形，就不能看作只是以往人类思维活动错误的展览，而应该看作像是有许多座大小不同神像的庙堂，在这座庙堂中，是神像一级管一级，高级的管理、包括低级的，那么在哲学史的发展中，也是后来的体系高出，包括先前的体系，庙堂中的一座座的神像就好像是理念辩证发展过程中所经过的一个个阶段。

所以哲学史总有责任去确切指出哲学内容的历史开展与纯逻辑理念的辩证开展一方面如何一致，另一方面又如何有出入。

这是从前面分析得出的另一个结论。意思是说，对于哲学内容的历史发展，即对哲学史的研究，应该确切说明，哲学的历史发展，哲学体系的一个接着一个的更替和纯粹逻辑理念的辩证发展之间到底在哪些方面、哪些阶段是吻合一致的，又在哪些方面、哪些阶段表现出一定程度的出入，即不一致。

但这里须首先提出的，就是逻辑开始之处实即真正的哲学史开始之处。我们知道，哲学史开始于爱利亚学派，或确切点说，开始于巴曼尼得斯的哲学。因为巴曼尼德斯认"绝对"为"有"，他说："惟'有'在，'无'不在"。这须看成是哲学的真正开始点，因为哲学一般是思维着的认识活动，而在这里第一次抓住了纯思维，并且以纯思维本身作为认识的对象。

这个意思是前面多次讲过的。就是说既然哲学史的研究，主要是指出哲学史的发展与逻辑理念的发展那些地方是一致的，那些地方是不一致的，那么首先应该指出的就是：逻辑理念开始之处也就是真正的哲学史开始之处。按照黑格尔的唯心主义观点，哲学史开始于爱利亚学派，或者确切地说，开始于巴门尼德（即巴曼尼德斯）的哲学。因为巴门尼德把剥离掉各种各样特殊事物具体性以后所得到的普遍性——"有"或"存在"看成是"绝对"、看成是万事万物当中最真实的东西，而这个存在、这个有又是"纯粹思想性的东西"，并且认为只有"有"存在，而"无"是不存在的，提出"思想与思想的目标是同一的；因为你决不能见到一个思想是没有它所表达的存在物的。在存在物之外，决没有任何别的东西，也绝不会有任何别的东西，因为命运已经把它固定在那不可分割而且不动的实体上"。在黑格尔看来，所谓哲学无非是思维着的认识活动。既然巴门尼德第一个提出把思维概念"有"作为认识对象，把哲学提高到了思想的领域，所以应该把他的观点看成是哲学的真正开始。从这里可以明显看出黑格尔的这种观点是和他的绝对唯心主义体系紧密相联的，是对哲学史发展实际情形的歪曲和臆造。

人类诚然自始就在思想，因为只有思维才使人有以异于禽兽，但是经过不知若干千年，人类才进而认识到思维的纯粹性，并同时把纯思维理解为真正的客观对象。

黑格尔认为人类确实一开始就有思维，而正是人类具有思维的特性才和动物区别开来。但是人类并不是一开始就认识到思维的纯粹性（即抽象掉思维的具体内容、事物的具体特性，而仅仅抓住表达事物本质的思维形式），自然也就更不能一开始就把纯粹思维性的东西理解为真正的客观对象，而是经过若干千年，才达到这一步的。

爱利亚学派是以勇敢的思想家著称。但与这种表面的赞美相随的，常常就有这样的评语，即这些哲学家太趋于极端了，因为他们只承认只有"有"是真的，而否认意识中一切别的对象的真理性。说我们不应老停滞在单纯的"有"的阶段，这当然是很对的。但认为我们意识中别的内容好像是在"有"之旁和在"有"之外似的，或把"有"与某种别的东西等量齐观，说有"有"，某种别的东西也"有"，那就未免太缺乏思想了。

爱利亚学派（以巴门尼德为代表，提出只有纯思维性的"存在"、"有"是世界上唯一真实性的东西，否认其他事物的真实存在）确认纯思维是哲学的研究对象，并因而被称颂为勇敢的思想家。但有些人却认为爱利亚学派太爱走极端了，理由是该学派只承认纯思维的"有"是真的，而不承认意识中一切别的对象的真理性。黑格尔认为，说我们不应停滞在"有"的阶段，或者说不应该仅仅把"有"作为研究对象，这自然是对的。但是认为我们意识中的别的东西是在"有"之旁或在"有"之外，与"有"处于并列地位，或者把"有"与别的东西等量齐观，说"有"存在，别的东西也存在，因而二者半斤八两，不相上下，"那就未免太缺乏思想了"。为什么呢？因为在黑格尔看来意识中存在着的别的东西，其抽象层次都不能与"存在"、与"有"

相提并论，只有通过思维的进一步抽象，对别的事物的特殊性进一步剥离，最后才能上升到纯思维，即"存在"、"有"的层次，因而把有与别的东西混为一谈是思想贫乏的表现。

真正的关系应该是这样：有之为有并非固定之物，也非至极之物，而是有辩证法性质，要过渡到它的对方的。"有"的对方，直接地说来，也就是无。

正确的看法，"有"与其他事物的真正关系应该是："有"既不是固定不变的，也不是究竟至及的，而是具有辩证的性质，是一定要发展、过渡到它的另一面。与有形成对立面的是无，因此，由于"有"所具有的内部矛盾性，与无的内在同一性即"都无任何规定性"，因此必然要过渡、发展到它的对方——"无"。

总结起来，"有"是第一个纯思想，无论从任何别的范畴开始（如从我即是我，从绝对无差别，或从上帝自身开始），都只是从一个表象的东西，而非从一个思想开始；而且这种出发点就其思想内容来看，仍然只是"有"。

黑格尔最后总结说："有"是第一个纯思维，只有"有"才可以作为逻辑学的开端。而从任何别的范畴（如从费希特的"我即是我"或从谢林的"绝对的无差别"，或者从上帝自身）开始，都只是从直观到的事物的表象开始，而不是从事物的实质——思想开始。而剥离掉作为出发点的事物的表象，其内在的思想内容、内在实质，仍然还是"有"。因此，只有"有"才符合开端的要求，才能作为开端。

附释部分的中心内容是在阐述黑格尔的哲学史观（参看张世英《黑格尔小逻辑绎注》第233—234页）。不难看出我们日常提倡的哲学、社会科学的学习与研究应遵循"逻辑与历史一致"的原则，其思想源头正是出自于黑格尔逻辑学中这一部分的有关论述。不过应明确的是：在黑格尔那里，逻辑与历史的一致是以逻辑第一性、历史第二性即逻辑决定历史的面目出现的，而在马克思主义哲学看来，情况恰恰相反，我们是按照历史的真实面目来确立、运用逻辑的，因此它所贯穿的原则是历史在先、逻辑只是历史的再现，社会存在决定社会意识的唯物主义的基本观点，这与黑格尔形成鲜明的对照，但在承认逻辑与历史的发展虽然存在着差异而趋势基本一致这一点上却又是相同的。

费尔巴哈起初也是一名黑格尔哲学的崇拜者,当他从黑格尔思想的影响中解放出来以后,对黑格尔以"纯有"作为逻辑学、进而作为他的哲学体系、甚至作为整个世界开端的思想,作了尖锐的批判,明确指出:"可是我正要问:为什么一般地要有这样一个开端呢?难道开端的概念不再是一个批判的对象,难道它是直接真实并且普遍有效的吗?为什么我就不能在开端的时候抛弃开端的概念,为什么我就不能直接以现实的东西为依据呢?黑格尔是从存在开始,也就是说,是从存在的概念或抽象的存在开始。为什么我就不能从存在本身,亦即从现实的存在开始呢?或者说,既然存在是被思维的,是逻辑的对象,把我直接引回到理性,那么,为什么不从理性开始呢?……直接从现实的存在或理性开始进行哲学研究,那又有什么坏处呢?"(《费尔巴哈哲学著作选集》上卷第51页)显而易见,费尔巴哈的这一连串反问,不仅鲜明地把自己的哲学立场与黑格尔对立起来,而且深刻地揭露出黑格尔关于逻辑学、关于哲学体系、关于整个世界开端的唯心主义实质。

§87

但这种纯有是纯粹的抽象,因此是绝对的否定。这种否定,直接地说来,也就是无。

这一节的全文(包括正文,说明,注释)主要是讲作为"绝对理念"在"存在论"中发展的第二个阶段、第二个环节,或者说"绝对理念"在存在论中自我认识以及人们对它的认识所作出的第二个规定——"无"的。正文是说"无"是从"有"的意义中分析出来的。

黑格尔认为既然"纯有"或"纯存在"是纯粹的抽象,只能说"某物是——"至于是什么,则什么也说不出来。因为作为本来要对某物作出说明、规定、界说的"纯有"的全部规定性都给剥离掉了,只剩下了纯粹的"虚无",那就对它什么也不能言说。换言之,这种"有"就是什么也没有,这种"是"就是什么也不是。因此这种"有"、这种"是"就是"绝对的否定",绝对的空虚,对于它什么也说不出来,因此,这样的"有"也就是"无"。

[说明](1)由此便推演出对于绝对的第二界说:绝对即是无。其实这个界说所包含的意思不外说:物自身是无规定性的东西,完全没有形式因而是毫无内容的。或者说,上帝只是最高的本质,此外什么东西也不是。因为

这实无异于说，上帝仍然只是同样的否定性。那些佛教徒认作万事万物的普遍原则、究竟目的和最后归宿的"无"，也是同样的抽象体。

由上述分析，便推演出对"绝对理念"的第二个规定，即"绝对即是无"。这是因为，在纯粹抽象里，"有"和"无"是一而二，二而一的。二者都是同样的空虚，同样的没有任何规定性。"无"与"有"一样，都是一种无规定性的直接性，毫无内容。用它们去说明、界说任何事物，被说明、规定的东西仍然没有任何内容、任何规定性。用它们去说明上帝，最多也只能达到"上帝（即绝对）只是最高的本质"，至于这"最高的本质"究竟指的什么，则什么也没有说。显然这种所谓"最高的本质"归根结底也只是最抽象、最无规定性的。因此说上帝只是最高的本质，等于说上帝只是否定性、只是"无"，只不过这"否定"是在肯定的方式下（即承认上帝是最高的本质）说出来的。佛教徒信奉万事万物的普遍原则是"无"，而且认为万事万物包括自己最后都会走向"无"，这里的"无"同样也是一个抽象体。对于佛教徒的这种"无"，黑格尔在《哲学史讲演录》里作过解释。他说："这种'无'并不是人们通常所说的无或无物，而是被认作远离一切观念、一切对象，——也就是单纯的、自身同一的、无规定的、抽象的统一。因此这'无'同时也是肯定的；这就是我们所叫做的本质"（第一卷，第131页）。意思是说在佛教徒眼里万事万物的本质是"无"，不过这个"无"并不是以否定的形式而恰恰是以肯定的形式即确认世界万物的本质就是"无"来表述的。黑格尔在这儿所说的"无"与他在讲演录里所说的"无"具有同样的性质。

（2）如果把这种直接性中的对立表述为有与无的对立，因而便说这种对立原则为虚妄不实，似乎未免太令人诧异，以致使得人不禁想要设法去固定"有"的性质，以防止它过渡到"无"。

黑格尔认为，作为直接性的"有"与"无"分开来看，不论"有"或"无"，其本身都无间接性、都没有任何规定性、都无所谓对立统一的问题。但是，把两者联系起来看，却在直接性里构成第一对对立（这里的"对立"仅指"互相区别"，和日常讲的"对立"具有程度上的不同）的范畴。但是又因为"有"与"无"本身都无间接性，都无规定性，因此它们二者的对立只是形式上的，而非本质上的。如果有人觉得这种观点太令人诧异、令人感到奇怪，那只不过说明他对"有"与"无"的特性缺乏了解罢了。假如为了使像他们所想象的"有"与"无"的对立能够成立，能够说得通，硬去为"有"作出某种规定，以便使"有"与"无"区别开，防止"有"发展、过渡到"无"那一边去（因而采取……）

为达到这目的起见，我们的反思作用自易想到为"有"去寻求一个确定的界说，以便把"有"与"无"区别开。

为了不使"有"发展、过渡到"无"，即使"无"与"有"相混淆，我们的思维很容易想到替"有"去寻找、探求一个确定的界说，使它具有某种规定性，从而把"有"与"无"区别开。

譬如，我们认"有"为万变中之不变者，为可以容受无限的规定之质料等，甚至漫不假思索地认"有"为任何个别的存在，任何一个感觉中或心灵中偶然的东西。但所有这些对"有"加以进一步较具体的规定，均足以使"有"失其为刚才所说的开始那种直接性的"纯有"。只有就"有"作为纯粹无规定性来说，"有"才是无——一个不可言说之物；它与"无"的区别，只是一个单纯的指谓上的区别。

为了使"有"与"无"区别开，就说"有"是万变中的不变者，是可以具有无数种规定的质料，甚至武断地说有就是任何一个个别性的存在，或是任何一个感觉或心灵中偶然想到的东西，这都未免是画蛇添足，适得其反。因为对"有"作任何具体的规定，都会使"有"失去它的特性，不再成为最初的直接性的"纯有"。只有从纯粹无规定性方面来说，"有"才是"无"，"无"才是"有"。二者既然都是无内容的不可言说之物，因此"有"与"无"的区别，只不过是名称（叫法、指谓）不同而已。

凡此所说，目的只在于使人意识到这些开始的范畴只是些空虚的抽象物，有与无两者彼此都是同样的空虚。

以上所说，目的是在于使大家认识到作为逻辑理念开端的范畴都是些没有任何规定性的抽象的东西，有与无两者相比，都是一样的没有任何内容，都是一样的空虚。

我们想要在"有"中，或在"有"和"无"两者中，去寻求一个固定的意义的要求，即是对"有"和"无"加以进一步的发挥，并给予它们以真实的，亦即具体的意义的必然性。

我们如果有这么一种要求，有这么一种想法；要在"有"中，或在

"有"和"无"两者之中，去探求它们所具有的一种具体的规定性，也就是说对"有"和"无"作出进一步的解说，赋予它们以某种起初的、具体的规定性。

这种进展就是逻辑的推演，或按照逻辑次序加以阐述的思维过程。

对有和无两个概念的内涵进行解析，进一步发挥它们各自的特性，并据此引申出具体的意义，这种按照概念自身的内在逻辑一步步推演的过程就是一种逻辑的推演。换句话说，这种"逻辑的推演"也就是对概念进行具体分析，一步步地阐发其内涵，按照概念的逻辑次序对概念加以阐述、解析的思维过程。

那能在"有"和"无"中发现更深一层含义的反思作用，即是对此种含义加以发挥（但不是偶然的而是必然的发挥）的逻辑思维。

这句话是在解释什么叫作逻辑思维，逻辑推演。黑格尔指出：能够在"有"和"无"这两个范畴中通过反复思考、反省（反思）等活动，从而发现它们深层所包含的、比直接性更深入一层含义的思维作用、思维活动就是逻辑思维。这种逻辑思维是按照概念内在的逻辑次序的必然性进行的，而不是随意的、依照概念发展的偶然性进行的。

因此"有"和"无"获得更深一层的意义，只可以看成是对于绝对的一个更确切的规定和更真实的界说。

通过反思作用、逻辑思维而获得的有关有和无的更深一层的意义，只可以看成是对于绝对（即绝对理念、绝对精神、上帝）的一个更准确的规定和更真实的说明。

于是这样的界说便不复与"有"和"无"一样只是空虚的抽象物，而无宁是一个具体的东西，在其中，"有"和"无"两者皆只是它的环节。

通过逻辑思维所获得的对于绝对的新的界说和"有"与"无"相比，不再只是毫无内容的抽象的东西了，而不如说它是一个较为具体（即有了一些具体规定性）的东西了。而在这个具体东西之中，包含着原来从中而出的"有"和"无"两者，现在这两者都只是构成它的环节。

"无"的最高形式，就其为一个独立的原则而言，可以说就是"自由"。这种自由，虽是一种否定，但因为它深入于它自身的最高限度，自己本身即是一种肯定，甚至即是一种绝对的肯定。

"无"作为"有"的对立面,经过对"有"的否定,使逻辑理念的发展、或者说使人们对逻辑理念的认识进入了一个新的阶段,而在这整个过程中"无"是自主的、自决的,因而就其所蕴含的、所贯穿的原则来说就是"自由"。易言之,"有"是逻辑理念、事物发展的肯定性环节,而"无"是逻辑理念,事物发展的否定性环节。任何事物只有通过它才能达到否定之否定,走向它的更高阶段,走向第二次肯定、即"否定之否定"阶段。从这个意义上来说,当"无"作为否定性环节去否定肯定时,它是自己决定自己的,当通过"无"、否定而达到第二次的肯定时,它也是自己决定自己的,因而可以说无内含着"自由"原则、自由特性。正因为无具有这种"自由"特性,所以只有通过它,事物的发展才能达到自身的最高限度,达到否定之否定即"绝对的肯定"阶段,这种说法虽然有一定道理,但总体上是很牵强、晦涩的。

现在我们把这一节的内容略述如下(参看张世英《黑格尔〈小逻辑〉绎注》第 236—237 页):这一节的中心是讲"无"(即"非存在")这个范畴。"纯有"("纯存在"、"纯是")只说出了"某物是——",至于是什么,什么有,则毫无所说。换言之,对某物除了说它是"是",它"存在"着、"有"着之外,没有再作出任何进一步的规定。所以,这样纯粹的"是",纯粹的"有"是"绝对的否定",即什么也不是,什么也没有。因此,从正面来直接地看它,可以说它就是"无"。给"绝对"下一个定义,说"绝对是无"这就等于说它是毫无内容的东西,是"单纯的、自身同一的、无规定的、抽象的统一"。如果为了防止人们对"有即是无"、对消除有无之间对立感到诧异,把"有"专门理解为有特定性质的"有",从而使"有"与"无"非区别开来不可,那就失去了这里所说的"纯有"的意义。这里说"有即是无",并不是指作了"进一步较具体的规定"的"有",并不是指特定的存在,(例如不是指口袋里有一百元钱等于无一百元钱)而是指"纯有";只有上述意义下的"纯有"才是"无"。"纯有"和"纯无"都是无规定性的,因此,两者间的区别只是"指谓上的区别",而没有实际上的区别,只是"应该"有区别,或"潜在的区别",而没有像后面的"定在"("限有")那样是"发挥出来"了的区别。属于"定在"的两物,各具特点,其间的区别是很明显的。但如果说"一切皆有",外此无物,这就不是就有限的个别之物而言,而是就"一切"来说，这个说法只说出了一切都是存在，而"抹煞了所有的特定的东西"，抹煞了特性，因而等于是"绝对的空无"，等于什么也没有说。"有"与"无"两范畴，彼此孤立来看，都是"同样的空虚"。逻辑的推演就是要通过"反思"，对'有'和'无'加以进一步的发挥，发现它们的更深一层的"必然性"，这样，才能对于"绝对"有一个"更确切的规定和更真实的界说"，这样做的结果就达到了"变易"。"变易"以"有"和"无"为自身的构成环节，是一个"具体的东西"。黑格尔认为把"无"与"有"分割开来，固然是抽象的，但把两者结合起来看，则"无"的范畴具有更重要的地位："无"是否定性的环节，任何事物只有通过否定性的环节才能"深入于它自身的最高限度"，即只有通过它才能达到否定之否定。就这个意义来说，"无"是自己决定自己；是"绝对的肯定"，也就是说，无自身内含着"自由"，他的这种看法虽然有一定道理，但总体上看是很牵强的。另外，黑格尔关于"有""无"同一以及对"有"与"无"的内涵加以进一步的揭示、展开，从中推演出各个范畴的思想，虽然其间贯穿着对立统一的辩证思想，但是他的叙述却是十分晦涩的，这一点确实像恩格斯所说的，"黑格尔关于'有''无'同一的无稽之谈是令人丧气和抑郁的"（《马克思恩格斯全集》第2卷，第656页）。

附释："有"与"无"最初只是应该有区别罢了，换言之，两者之间的区别最初只是潜在的，还没有真正发挥出来。

作为逻辑理念的最初范畴"有"与"无"都是没有任何规定性的，因而二者是同一的。要说它们有区别，只能说，二者之间应该有区别，换句话说，这种区别还只能说是"潜在"的，极不明显的，没有真正表现出来的区别。

一般讲来，所谓区别，必包含有二物，其中每一物各具有一种为他物所没有的规定性。

黑格尔认为，所谓区别，一般说来，必然是两个事物或两个以上的事物相比较，其中每一事物都包含有另一事物所没有的特征，只有这样才能谈到区别的问题。

但"有"既只是纯粹无规定者，而"无"也同样地没有规定性。因此，两者之间的区别，只是一指谓上的区别，或完全抽象的区别，这种区别同时又是无区别。

但是，位于逻辑学开端的"有"既然只是纯粹地无任何规定性，而"无"也同样地没有任何规定性，因此它们之间要说有区别，仅仅只是名称不同而已，没有什么本质的区别，因此这种区别同时又可以说是无区别。

在他种区别开的东西中，总会有包括双方的共同点。譬如，试就两个不同"类"的事物而言，类便是两种事物间的共同点。

在其他能够加以区别的事物中，双方之间，总有某种共同点。比如两个不同类的事物，"类"就是它们的共同点。

依据同样的道理，我们说，有自然存在，也有精神存在，在这里"存在"就是两者间的共同点。

照上面说的，像自然存在和精神存在这二者是不同的，是有区别的。区别就在于前者是自然性的存在，后者是精神性的存在，存在的具体内容不同。但是这里二者又有共同点，同是存在，不管是什么样的存在，但都是"存在"，"存在"就是两者间的共同点。

反之，"有"与"无"的区别，便是没有共同基础的区别。因此两者之间可以说是没有区别，因为没有基础就是两者共同的规定。

和上面说的相反，"有"和"无"之间的区别，是没有共同点的区别，或者说不能以这个共同点为基础加以区别。因此两者之间也可以说没有区别。为什么呢，因为我们知道，"有"是没有任何规定性，是极端抽象、空无一物的，无也是没有任何规定性，极端抽象、空无一物的，既然二者都是没有任何内容的、空洞的、抽象的，当然也就没有什么区别可谈的了。

如果有人这样说，"有"与"无"既然两者都是思想，则思想便是两者的共同基础，那末说这话的人便忽视了，"有"并不是一特殊的、特定的思想，而毋宁是一完全尚未经规定、因此尚与"无"没有区别的思想。——人们虽然也可以将"有"表象为绝对富有，而将"无"表象为绝对贫乏。但是，如果我们试观察全世界，我们说在这个世界中一切皆有，外此无物，这样我们便抹煞了所有特定的东西，于是我们所得的，便只是绝对的空无，而不是绝对的富有了。

这是黑格尔自设问答，以求进一步说明上述观点。他说，如果有人讲，既然"有"和"无"都是思想范畴，那么思想便应该是它们的共同基础、共同点，因而是可以有、应该有区别的嘛！黑格尔说提这个问题的人忽视了，我们说的"有"并不是一个特殊的、具体的思想，而实在是一个完全没有任何规定性的、因此与"无"没有区别的思想。我们虽然可以把"有"表述为什么都有、绝对富有，而把无表述为什么都没有、绝对贫乏，但是用这样的观点去观察全世界，说这个世界中什么都是"有"，除"有"以外什么都没有，这样就等于抹煞了世界上所有的特定的"有"、有具体规定性的"有"，实际上得到的只是一个绝对的空虚，而不是绝对充实的世界。这样一来就与说世界空无所有完全相同。

同样的批评也可以应用到把上帝界说为单纯的"有"的说法上面。这种界说与佛教徒的界说，即认上帝为"无"，因而推出人为了与上帝成为一体，就必须毁灭他自己的结论表面上好似对立，但实际上是基于同样的理由。

根据同样的道理，基督教徒说上帝是"有"与佛教徒说上帝是"无"，表面上好像对立，而实际上是完全一样的。因为把上帝界说为"纯有"，至于有什么，什么也说不出来，与把上帝界说为"无"实质完全一致。所以当佛教徒把上帝界定为"无"，而人为了表明自己信奉上帝，就必须舍弃自己的肉体，从而毁灭自己使之也成为"无"，原因正在于作为纯粹抽象的"有"与"无"实际上是一回事。这就告诉我们，决不可把作为直接性的"有"与"无"，同通常的带有具体规定的"有"与"无"混同起来。

附释的内容可以表述如下：

黑格尔认为，一般所谓区别，必须是相异的两物，各有自己的规定性，而这个规定性是对方所没有的。从这个意义上讲，"有"与"无"的区别最初还只是潜在的，因为两者的规定性是一样的，都是纯粹无规定性的。"有"与"无"最初只是应该有区别，但是没有展示出来，因此两者的区别完全是抽象的，也可以说是没有区别。另外，任何相异的两物，又必定会有双方的共同点。例如，自然性的存在和精神性的存在，两者既异又同，异的是一为自然，一为精神；同的是两者都是存在。"有"与"无"既没有相异的规定性，也没有相同的规定性。或许有人会说，两者都是思想，思想便是它们的共同点。持这种看法的人，忘记了有与无并不是有规定性的思想，因此同样不能把二者区别开。黑格尔认为，通常很容易把"有"想象成绝对的充实，而把"无"想象成绝对的贫乏。其实，假如把世界上的一切仅仅看作是"有"，"有"之外别无他物，这就等于抹煞了世界上所有事物的规定性。这样的世界只能是绝对的空虚而不能是绝对的充实，因为"有"是纯粹无规定性的。同样，把上帝规定为"有"与规定为"无"，表面上看来不一样，实际上并没有原则的区别，因为作为纯粹抽象的"有"与"无"实际上是一回事。

§88

如果说，"无"是这种自身等同的直接性，那末反过来说，"有"正是同样的东西。因此"有"与"无"的真理，就是两者的统一。这种统一就是变易。

这一节主要讲变易（即"变"）是"有"与"无"的统一，是两者的"真理"。这里的"真理"与日常用法不同：不是在"主观认识与客观实际相符合"的意义上，而是在"变"（或变易）是"有"与"无"相统一的综合体、"变"包含二者又高于二者，因而是二者得以成立的根据、基础，能够对有与无从道理上予以说明的意义上使用的。

正文这段话是黑格尔关于为什么"有""无"的统一是"变易"的概括性说明，很是晦涩难懂。基本的意思是说：如果无，作为直接性的东西是自身等同、不包含任何差异性于自身的，那么"有"作为直接性的东西，也是自身等同、也是不包含任何差异性于其自身的。这个"自身等同"指的是有和无既然都是直接性而不包含任何间接性、自身中不含有任何差别、是完全"纯一"，那么，实际上这种"自身等同"就不具有任何规定性，只能是想象中的、虚幻的、抽象的存在，因此，单纯的有和单纯的无都不真实，而"有"的真实性在于"有"和"无"的统一，"无"的真实性在于"无"和"有"的统一。一句话，"有"与"无"双方，合则两全，分则俱伤。因此只有二者的合与统一——"变易"（既包含有，又包含无）才是它们两者得以成立的根据、得以确立的真理。

在简要地指出了"有"与"无"的统一是"变易"之后，共分五点来解释这个问题。

［说明］（1）有即是无这命题，从表象或理智的观点看来，似乎是太离奇矛盾了，甚至也许会以为这种说法，其用意简直是在开玩笑。要承认这话为真，事实上是思想所最难做到的事。因为"有"与"无"就其整个直接性

看来，乃是根本对立的。这就是说，两项中任何一项都没有设定任何规定，足以包含它和另一项的联系。但有如上节所指出的那样，两者也包含有一共同的规定（即无规定性）。

从形而上学（即这里所说的从事物的表象或片面性的理智、知性观点）的观点来看，说"有就是无"，未免太离奇了，简直是在开玩笑，要认为这样说是对的，实在是让人想不通。为啥想不通呢？因为"有"和"无"从它们的整个直接性，或从它们直接的含义来看，是根本相反的，有不是无，无不是有。又因为无论是有还是无，由于它们自身都没有任何规定性，因而两者之间没有任何联系。假若具有某种联系，实际上也就等于说具有了某种规定性，正因为有了某种规定性才能发生某种联系。与此同时亦应看到，两者之间也有共同的东西：正如我们在上一节所指出的，两者都包含有一个共同的规定性，即都是没有任何规定性的、抽象、空疏的东西。

从这点看来，推演出"有"与"无"的统一性，完全是分析的。一般的哲学推演的整个进程，也是这样。哲学推演的进程，如果要有方法性或必然性的话，只不过是把蕴涵在概念中的道理加以明白地发挥罢了。

这几句话很重要，它集中地说明了黑格尔逻辑学的方法论原则和特征：推演出"有"和"无"之间的统一性，完全采用的是概念分析的方法。而且推而广之，一般的哲学推演，都是用的这个方法。那么这个方法的具体内容如何呢？一句话概括起来，就是要把蕴含在已有概念中的含义、内容、道理一步步地，详尽地阐述发挥出来，由此引申、导引出另一个范畴，这说明黑格尔的范畴推演，完全是从概念到概念，在概念里面兜圈子，新概念的产生不是从对客观事物自身本质及其相互联系的认识中概括出来的。可以说，他的全部逻辑学都是用这种方法写成的，因而明显地暴露了这种方法的唯心主义特征。

说"有"与"无"是同一的，与说"有"与"无"也是绝对不同的，一个不是另一个都一样是对的。但是，既然有与无的区别在这里还没有确定，因为它们还同样是直接的东西，那末，它们的区别，真正讲来，是不可言说的，只是指谓上的区别。

说"有"与"无"相同，和说"有"与"无"绝对不同，一个不是另一个，都可以说是对的。为什么呢？说它们相同是就它们都不具有任何规定性这一点讲的。说它们绝对不同，是就它们最直接的含义，或者说是作了进一步规定之后讲的，因此，这两种说法并不冲突。但是，如果仅仅就它们同样是直接的、空洞的、抽象的东西而言，它们之间的区别还没有确定，认真讲来，还是不能表述的，因此，要说它们有什么区别的话，还只能说是叫法上的区别。

综合一下，这第一点解释的中心就是：从"纯有"、"纯无"均无规定性推论到"有即是无"这个命题，然后再推论到有与无的统一性——"变易"，而这种进展完全都是纯逻辑的概念分析的结果。

（2）用不着费好大的机智，即可以取笑"有即是无"这一命题，或可以引申出一些不通的道理来，并误认它们为应用这命题所推出的结论，所产生的效果。例如，反对这命题的人可以说，如果有与无无别，那末，我的房子，我的财产，我所呼吸的空气，我所居住的城市、太阳、法律、精神、上帝，不管它们存在（有）或不存在（无），都是一样的了。

用不着花费多大力气，就可以笑话"有即是无"这个命题，或者从这个命题中引申出一些道理，说这是由此得出的结论，产生的效果。比如他们说，你们讲有和无没有区别，那么我所有的房子、财产、我所呼吸到的空气，居住的城市，以及太阳、法律、精神、上帝，难道它们有和没有都一样吗？难道它们存在和不存在都是一回事吗？

在上面这些例子里提出反对意见的人，有一部分人是从个人的特殊目的和某一事物对他个人的利益出发，去问对自己有利的事情的有或无，对他有什么差别。

提出上面那些问题的，其中有一部分人的出发点是什么呢？无非是从特定的目的，即一个具体的、特殊的事物对他本人有什么利害影响出发，去问这个特殊事物的有无，对于他到底是有什么样的差别，也就是这个事物的存在会影响他些什么，不存在又会影响他些什么，他说，这难道能够是一样的吗？

其实哲学的教训正是要使人从那无穷的有限目的与个人愿望中解放出来，并使他觉得不管那些东西存在或不存在，对他简直完全无别。

实际上，哲学思维的目的（或者说从哲学观点考虑问题）就是要使人从那些无数的，但同时又是一个个特殊的、具体的个人愿望、想法中解脱出来，不要局限于某个具体东西的有或没有对他会产生什么样的影响，而是使得他觉得那些东西的存在或不存在，有或无，对他来说是完全没有区别的。

但是，一般讲来，只要一提到一个有实质的内容，便因而与别的存在、目的等等建立一种联系，在这个联系中，别的存在、目的等就成了起作用的前提，这时就可以根据这些前提去判断一个特定内容的有或无是否也是一样的。这样以来，一个充满内容的区别便代替了有与无的空洞区别。

但是，我们日常说起一个有实质内容、有具体规定性的事物，一定会想到它与别的存在、以及别的事物之间的联系，在这种联系中别的事物就成了此事物产生、发展的前提（也就是说一定会对此物发生一定的影响），这时，我们就可以根据这个前提，去考察他们对特定事物的影响，看他们是产生了还是没有产生，是发展了还是没有发展，从而说明具体事物的有和无，存在或不存在是不是一样的，然而当我们这样做时，恰恰是用有特定内容的，有具体规定性的区别代替了我们前面讲的"纯有"和"纯无"之间的空洞区别。

但另一部分人却对主要的目的、绝对的存在和理念用单纯的有与非有的范畴去说明。但这种具体的对象不仅是存在着或者非存在着，而另有其某种别的较丰富的内容。像有与无这样的空疏的抽象概念，——它们是最空疏的概念，因为它们只是开始的范畴，——简直不能正确地表达这种对象的本性。

上面批评的是把空无内容的有和无与有具体规定性的有与无等同、混淆起来的错误，这里批评的是把纯有和纯无与具体事物的有与无完全割裂开来的错误。目的是说明有和无虽然包含在具体事物的表象之中，但仅仅用有和无这样处于逻辑学开端的范畴去说明、规定绝对精神、绝对理念甚或后来的逻辑理念都是不够的。因为绝对、或一个具体的要说明的事物，不仅是有或无、存在或不存在，而且还包含有其它的更丰富的内容、包含有多方面的规定性。像有、无这种作为开端的、最空疏、最抽象的范畴实在是不能正确表达这些对象的本性的。

有真实内容的真理远远超出这些抽象概念及其对立。每当人们用有与无的概念去说明一个具体的东西时，便会引起由于不用思想而常犯的错误，以为我们心目中除了现在所说及的单纯抽象的有与无之外还另有某种事物的表象。

具有真实内容的真理远远超出这些空洞的抽象概念以及它们的对立，因此单单用这些空疏、抽象的概念去表达具体事物及其联系当然是不够的，这是问题的一方面。但问题的另一面是每当人们用有与无的概念去说明一个具体事物时便会产生一个不仔细思考而常犯的错误，即认为我们心目中除了现在所谈到的单纯的、抽象的有与无之外，还另有某物的抽象（因为当思维的抽象达到最后，剥离掉事物各种各样的特殊规定性之后，剩下的就只能是有与无，而不能再是其他范畴。这是在重申：虽然有与无不能完整、全面地表达具体事物，但最终还是要用它们而不能是用其他范畴来说明具体事物的其他表象）。

说明2的大意是再次申诉：有即是无这个命题，不是就个体的、有限定的存在物，有特定内容的事物而说的，不是说有某物即是无某物。与此同时也表明"有"与"非有"是最为空洞、贫乏、抽象的范畴，不能正确表达诸如绝对以及具体事物的本性和丰富内容。

也许有人会这样说：我们不能形成有与无统一的概念。但须知，有与无统一的概念已于前面几节里阐明了，此外更无别的可说了。要想掌握有无统一的性质，就必须理解前几节所说的道理。也许反对者所了解的概念，比真正的概念所包含的意义还更广泛些。他所说的概念大约是指一个较复杂、较丰富的意识，一个表象而言。他以为这样的概念是可以作为一个具体的事例表达出来的，而这种事例也是思想于其通常的运用里所熟习的。只要"不能形成概念"仅表示不习惯于坚执抽象思想而不混之以感觉，或不习惯于掌握思辨的真理，那么，只须说哲学知识与我们日常生活所熟习的知识以及其他科学的知识，是的确不同类的，就可解答明白了。

有些人说他们难以想通有与无统一、同一这个问题，正如前述，要想掌握有与无统一的性质，就要想通前几节所说明的道理。反对者所了解的概念因为是具体的有特定规定性的概念，比起我们所了解的内容要丰富、复杂，所以就难以想通之所以统一的道理。他们常常举出用来表达一个具体事物的概念，说明它们的有与无是完全不同的。但这种实例仅是日常生活中所常见的，并不是从哲学思维的角度出发的。为什么不能形成有无统一的概念，原因是他们不善于从抽象思维的角度来考虑问题，往往把对具体事物的感觉和抽象的概念思维混同起来，不善于掌握思辨的真理，对于这些人只须向他们讲明，哲学的思维和其他实证科学的思维是根本不相同的，从而就能解答为什么这些人不能形成有、无统一、同一的问题。

但是如果"不能形成概念"只是指我们不能想象或表象有与无的统一，那么这话事实上并不可靠，因为宁可说每人对于有无的统一均有无数多的表象。说我们没有有无统一的表象，只能指我们不能从任何一个关于有无统一的表象里认识有无统一的概念，也不知道这些表象是代表有无统一的概念的例子。

但是如果说不能形成（有、无统一）概念这句话仅是指我们不能想象或用语言表达有与无的统一，这种说法事实上不能成立，因为每个人都看到过有无统一的许许多多的具体事例，关于有、无统一都有许多的表象，说我们没有这些表象、没有见过这些表象，只能是指我们不能从任何一个关于有无统一的情况中把握到关于有无统一的概念，不知道，不了解这些情况、这些事物就是表明有无统一的例子。

足以表示有无统一的最接近的例子是变易。人人都有一个变易的表象、他并可进而承认，若加以分析，则变易这个表象，包含有有的规定，同时也包含与有相反的无的规定，而且这两种规定在变易这一表象里是不可分离的，所以变易就是有与无的统一。

足以说明有无统一的最直接的例子就是变易，每个人都看到过变易的情况，都承认变易这个表象，仔细分析一下，变易这种情况，既包含有有的规定也包含有无的规定，而且这两种规定在变易中是不可分离的。

——另一同样浅近的例子就是开始这个观念。当一种事情在其开始时，尚没有实现，也并不是单纯的无，而是已经包含有或存在了。开始本身也是变易，不过"开始"还包含有向前进展之意。——为了符合于科学的通常进程起见，人们可以让逻辑学从纯思维的"开始"这一观念出发，也就是从"开始本身"这一观念开始，并对"开始"这一观念进行分析，由于这样分析的结果，人们或许更易于接受有与无是不可分的统一体的理论。

有无统一另一个简单明白的例子，就是"开始"这个观念，什么是开始，一方面，当一种事物处于刚开始时，说明它还没有实现，因而包含有"无"的因素，但也不是单纯的无。另一方面，既然它已经开始了，就应该承认它还包含着"有"和"存在"的意思。而且开始本身实际上也是一种变易，不过除了变易的含义外，还包含有向前发展，起步前进的意思，为了符合于科学发展的一般过程，人们也可以让逻辑学从纯思维的开始出发，即从开始这个范畴进行思维活动，对"开始"这个观念进行分析，分析的结果，人们也许就会更容易接受有与无是不可分的观点和结论。

从以上可以看出，第三点说明的中心是在解释常人为什么难以形成有即是无的问题。黑格尔指出：如果这是指难以掌握思辨的真理，则应该承认哲学知识本来就不同于日常生活所熟知的知识，如果这话是指人们没有看到过有无的统一，则应该认识到，对有无的统一达到一个表象并不难，例如"变易"，"开始"等就是有无统一的很浅近的例子和表象。

（4）还有一点需得注意，就是"有与无是同样的"，或"有无统一"这种说法，以及其他类似的统一体，如主客统一等，其令人反对，也颇有道理。因为这种说法的偏颇不当之处在于太强调统一，而对于两者之间仍然有差异存在（因为，此说所要设定的统一，例如，有与无的统一），却未同时加以承认和表达出来，因此似乎太不恰当地忽视了差异，没有考虑到差异。

从某种意义上说，像"有无统一"，"有无相同"这种说法以及其它类似的命题，如主体与客体的统一、主观与客观的统一遭到反对也是有一定道理的——因为这种说法过度强调同一，而忽视了两者之间的差异，没有把他们之间的差异表达出来。

其实，思辨的原则是不能用这种命题的形式正确表达的，因为须通过差异，才能理解统一；换言之，统一必须同时在当前的和设定起来的差异中得到理解。

实际上用过分强调统一的那些命题，是不能正确表达出思辨的原则的。（这里所谓思辨的原则实际上指的正是辩证思维的原则）因为，从辩证法的观点来看，统一实际上内含着差异，只有有差异的两个东西，才能谈得上统一，一个东西或两个完完全全一样的东西是谈不到统一的，统一必须以承认当下观察到的、或设定存在着的差异为前提才能理解。

变易不仅是有与无的统一，而且是内在的不安息，——这种统一不仅是没有运动的自身联系，而且由于包含有"有"与"无"的差异性于其内，也是自己反对自己的。

变易作为有与无的统一，不仅是二者的统一，而且包含着二者的差异、对立及由此产生的内在的"不安息",即由于对立、差异而产生的变化、不稳定等。这种统一一方面是有与无的互相依存的自身联系,另一方面,由于包含差异性于其内,因而互相区别、互相反对,并由这种差异、区别、反对而导致变动不居。

反之,定在就是这种的统一,或者是在这种统一中形成的变易,因此定在是片面的,是有限的,在定在中,有与无的对立好像是消失了,其实,对立只是潜在地包含在统一中,而尚未显明地设定在统一中罢了。

与变易相反,"定在"正是具有特定规定性、表面上看起来稳定、统一、不存在变易的东西。实际上,任何事物都是统一形式下的变易,因为它内在都包含着差异、对立。如果只看到它表面稳定、统一而忽视了内在差异,那么对它的认识就是片面的、表面的。在"定在"(即有特定规定性的存在)中有与无的差异、对立好像是消失了,实际上仍然潜藏着有与无,肯定与否定,此与彼的对立,只是没有明显地表现出来罢了。

"说明4"的中心是指出"有与无同样"或"有与无统一"的提法太强调统一,容易引起误解。其实在统一中,二者是有差异的。离开了差异,无法理解统一。变易不仅是有与无的统一,而且是包含有有与无的差异性于其内的,是自己反对自己的。即是说包含有矛盾于其自身的。对于具有特定规定性的"定在"如果只看到它表面上的稳定、统一,而看不到它内在包含的另一面,就是片面的、有限的。在定在中有与无的差异、对立好像是消失了,实际上仍然是潜藏着的,只是没有显明地表现出来罢了。

(5)有过渡到无,无过渡到有,是变易的原则,与此原则相反的是泛神论,即"无不能生有,有不能变无"的物质永恒的原则。

泛神论,是把神与自然界的事物看成是完全同一的哲学理论,大致可区分为自然主义的泛神论和宗教神秘主义的泛神论两种。前者是把自然界中的万事万物看作和神一样,或者说自然界中的事物都是神,用以剥夺或削弱神的至高无上的地位。后者则是把神看作是自然界中的事物的创造者。

有和无互相过渡是变易的基本原理,与此相反,泛神论却主张、坚持"无不能生有,有不能生无"的原则,这个原则实际上是在说:事物永恒不变,原来不存在的东西不能产生,已经存在的东西也不能消失变成无。

古代哲学家曾经见到这简单的道理即"无不能生有,有不能变无"的原

则事实上将会取消变易。

古代一些哲学家如赫拉克利特等早就认识到这样一个简单的道理，即：坚持无和有不能互相过渡事实上是不承认变化，是否定、取消变易的原则。

因为一物从什么东西变来和将变成什么东西乃是同一的东西，这个命题只不过是表现在理智中的抽象同一性原则，但不免显得奇异的是，我们现时也听见"无不能生有，有不能变无"的原则完全自由地传播着，而传播的人毫没有意识到这些原则是构成泛神论的基础，并且也不知道古代哲学家对于这些原则已经发挥尽致了。

如果说一物从什么变来和将变成什么东西，都是一个东西，因此说它是永恒的、不变化的东西，那么这个命题只不过是抽象的、毫无内容的、所谓完全同一、无差别同一、抽象同一原则在思维中的表现。但另人奇怪的是，直到现在还有人在完全自由地传播这种思想，而传播这种思想人没有意识到这些原则是构成泛神论的基础，泛神论是反对事物的变化的，并且他们也不知道古代哲学家早就把这些原则说得很透彻了。

与变易相反的原则是"无不能生有，有不能生无"，爱利亚学派的巴门尼德就主张这种观点，他因而被看成是泛神论的先驱。但与此同时，古代也有一些哲学家比如赫拉克利特就已经认识到"无不能生有，有不能生无"的原则，实质上是取消了变易。黑格尔认为泛神论之所以如此，是把知性当中的绝对同一、抽象同一观念当作了本体论和方法论的原则。

说明 5 的中心是说从古代哲学开始就存在着两种不同的观点：其一以巴门尼德为代表，反对变易，另一派以赫拉克利特为代表，坚持变易而反对永恒不变的原则，它们分别形成了辩证法和形而上学的思想源头。

附释：变易是第一个具体思想，因而也是第一个概念，反之，有与无只是空虚的抽象。

"有"与"无"是逻辑学开端阶段的范畴，因而都是空虚的，没有任何内容的、纯思维性的概念，只有"变易"才可以称为第一个有了特定规定性的具体的思想，因而也是第一个在现实中真实存在着的概念。因为在变易中既包含有直接性，又包含有间接性，既包含"有"，又包含"无"。黑格尔在《大逻辑》中说："无论在天上，在自然中或任何地方都没有什么东西不同时包含直接性和间接性，所以这两种规定不曾分离过，也不可分离，而他们的对立便什么也不是。"列宁在《哲学笔记》中摘录了这句话,并说打倒了天,这句话就是唯物主义的了!

所以当我们说"有"的概念时,我们所谓"有"也只能指"变易",不能指"有",因为"有"只是空虚的"无";也不能指"无",因为"无"只是空虚的"有"。所以"有"中有"无","无"中有"有"。

黑格尔认为,当我们说到"有"的概念时,实际上指的是包含有的变易,而不是"纯有",因为现实中根本没有"纯粹的有","纯有"只是空无内容的无。同样,当我们说到"无"时也是指包含无的变易,而不是指"纯无",因为现实中也根本没有纯粹的"无","纯无"只是没有任何内容的有。既然有是包含实际内容的变易,无也是指包含实际内容的变易,那么二者实际上说的都是"变易"。既然都是说的"变易",当然它既是包含"无"的有,同时也是包含"有"的"无"。易言之,也即"有"中有"无","无"中有"有"。

但在"无"中能保持其自身的"有",即是变易。在变易的统一中,我们却不可抹煞有与无的区别,因为没有了区别,我们将会又返回到抽象的"有"。变易只是"有"按照它的真理性的"设定存在"。

这句话的意思是说:凡是包含着有的无,实际上就是变易。但是在有和无统一的变易中不能忽视、抹煞了二者的区别。因为否认了他们之间存在着差别,又会返回到抽象、空疏的"纯有",变易的实质是"纯有"根据它的真理性的进一步发展,即当"纯有"在发展中具有了一定具体规定性的时候所形成的特定的"存在"、特定的"有",也即"变易"。

我们常常听见说思维[思]与存在[有]是对立的,对于这种说法,我们首先要问对存在或"有"要怎样理解?如果我们采取反思的对于存在的所下的界说,那么,我们只能说存在是纯全同一的和肯定的东西,现在我们试考察一下思维,则我们就不会看不见,思维也至少是纯全与其自身同一的东西。故存在与思维,两者皆具有相同的规定。但存在与思维的这种同一却不能就其具体的意思来说,我们不能因而便说:一块石头既是一种存在,与一个能思维的人是相同的。一个具体事物总是不同于一个抽象规定本身的。当我们说"存在"时我们并没有说到具体事物,因为"存在"只是一纯全抽象的东西。而且,按照这里所说的,关于上帝存在(上帝是本身无限具体的存在）的问题也就没有什么意义了。

　　黑格尔说：常常听见有人讲，思维和存在是对立的。对于这种说法，首先应该问他是怎样理解存在和有的。如果按照辩证的、反思式的思维方法，我们只能说"存在"是完全自身同一、不含差别、纯粹相同、单纯肯定性的东西，是纯粹思维性的概念，而思维自身当然也是一样、也是单纯同一的、单纯肯定性（即内在不包含差异、否定性）的东西，因此在这个意义上，"存在"与"思维"两者具有相同的规定，而不是简单的对立（由此不难看出：在现代中国哲学发展过程中，杨献珍提出"存在与思维具有同一性"命题是黑格尔提出的唯心主义命题应当说是有根据的，它和恩格斯提出的"思维与存在具有同一性"是一个可知论命题并不矛盾，遗憾的是这种本来完全是学术上的争论却演变成了政治陷害，这充分反映了当代中国的政治特色，值得我们认真反思）。但是，这种同一并不是就具体的、特定的"存在"说的。比如说一块石头的存在是和一个能思维的人是相同的，不是这个意思。有具体规定性的事物是和抽象的规定本身不同的。当我们说到"存在"这个范畴时，并不是指它所代表的、存在着的具体事物，而是就它作为一个概念说的，在这个意义上，当然不能把一个概念和它所概括的、存在着的具体事物混为一谈。"存在"作为一个思维概念只是一个纯粹抽象的东西，而上帝却是一个有着无限具体的、丰富内容的存在。如果说上帝仅仅是一个单纯的"存在"、"纯有"就没有意义了。换句话说一个单纯的存在、纯有是不足以表达上帝的无限丰富的内容的。

　　变易既是第一个具体的思想范畴，同时也是第一个真正的思维范畴。在哲学史上，赫拉克利特的体系约相当于这个阶段的逻辑理念。当赫拉克利特说"一切皆在流动"时，他已经道出了变易是万有的基本规定。反之，爱利亚学派的人，有如前面所说，则认"有"、认坚硬静止的"有"为唯一真理。针对着爱利亚学派的原则，赫拉克利特于是进一步说："有比起非有来并不更多一些。"这句话已说出了抽象的"有"之否定性，说出了"有"与那个同样站不住的抽象的"无"在变易中所包含的同一性。从这里我们同时还可以得到一个哲学体系为另一个哲学体系所真正推翻的例子，对于一个哲学体系加以真正的推翻，即在于揭示出这体系的原则所包含的矛盾，而将这原则降为理念的一个较高的具体形式中组成的理想环节，但更进一层说，变易本身仍然是一个高度贫乏的范畴，它必须进一步深化，并充实其自身。例如，在生命里，我们便得到一个变易深化其自身的范畴，生命是变易，但变易的概念并不能穷尽生命的意义。在较高的形式里，我们还可以见到在精神中的变易。精神也是一种变易，但较之单纯的逻辑的变易，却更为丰富与充实。构成精神的统一的各环节，并不是有与无的单纯抽象概念，而是逻辑理念和自然的体系。

黑格尔指出："变易"既是逻辑学中第一个具有一定意义、一定思想内容（指既包含有又包含无）的思想范畴，同时也是第一个人们用于进行思维活动、用于表达思维成果的有着特定含义的思想范畴。在哲学史上赫拉克利特的体系相当于变易这个逻辑理念。当他说："一切皆在流动"、一切皆在变化时，实际上是说变易是万事万物的基本特性。而爱利亚学派如巴门尼德则认为"有"、"存在"是永恒不变、坚硬不动的唯一存在、唯一真理。针对这一点，赫氏指出，说一切皆有和说一切皆无是一回事。因为你单单说"有"，而说不出"有"什么，什么有，这和说一切皆是"无"没有什么实质上的区别。对此，黑格尔认为，抽象空洞的有比无并不更多一些，空无内容的有和抽象贫乏的无在变易中具有同一性。从赫拉克利特与爱利亚学派哲学的关系中可以看出：所谓要真正推翻一个哲学并不是完全抛弃它，而是在于揭示原有体系当中存在着的矛盾，把原有体系中的基本原则作为构成新体系的一个必要环节。再则，变易虽然是第一个具体的思想范畴，但是从逻辑理念发展的整个过程来看，它还是一个内容相当贫乏的范畴，因此它必须进一步发展、深化、充实自己。比如"生命"也是变易，但它却是变易进一步深化、发展以后的一个范畴。生命包含着"变易"，但光说变易还不能把生命的意义充分、全面地表达出来。比生命更高的还有"精神"，精神当然也是一种变易或者说无疑包含有变易的因素，但和单纯的、逻辑理念中的变易相比内容却要丰富得多、充实得多。构成精神统一体的各环节，远远不止是"有"和"无"的抽象概念，而是逻辑理念和自然哲学中的全部范畴。在这里黑格尔实际上是在简述自己的哲学体系：整个体系由三部分构成，逻辑学、自然哲学、精神哲学。后者由前两者依次发展而来，并内在地包含前两者在内，而且超越了它们的界限，进入了一个新的阶段。

由以上分析可以看出（参看张世英《黑格尔〈小逻辑〉绎注》第240—

241页》：附释部分首先申述了单纯的有和单纯的无都是空虚的、抽象的。有的真理、概念只能是有与无的统一——变易，无的真理、概念也只能是无与有的统一——变易。其次附释部分还简单地从一个方面反驳了把思维与存在对立起来的看法。最后指出了哲学史上赫拉克利特的思想体系相当于逻辑理念"变易"范畴。哲学史上较后的体系应包含较前的体系中的基本原则，而不能只是简单地抛弃它。再次印证了前述关于哲学发展史的看法。

(b) 定在

"定在"简单说来，就是具有一定规定性的存在、"特定的存在"、"现有的存在"，但不一定是具有时空特性的、广延特性的、物质性的客观存在。比如"资产阶级思想"虽不具有物质性特征，但仍可看作是一种"定在"。

§89

在变易中，与无为一的有及与有为一的无，都只是消逝着的东西。变易由于自身的矛盾而过渡到有无皆被扬弃于其中的统一。由此所得的结果就是定在（或限有）。

这一节讲从"变易"到"定在"的过渡和"定在"（"限有"）的含义。

正文意思是说，在变易的过程中，无论是与"无"相统一的"有"或者是与"有"相统一的"无"都是在不断变化着、消逝着的东西。"变易"由于自身包含着的"有"与"无"的矛盾，发展、过渡到否弃了有与无当下直接性存在的形式，并把二者内含于自身之后所形成的"定在"。定在，即有规定性的、特殊的存在，它和"变易"一样包含着"有"和"无"两环节，但在"定在"中，"有"与"无"不再是像在"变易"中那样，处于不安息地互相过渡中，而是相对平静地作为"定在"的两个有机组成部分。"定在"是变易的结果，是变易的扬弃，或变易的自身消灭，所以它是"已经变成的东西"亦即"经过变易"以后而成为具有了特定规定性的东西。从某种意义上也可以说"定在"是平息了的"变易"，"变易"是没有停息的"定在"。

［说明］在这第一个例子里，我们必须长此记住前面第82节及说明里所说的话。要想为知识的进步与发展奠定基础，唯一的方法，即在于坚持结果的真理性。（天地间绝没有任何事物，我们不能或不必在它里面指出矛盾或相

反的规定。理智的抽象作用强烈地坚持一个片面的规定性，而且竭力抹煞并排斥其中所包含的另一规定性的意识。）只要在任何对象或概念里发现了矛盾，人们总惯常作这样的推论，说：这个对象既然有了矛盾，所以它就不存在。

在第 82 节正文及"说明"中黑格尔说到"肯定理性的阶段在对立的规定中认识到"对立面的统一，认识到统一的结果是肯定。换句话说"辩证法具有肯定的结果"，能够认识到具体的真理，而不是像知性那样只认识到片面性的东西（参看黑格尔《小逻辑》商务印书馆 1982 年版，第 181—182 页）。这就是说在黑格尔看来，人的认识发展经过三个阶段：即知性阶段、消极理性阶段、积极理性阶段。在"知性阶段"人们只能认识到事物直接看来是什么；"消极理性阶段"人们认识到肯定性的事物中包含着否定性的方面，或者说认识到事物内在的包含着两个互相对立的方面；人的认识只有发展到"积极理性阶段"才能看到这两个对立的方面是相互依存、相互贯通、密不可分、有机统一的。换句话说，人的认识只有经过这样几个阶段才能达到"真理性的认识"，而如果停留在前面两个阶段中的任何一个阶段就只能获得片面的、形而上学性质的认识，应当说这些看法是很深刻的。黑格尔接着指出，既然"辩证法具有肯定的结果"，那么，要想为知识的进一步发展奠定基础，就必须坚持辩证认识结果的真理性，即要在对立面的统一中去把握、认识对象，而不能使认识停留在某一阶段或某一片面。从辩证法的观点看来，天地间绝对没有任何事物是不包含矛盾的，而抽象的理智，即形而上学认识却只在于强调、坚持对立统一的两个方面中一个方面的、片面的规定性，并且竭力抹煞并排斥认识另一个方面。这样事实上势必否定、排斥事物及人们的认识中出现的矛盾，而一旦在认识对象或概念里发现了矛盾，就认为这个事物是不存在的，或者说我们关于这个事物的认识是错误的。很明显，这是一种否认矛盾的形而上学观点。

如芝诺首先指出运动的矛盾，便推论说没有运动。又如古代哲学家根据太一（或太极）为不生不灭之说，因而认为生与灭作为变易的两方面，是虚妄的规定。这种辩证法仅注意到矛盾过程中否定的结果，而忽略了那同时真实呈现的特定的结果，这个结果是一个纯粹的无，但无中却包含有，同样，这个结果也是一个纯粹的有，但有中却包含无。

古希腊哲学家芝诺认为，人们虽然直观到运动的经验事实，但由于对看到的情况在理解过程中、在表述过程中会出现矛盾，因而就认为运动是不真实的。他提出四个譬喻来证明自己的观点。第一个，人们不能在有限的时间内越过无穷的点。他说，当人们要越过任何一段距离时，就必须先越过它的一半。而要越过这段距离的一半，又必须先越过这一半的一半。依此类推，以至无穷。这样，人们便只好永远在"一半"上面停滞不前，从而表明要越过某段距离的全程是永远可望而不可即的，因而所谓运动就是不真实的。第二个，"阿基里斯永远追不上乌龟。"阿基里斯虽然是古代的运动健将，但是，在芝诺看来，只要乌龟爬在他前面的一段路上，阿基里斯就永远追不上它。理由是当他去追在他前面的乌龟时，首先必须到达乌龟在特定时间点所在的地方，但等他到达了那个地方时，乌龟即使爬行再慢，也已经又向前爬行了一段距离。依此类推，阿基里斯只能一次又一次地追到乌龟的出发点，却永远追不上乌龟，这同样表明运动是不真实的。第三个譬喻是"飞矢不动"，即看起来是"飞着的箭"实际上并没有运动。理由在于这支箭无论处于什么状态时总是占有和自身完全相等的空间。看起来飞着的箭处于运动状态中，但由于它总是占有和自己长短相等的空间，因此它实际上总是处于静止中，所以说："飞矢不动"。第四个譬喻是："一半的时间相等于它的两倍"，是说：两个相等的物体，在一个场所，在一个相等的物体旁边，以相等的速度，彼此向着相反的方向运动，一个从这场所的一端出发，另一个从中间出发。当从端点出发的物体达到某一特定地点时，另一向相反运动的物体在相同的时间内也到达了某一点。直接地去看，从中间出发的物体越过的距离是从端点出发的物体越过的距离的两倍，由此芝诺得出"一半的时间相等于它的两倍"的结论。"这个结论的错误基于芝诺假定了在运动的物体之旁和在静止的物体之旁的东西在相等的时间内以相等的速度走过相等的距离。"（转引自黑格尔《哲学史讲演录》第1卷，第291页）。以上四个例证表明：人们虽然直观到运动，但是当人们试图理解它并表述它时思想上却必然会出现矛盾，因而运动事实上是不存在的。显然，这些都是由于他把事物的间断性和不间断性、静止与运动截然分割开并对立起来而造成的。据此黑格尔提出，芝诺的这种看法是由于他死守着思维的同一律，不懂得间断和不间断、运动和静止之间的对立统一关系而造成的，应当说这一分析是很有见地的。此后，黑格尔还指出，另一些古代哲学家认为：既然作为万物本原、本质、本体的"太极"是不生不灭、永恒存在的，那么从无到有、从有到无的"变易"就不是真实的，而作为"变易"两个环节的"生"和"灭"、"有"和"无"也就自然是虚妄不实、没有根据的范畴。比如爱利亚学派的创始人塞诺芬尼就把生灭、变化、运动等观念，说成只是属于感性的表象，而不属于真理。同时，他认为只有"有"与"一"是真实的，其他一切都没有实在性，只是幻想而已。再比如，这一学派的主要代表巴门尼德认为，"无"根本就不能生"有"，生和灭都是不可信的。由此黑格尔作出结论：芝诺等人虽然看到了矛盾，但由矛盾而得出的结果却是消极的，因此只是达到了消极辩证法阶段而没有达到积极辩证法阶段，即没有看到在"有"与"无"对立的同时，二者又是"同一"的，没有看到"有"中有"无"，"无"中又有"有"。

因此第一，限有［或定在］就是有无的统一。有无两范畴的直接性以及两者的矛盾关系，皆消失于这种统一中。在这个统一体中，有无皆只是构成的环节。第二，这个结果［限有］既然是扬弃了的矛盾，所以它具有简单的自身统一的形式，或可说，它也是一个有，但却是具有否定性或规定性的有。换言之，限有是变易处在它的一个环节的形式中，亦即在"有"的形式中。

黑格尔由上面的分析作出两点结论。第一，有特定规定性的"限有"［或定在］就是"有"和"无"的统一。从表面上看来，有与无直接具有的特性以及两者之间的差别、对立在这个"限有"中都消失了。因为直接地去看，二者之间的斗争消失了，这时，有与无只是成了构成它的两个环节。第二，"限有"既然扬弃了有和无之间的矛盾，所以它是一个内容虽然贫乏，但却是自身表面看来不存在差异、不存在斗争的自身完全统一的范畴。或者可以说，它也是一个有，不过不是一个抽象、空疏的"纯有"，而是一个内含否定性（即无）的"有"，或者说是具有特定规定性的有，在这个意义上可以说"限有"也可以看成是"变易"范畴处在"有"的形式中的状况。

这样，我们可以把［说明］的内容简述如下（参看张世英《黑格尔小逻辑绎注》第244—245页）：第82节谈到"肯定的理性"认识到辩证法的结果是肯定的，认识到对立统一是辩证发展的结果，是具体真理，它不像"知性"那样坚持孤立的、片面的规定性，否认矛盾，否认生灭，如像巴门尼德和芝诺所主张的那样。巴门尼德和芝诺的认识虽然包含有辩证法即矛盾转化的思想，但这种辩证法只是停留在"否定的辩证法"阶段，忽略了矛盾转化的结果是肯定的，是无中有有，有中有无。依此说来，第一，"定在"就是有无的统一，在"定在"中，直接的、单纯的"有"和直接的、单纯的"无"都被扬弃了，都不是原先那种样子的"有"和"无"了，而且两者矛盾转化的"不安息"过程也消失了、被扬弃了。第二"定在"既然扬弃了矛盾转化的过程，它就是超出了矛盾的简单自身统一，是一个"具有否定性或规定性的有"，因为特定的存在（"定在"）直接地来看是此（规定性）而不是彼（否定性），两者安静地处于同一个统一体中。

附释：即在我们通常对于变易的观念里，亦包含有某种东西由变易而产生出来的意思。所以变易必有结果。但这种看法就会引起这样的问题，即变易如何不仅是变易，而且会有结果呢？对于这个问题的答复，可以从前面所表明的变易的性质中得出来。变易中既包含有与无，而且两者总是互相转化，互相扬弃。由此可见，变易乃是完全不安息之物，但又不能保持其自身于这种抽象的不安息中。因为既然有与无消逝于变易中，而且变易的概念［或本性］只是有无的消失，所以变易自身也是一种消逝着的东西。变易有如一团火，于烧毁其材料之后，自身亦消灭。但变易过程的结果并不是空虚的无，而是和否定性相同的有，我们叫做限有或定在。限有最初显然表示经过变易或变化的意思。

附释的意思是说，在通常关于变易的观念里，就包含着由变易而产生一定结果的意思，这说明变易必有结果。为什么变易一定会产生结果呢？简单说来，这是由变易自身所具有的性质决定的。因为如前所说，变易是一个处于不停的运动变化中的事物。按照黑格尔的说法："变易"中既包含"有"也包含"无"，而且两者总是处于互相过渡、互相转化之中。根据这一点即可断定"变易"即是一个处于不停的变化中的事物。但与此同时，它又不能永远地、绝对地总是变个不停，毫无结果，而是总要有结束的时候。这样，不仅"有"与"无"在变易中总是要日趋消失，而且变易自身也是一种消逝着的东西。变易好像一团火，当燃尽了它的燃料之后自己也就跟着消逝了。但是，变易的这种消逝，并不是又回到空虚的"无"，而是进展到具有规定性的"限有"。假如没有变易，也就不可能有"限有"。"限有"和"有"的区别，就在于前者经过变化，后者尚未经过变化。因此"限有"最本原、最基本的含义显然是表示经过了"变易"或"变化"而产生的结果的意思。

最后，需要补充说明的是，黑格尔认为哲学史上并没有与"定在"逻辑范畴相应的哲学体系，关于这一点，他在《哲学史讲演录》第一卷，第331页写到："哲学在历史上的发展必须与逻辑哲学的发展相一致。但在这里我们必须指出，有些概念乃是在逻辑上有而在哲学史上却没有的。譬如'限有'就是这样。"这表明虽然哲学史的发展与逻辑理念的发展基本趋向一致，但二者之间又不是完全相同的。

§90

（a）定在或限有是具有一种规定性的存在，而这种规定性，作为直接的或存在着的规定性就是质。定在返回到它自己本身的这种规定性里就是在那里存在着的东西，或某物。——由分析限有而发展出来的范畴，只须加以简略地提示。

这一节是从分析"定在"推演出"质"（的范畴）。

正文意思是说"定在"是有特定规定性的存在，不像"纯有"那样毫无规定性，空无所有。而"定在"所具有的这种规定性，单独地、直接地就其本身来看就是"质"。这就意味着"质"这个范畴完全是从分析"定在"的内涵中推演出来的，《逻辑学》中说："规定性如此单独地孤立开来，作为存在着的规定性，就是质"，也完全是这个意思。把"定在"的规定性明确地展示、表述出来实际上也就是在展示、表述某种客观存在着的某种东西，某种事物。由此可知，从分析"限有"而推演出新的概念、新的范畴，只须加以简略的说明，即可明白。

附释：质是与存在同一的直接的规定性，与即将讨论的量不同，量虽然也同样是存在的规定性，但不复是直接与存在同一，而是与存在不相干的。且外在于存在的规定性。——某物之所以是某物，乃由于其质，如失掉其质，便会停止其为某物。

附释部分共讲了两层意思。这第一层是说"质"与"量"都是定在的规定性，区别在于："质"是与存在"同一的直接的规定性"，所谓"同一"就是二者密切相关。有某种"质"，则它直接地就是某物，没有这种"质"则它直接地不是这种事物，或者说转变为了其他事物。而量与"存在"的联系就没有这么密切，在一定限度内，它并不直接地就是此物或不是此物。这个道理在第 85 节的附释里已经讲过，这里就不多说了。

再则，质基本上仅仅是一个有限事物的范畴，因此这个范畴只在自然界中有其真正地位，而精神界中则没有这种地位。例如，在自然中，所谓元素即氧气、氮气等，都被认为是存在着的质。但是在精神的领域里，质便只占次要地位，并不是好像通过精神的质可以穷尽精神的某一特定形态，譬如，如果我们考究构成心理学研究对象的主观精神，我们诚然可以说，普通所谓〔道德上或心灵上〕的品格，其在逻辑上的意义相当于此处所为质。但这并不是说，品格是弥漫灵魂并且与灵魂直接同一的规定性，像刚才所说的诸元素在自然中那样。但即在心灵中，质也有较显著的表现：即如当心灵陷于不自由及病态的状况之时，特别是当感情激动并且达到了疯狂的程度时，就有这种情形。一个发狂的人，他的意识完全为猜忌、恐惧种种感情所浸透，我们很可以正确地说，他的意识可以规定质。

这第二层的意思比较晦涩，大意是说（参看张世英《黑格尔小逻辑绎注》第 246—247 页）："质"一般来说是用来说明有限的、具体事物的范畴，因此它在自然界中的应用范围远远大于在精神界中的应用范围，从这个意义出发，也可以说它在自然界中的地位高于、重于在精神界中的地位。比如说氧气有它的质，氮气有它的质，两者由于质的不同，便是两个不同的事物。因而自然界中的事物和它具有的特定的"质"是完全同一的。而精神现象则不完全是这样，例如，当我们考察作为心理学研究对象的主观精神时，虽然可以说伦理学或心理学中一般所谓的"品格"在逻辑上的地位就相当于此处所谓的"质"，但和自然界中的事物不同，此时不能说一个人具有什么样的"品格"就能够充分地、完全地说明一个人的灵魂、一个人的精神状况，即能完全代表他的总体精神面貌（即所谓"弥漫灵魂"），故此不能说"品格与灵魂具有直接同一的规定性"，就像自然界中的事物"质"与它所标明的事物具有的规定性完全同一那样，如氧气的"质"和氮的"质"与氧气、氮气有直接同一的规定性那样。这样说并不是说质在精神界中的地位不重要。事实上，即使在人们的心灵中，在人们的精神世界中，"质"也有显著的表现。比如当一个人思想上或心灵陷入困惑或病态时，特别是当他感情激动甚或达到疯狂、极度痛苦时，这种情况就会发生。这时，他的精神世界、精神意识就完全为猜疑、嫉妒、恐惧等情感所浸透，对此我们就可以说：此时他的情感、"品格"就可以看作为或规定为他的"质"（黑格尔在这里实际上也是在玩弄文字游戏：在德语中"质"的字根是"痛苦"，这和人们精神上的"痛苦"两词相通，所以他把痛苦、发狂时的情感、意识说成是人们的"质"、人们的"品格"，参阅《哲学全书》第二版序言，注7）。

§91

质，作为存在着的规定性，相对于包括在其中但又和它有差别的否定性而言，就是实在性。否定性不再是抽象的虚无，而是一种定在和某物。否定性只是定在的一种形式，一种异在（Anderssein）。这种异在既然是质的自身规定，而最初又与质有差别，所以质就是为他存在（Sein-fur-anderes），亦即定在或某物的扩展。质的存在本身，就其对他物或异在的联系而言，就是自在存在（Ansich-sein）。

这一节主要是讲"定在"和"质"的双重特性：一重是事物的实在性，另一重是与其他事物的区别性。

质，作为存在着的规定性，相对于包括在其中但又和它有差别的否定性而言，就是实在性。 "质"是使某种事物、某种"定在"是此而非彼的规定性，即是这个事物而不是那个事物的规定性。所以"质"或"定在"相对于包含在自身内部而又和它有别的自身的否定性而言，就是实在性，即现实存在着的事物所具有的规定性。

否定性不再是抽象的虚无，而是一种定在和某物。否定性只是定在的一种形式，一种异在（Anderssein）。 作为定在自身内在包含的否定性，因其所否定的对方具有特定的规定性，所以这种否定性也就不再是"抽象的虚无"，即空无所有，而也是和它所否定的东西一样的具有某种特定规定性的"定在"或某物。在这个意义上，可以把"否定性"看作原先"定在"的一种形式，作为和原来"定在"、"质"相对而讲性质恰恰相反的存在，即"异在"。

这种异在既然是质的自身规定，而最初又与质有差别，所以质就是为他存在（Sein-fur-anderes），亦即定在或某物的扩展。质的存在本身，就其对他物或异在的联系而言，就是自在存在（Ansich-sein）。 这种"异在"既然是原来的"质"、（定在）从相反方向对自身的规定，同时又与原"质"有差别。

所以"质"在这个意义上可以说就是相对于他物而言的东西,是区别于他物的东西(例如白是相对于黑而言的,冰是相对于水或气而言的),换句话说"定在"或"某物"从表面上看来是规定自己,实际上规定了自己,也就等于规定了它不是别物,这样就从自己出发而指向了别物,也即向他物"扩展",即"为他存在"。如果就"质"的存在本身而言,就它与其他事物的联系而言,则可以说"质"是"自在存在",因为"质"的本身只是潜藏着他物,内在所包含着的否定性还没有明显地表现出来。这说明"自在存在"与"为他存在"是互相对立的两个范畴,前者指"质"中所包含的他物尚未显露出来,指"质"的"自身同一性"、"自身关系"。后者指"质"的指向他物,与他物的关系。

附释:一切规定性的基础都是否定(有如斯宾诺莎所说:"一切规定都是否定"Omnisdeterminatio est negatio)。缺乏思想的人总以为特定的事物只是肯定的,并且坚持特定的事物只属于存在的形式之下。但是有了单纯的"存在",事情并不就是完结了,因为我们在前面已经看到,单纯的存在乃是纯全的空虚,同时又是不安定的。

一切规定性的基础都是否定(有如斯宾诺莎所说:"一切规定都是否定"Omnisdeterminatio est negatio) 黑格尔认为,斯宾诺莎所说的一切规定即是否定(即任何规定都有它的范围,规定它是什么,同时也就意味着它不是什么),是很有道理的。"否定是规定的基础",意思是说:对于特定事物,只有当你否定了它是什么的时候,实际也就是等于说在规定它是什么。西方人常常讲"两个在先"。一个是时间在先,另一个是逻辑在先。这里的"基础"就是逻辑在先的意思。说否定是肯定的基础,言下之意也就是说否定是肯定得以成立的逻辑前提、成立的依据,不否定一个事物是什么,在一定意义上也就等于没有肯定或规定这个事物是什么。

缺乏思想的人总以为特定的事物只是肯定的,并且坚持特定的事物只属于存在的形式之下。 不善于思考的人,总认为特定的事物只具有肯定性的一面,不承认与此同时它还具有否定性的另一面,并且坚持认为一个现存的特定的具体事物只能是永恒存在着,而不是有生有灭。

但是有了单纯的"存在",事情并不就是完结了,因为我们在前面已经看到,单纯的存在乃是纯全的空虚,同时又是不安定的。 意思是说仅仅看到事物现实存在着是不行的，因为正如前面所说，单纯的存在、单纯的肯定既是纯粹的虚无，同时又是不安定的，是要不断地发展变化的。

此外，如果像这里所提及的那样，把作为特定存在的定在与抽象的存在混淆起来，虽也有正确之处，那就是因为在定在中所包含的否定成分，最初好像只是隐伏着的。只有后来在自为存在的阶段，才开始自由地出现，达到它应有的地位。——假如我们进而将"定在"当作存在着的规定性，那我们就可以得到人们所了解的实在。譬如，我们常说到一个计划或一个目标的实在，意思是指这个计划或目标不只是内在的主观的观念，而且是实现于某时某地的定在。在同样意义之下，我们也可以说，肉体是灵魂的实在，法权是自由的实在，或普遍地说，世界是神圣理念的实在。

此外，如果像这里所提及的那样，把作为特定存在的定在与抽象的存在混淆起来，虽也有正确之处，那就是因为在定在中所包含的否定成分，最初好像只是隐伏着的。只有后来在自为存在的阶段，才开始自由地出现，达到它应有的地位。另外，如果把作为特定存在的"定在"与单纯抽象的存在混淆起来，也有合理之处，因为定在中所包含的否定成分，一开始只是潜伏着，而没有显露出来，只是后来经过进一步的发展、展开，达到自为存在阶段，原先潜存着的否定方面才能得以充分自由地展现，达到它应有的地位。。——假如我们进而将"定在"当作存在着的规定性，那我们就可以得到人们所了解的实在。譬如，我们常说到一个计划或一个目标的实在，意思是指这个计划或目标不只是内在的主观的观念，而且是实现于某时某地的定在。在同样意义之下，我们也可以说，肉体是灵魂的实在，法权是自由的实在，或普遍地说，世界是神圣理念的实在。假如我们进一步把"定在"看作现实存在着特定规定性的事物，那么我们就可以得到人们通常所了解的实在是个什么样子。譬如，我们常说到一个计划或者目标是实在的，不仅是说它存在于我们的思想中，而且是在一定时间、一定地点实现了出来的。在这个意义下，我们就可以说，肉体是灵魂的实在，即灵魂通过肉体实现、表现了出来，法权是自由的实在，或者说自由通过法权实现、表现了出来。在这个意义上，我们也可以说整个世界是神圣理念的实现，易言之神圣理念通过世界万物实现、表现自己（这里再一次鲜明地表明了黑格尔哲学思想的唯心主义立场）。

此外，我们还用实在一词来表示另外一种意思，即用来指谓一物遵循它的本性或要领而活动。譬如，当我们说："这是一真正的［或实在的］事业"，或"这是一真正的［或实在］的人。这里真正或实在并不指直接的外表存在，而是指一个存在符合其概念。照这样来理解，则实在性便不致再与理想性不同了。这里所说的理想性立刻就会以"自为存在"（Fursichsein）的形式为我们所熟识。

此外，我们还用"实在"（即真实存在）一词表示另外一种意思，即用来表示某一事物完全符合它的概念、本性，遵循它的概念所表述的内容、所具有的规定而活动。比如说，我们常说，这是一个真正的［或实在的］人，这是一桩真正的（或实在的）事业，这里真正的（即实在的）意思并不是指他仅从外表上看来是一个人，或从外表看来似乎是一桩事业，而是指这个人完全符合"人"的理念、概念，这桩事业完全符合"事业"的理念、概念。而这样理解的"实在性"与"理想性"就具有了相近或相同的内涵。这里所说的"理想性"是指事物的实质与事物的名称完全相符，事物的内在规定性完全、充分实现出来的意思，既然如此，达到这种成熟程度、圆满程度的事物自然就会以"自为存在"，即独立、完全、自主的形式展示出来。

把注释的内容概括起来就是：一般人总以为特定的事物只有肯定性的一面，只有存在的形式，不懂得任何特定的事物都同时还具有否定性的另一面，即否定现实存在、或非存在的形式。其实，单纯的"肯定"、单纯的"存在"，正如前面所说，不仅是空无所有，而且也是"不安定的"，即是说，是不断变化发展着的。此外，如果说可以有理由把特定的存在（"定在"）与抽象的、单纯的存在混淆起来的话，那也不过是因为"定在"中包含的否定性尚未显示和展开罢了；一旦像后面的"自为存在"那样展开了它所具有的内在的否定性，也就不至于把"定在"看成只有肯定、没有否定，只有存在、没有非存在的一面了，换句话说也就不至于把它和"纯有"（单纯的存在）混淆了。附释的后一部分说明了"实在性"的另外两种含义：一种是相对于计划、目标等"内在的主观的观念"而言的"实在性"，这种意义下的"实在性"是指主观的东西见之于客观、实现于特定的客观事物之中的意思，比如，战争中把战略、战术实施于具体的战斗过程中即可看作是某人战争思想的"实在性"或"现实性"；另一种是指"符合其概念"的存在，具有必然性的存在，即"不再与理想性不同"的存在。比如说某人够"朋友"，言下之意是说某人的行为符合真正朋友的含义，符合朋友的概念，与人们关于"朋友"理想性的理解完全一致。

§92

（B）**离开了规定性而坚持自身的存在，即"自在存在"（Ansichsein），这只会是对存在的空洞抽象。在"定在"里，规定性和存在是一回事，但同时就规定性被设定为否定性而言，它就是一种限度、界限。所以异在并不是定在之外的一种不相干的东西，而是定在的固有成分。某物由于它自己的质：第一是有限的，第二是变化的，因此有限性与变化性即属于某物的存在。**

这一节讲具有特定规定性的存在——"定在"具有两个特性：有限性和变化性。

离开了规定性而坚持自身的存在，即"自在存在"（Ansichsein），这只会是对存在的空洞抽象。抛开事物的具体规定性去谈事物的所谓独立自主的"自在存在"，得到的只能是对特定"存在"着的事物的空洞抽象，即贫乏、空洞的"纯有"、"纯存在"。

在"定在"里，规定性和存在是一回事，但同时就规定性被设定为否定性而言，它就是一种限度、界限。所以异在并不是定在之外的一种不相干的东西，而是定在的固有成分。对于具有特定规定性的具体事物即"定在"来说，"定在"与规定性、与存在是直接同一的：有此规定性，即有此物存在，无此规定性，则没有这个事物存在（比如有水的规定性，就有水的存在，没有水的规定性，也就没有作为水的存在）。但与此同时还要看到，正如上文所说，"规定就是否定"，说某物是此物就意谓着它不是彼物，这就表明"规定性"在一定意义上亦可看作是"否定性"。既如此，与否定性形成对立统一关系的"规定性"也就是一种"限度"、"界限"的意思。所以"异在"（即彼，与此相对立的方面、存在）并不是孤立存在于"定在"之外、与"定在"没有关系的东西，相反，正因为它与"定在"构成互相对立着的方面，也就成了"定在"之所以是"此"而不是"彼"的固有成分。

某物由于它自己的质：第一是有限的，第二是变化的，因此有限性与变化性即属于某物的存在。这样看来，"某物"或"定在"由于具有特定的规定性，具有自己特定的"质"，可以说具有两重特性：第一，它是"有限的"、不是永恒存在的；第二，它是"变化的"，不是僵死不变的，是要超出自己的极限而变为他物的。因此，有限性和变化性就成了特定事物的两个属性了。

附释：在定在里，否定性和存在仍是直接同一的，这个否定性就是我们所说的限度。某物之所以为某物，只是由于它的限度，只是在它的限度之内。所以我们不能将限度认作只是外在于定在，毋宁应说，限度却贯穿于全部限有。

黑格尔认为对于特定事物来说，它所内含的"否定性"是这个事物、这个"定在"的重要特性、是和事物的存在直接同一的。这个"否定性"就是我们所说的"限度"。因此"限度"也可以说是与某物直接统一的。某物有此限度，则有这个事物的存在，没有这个限度，也就没有这个事物的存在，所以，从这个意义上说，某物之所以是这种事物，而不是那种事物，只是因为它有特定的限度，有它特定的规定性，它的"质"得在它的限度之内。所以我们不能把限度看作是和定在不相干、外在于定在之外的属性，而应该说，限度是贯穿于全部事物的存在、贯穿于全部"限有"（即有特定规定性、特定界限、限度的有）之中的。

认为限度是定在的一个单纯外在规定的看法，乃基于混淆了量的限度与质的限度的区别。这里我们所说的本来是质的限度。譬如，我们看见一块地，三亩大，这就是它的量的限度。但此外这块地也许是一草地，而不是森林或池子，这就是它的质的限度。

把限度不是看作定在的内在特性，而是看作外在特性的看法，是混淆了两种限度：即质的限度和量的限度的区别。黑格尔认为前者是特定事物的内在属性，后者是特定事物的外在属性（当然是在一定限度内的）。他说，好比一块地，三亩大，这是它的量的、外在的（即不影响它是什么样的地的）规定；而这块地是什么样性质的地，是草地呢，还是森林或水塘，却是它的质的限度、质的规定（即内在属性、内在规定）。三亩、四亩或其他多少亩，并不直接影响这块地是某块特定的地，因此是外在的；而是草地还是森林，还是水塘，则直接影响着它是块什么地。也即它是内在的、质的限度。

一个人想要成为真正的人，他必须是一个特定的存在[存在在那里 dasein]为达此目的，他必须限制他自己。凡是厌烦有限的人，决不能达到现

实，而只是沉溺于抽象之中，消沉暗淡，以终其身。

物有限度，人也有限度。一个人要想成为一个真正的人，一个完全符合人的概念、人的理想性的人，一个具有特定规定、特定存在，也即要达到一个特定的、具体的目标的人，他就必须对自己的行为进行一定的限制，"有所不为，而后才能有所为"。凡是厌烦、不愿意限制自己，什么都想做、什么都想为的人，决不能达到自己的既定目标，而只能是糊里糊涂，沉溺于各种幻想，浑浑噩噩度过一生。

如果我们试进一步细究限度的意义，那末我们便可见到限度包含有矛盾在内，因而表明它自身是辩证的。一方面限度构成限有或定在的实在性，另一方面限度又是定在的否定。

如果我们再仔细地思考一下"限度"的意义，就可以看到限度并不是纯粹自身同一、抽象单纯的，而是包含有矛盾于自身的。一方面一定的限度构成"限有"、"定在"即某一具体事物的实在性，即规定它是"此"一事物，而不是别一事物。另一方面一定的限度又是对"定在"、对具有特定规定性事物的一种否定，既否定它不是"彼"一事物。

但此外限度作为某物的否定，并不是一个抽象的虚无，而是一个存在着的虚无，或我们所谓"别物"。假定有某物于此，则立即有别物随之。我们知道，不仅有某物，而且也还有别物。但我们不可离开别物而思考某物，而且别物也并不是我们只用脱离某物的方式所能找到的东西，相反，某物潜在地即是其自身的别物，某物的限度客观化于别物中。

这几句话总的意思是在告诉我们应该辩证地思考，应该从一个事物与另外事物的联系中、从它们的对立统一中去认识这个事物，而不能撇开特定事物的固有联系，形而上学地、把这个特定事物同周围事物的有机联系割裂开来，从而孤立地、单纯地认识、分析这个事物。

但此外限度作为某物的否定，并不是一个抽象的虚无，而是一个存在着的虚无，或我们所谓"别物"。假定有某物于此，则立即有别物随之。黑格尔说，"限度"作为一个特定事物的否定属性，并不是一个毫无内容、无任何具体规定性的虚无，而是一个有实际内容的存在物，但在我们认识某一特定事物时，作为它的否定面的存在物，很可能不是什么现实的存在，而只是一个观念中的存在，因此说它是一个"存在着的虚无"，与"定在"构成对立面的事物，也就是我们平常所说的"别的事物"。假定一个特定事物产生了、存在在那里，那么就会有一个作为它的否定面、它的"限度"的"别物"跟着出现，尽管也可能这个"别物"只是存在于观念之中。

我们知道，不仅有某物，而且也还有别物。但我们不可离开别物而思考某物，而且别物也并不是我们只用脱离某物的方式所能找到的东西，相反，某物潜在地即是其自身的别物，某物的限度客观化于别物中。这样，我们就看到不仅有某物，而且也还有别物，这里的"某物"、别物之间是存在着对立统一关系的某物与别物，而不是随随便便的某物与别物，比如不仅有黑而且有白，黑与白之间即存在着既相互区别又相互依存的对立统一关系。对于这样的某物与别物，我们不能够离开"某物"和"别物"的依存关系，仅仅孤立地认识、思考"某物"。同样道理"别的事物"（"别物"）也不是我们用离开"这一特定事物"即"某物"与它自身的关系而孤立地、单纯地思考别物所能探求、认识到的。一句话就是我们应在对立事物的统一中去认识事物。在一定意义上，因为包含"别物"于自身之内，所以，"特定事物"（即"某物"）也就潜在地是其自身的"别物"（因为在不断的发展中，"某物"就会向着自身的对立面转化，转化为"别物"，而转化之前的"某物"即可看作"潜在"的"别物"），这表明：特定事物的"质"的限度、界限、"质"的规定，客观地，同时又是以否定此物的方式存在于别物之中。

如果我们试问某物与别物之间的区别，就会见得两者是同一的，两者之间的这种同一性，在拉丁文便用 aliud-aliud［彼—此］来表示。与某物相对立的别物，其本身亦是某物。所以我们常常说："某种别的东西"；同样，反过来说，那最初的某物与被认作和某物特定的别物相对立，其本身也同样是一别物。当我们说"某种别的东西"时，我们最初总以为某物总就它本身而论，只是某物，它具有别物的规定，只是通过一种单纯外在的看法加上给它的。譬如，我们以为月亮是太阳以外的别物，即使没有太阳，月亮仍然一样地存在。但真正讲来，月亮（就其为某物而言）具有它的别物于其自身，而它的别物就构成它的有限性。

如果我们试问某物与别物之间的区别，就会见得两者是同一的，两者之间的这种同一性，在拉丁文便用 aliud-aliud［彼—此］来表示。如果我们考查一下互相对立的某物与别物之间的区别，就会看到两者之间具有同一性。两者之间的这种同一性，在拉丁文中是用同一个词 aliud-aliud ["彼—此"] 来表示的，这就是说从语言上也可以看出彼、此或某物与别物之间具有同一性。

与某物相对立的别物，其本身亦是某物。所以我们常常说："某种别的东西"；同样，反过来说，那最初的某物与被认作和某物特定的别物相对立，其本身也同样是一别物。既然某物与别物之间存在着同一性，存在着区别的同时又相互依存，而且在一定的条件之下还会互相转化，因此与"某物"对立的"别物"，就其本身而言，也可看作是"某物"，同样，与"别物"对立的"某物"也可看作"别物"。这就是说，对立的双方都具有有限性和变化性，可以互相转化。把"别物"与"某物"截然分开是不对的，应该看到二者之间的内在联系。

当我们说"某种别的东西"时，我们最初总以为某物总就它本身而论，只是某物，它具有别物的规定，只是通过一种单纯外在的看法加上给它的。譬如，我们以为月亮是太阳以外的别物，即使没有太阳，月亮仍然一样地存在。但真正讲来，月亮（就其为某物而言）具有它的别物于其自身，而它的别物就构成它的有限性。日常当我们说"某种别的东西"时，我们最初总以为某物就其自身而论，只能是它自身，即仅仅是"某物"，如果说它本身不仅是自身、不仅是"某物"，而且同时还包含有它的对立面"别物"的规定，往往就会被认为这只是通过一种纯粹外在的看法附加给它的，而不是它内在固有特性。譬如，我们常说月亮是太阳以外的、和太阳没有什么关系的存在，即使没有太阳，月亮也照样存在。但真正讲来，月亮作为某物与和它相对的太阳来说，就包含太阳于其自身，太阳成了月亮之所以是月亮的内在因素，在这个意义上我们就可以说，太阳构成了月亮的"限度"、"有限性"或"否定面"，只有联系着太阳，才能真正把握月亮。换句话说，要真正了解月亮，不能孤立地去研究它，要联系着和它对立的太阳去研究它，因为太阳作为和月亮对立的一方，对于月亮的规定性起着限定、规定、界限的作用。

柏拉图说过：神从"其一"与"其他"的本性以造成这个世界；神把两者合拢在一起之后，便据以造成第三种东西，这第三种东西便具有其一与其他的本性。——柏拉图这些话已一般地道出有限事物的本性了。

柏拉图在《蒂迈欧篇》中说，"从不可分的和自身同一的存在，也从可分的亦即有形体的存在，神创造了第三种存在作为联合两者的中介，它具有自身同一的性质和他物或对方的性质"（转引自《哲学史讲演录》第 2 卷，第 232 页）。所谓"不可分的存在"即他所谓的理念、精神性的东西，也即黑格尔这里所说的"其一"；"可分的亦即有形体的存在"即他所说的特定事物，也即黑格尔所说的"其他"；而"联合两者的中介"指神创造的包含"其一"与"其他"在内的第三种存在。柏拉图所谓的"第三种存在"，并不是与上述两种实体并列的另外一种实体，而是两种实体之间的一种关系，或者说是两者的统一体。作为两者的统一体——"第三种东西"既包含了精神性事物（即"其一"）的特性，又包含了物质性事物（即"其他"的特性）。这样的"第三种东西"内涵较为复杂。其一可能是指"世界"整体，其二更是指既"分有"、"摹写"了某个理念、因而具有了精神特性，同时又是一种"有形体的存在"，因而具有了物质特性。而具有这样双重存在的东西在柏拉图那里只能是存在于世界当中的万事万物，也即有限事物。为什么说柏拉图的这种说法说出了有限事物的性质呢？因为他的这种说法，指出了作为某物的统一体不仅包含着自身、"其一"，又包含着别物、'其他'。换句话说，任一具有特定规定性的事物、"定在"、"限有"都是对立面的有机统一，都在自身包含有某物、"其一"与别物、"其他"，而且这里的其一与其他、某物与别物又是互相转化的。

　　有限事物作为某物，并不是与别物毫不相干的对峙着的，而是潜在地就是它自己的别物，因而引起自身的变化。在变化中即表现出定在固有的内在矛盾。内在矛盾驱迫着定在不断地超出自己。

　　特定的有限事物作为"某物"，并不仅仅与"别物"毫不相干地、静止地对立存在着就算完了，而就它的发展趋势来说，它是一定要向着自己的对立面即"别物"转化过去的，而在转化之前，我们即可说它潜在地就是它自己的"别物"。这表明由于某物内部所包含着的对立、矛盾、冲突，因此，一定会引起它自身的运动变化。这说明正是事物自身所包含的内在矛盾迫使着"定在"不断地超出自己现时的状况而向前发展。

　　据一般表象的看法，定在似乎最初即是一简单的肯定的某物，同时静止地保持在它的界限之内。我们诚然也知道，一切有限之物（有限之物即是定在）皆免不了变化。但定在的这种变化，从表象的观点看来，只是一单纯的可能性，而这可能性的实现并不基于定在自己本身。但事实上，变化即包含在定在的概念自身之内,而变化只不过是定在的潜在本性的表现罢了。有生者必有死,简单的原因即由于生命本身即包含有死亡的种子。

据一般表象的看法,定在似乎最初即是一简单的肯定的某物,同时静止地保持在它的界限之内。从表面,或从直观的表现看来,"定在"最初好像就是一简单的某种事物,静止地保持在它的限度(界限)之内(即不发生质变)。

我们诚然也知道,一切有限之物(有限之物即是定在)皆免不了变化。但是,我们知道,一切具体的、特殊的、有限的事物都免不了要发生变化。

但定在的这种变化,从表象的观点看来,只是一单纯的可能性,而这可能性的实现并不基于定在自己本身。但是"定在"的这种变化,直接地来看,好像只是一种纯粹的可能性,而这种可能性要转化为现实并不是由于"定在"本身,而是来自外部。

但事实上,变化即包含在定在的概念自身之内,而变化只不过是定在的潜在本性的表现罢了。有生者必有死,简单的原因即由于生命本身即包含有死亡的种子。事实上,因为所谓"定在"就是有特定规定性的存在,也即是有限度、有界限的存在。这样规定"定在",也就意味着"定在"概念自身就包含着变化,而实际发生的变化只不过是"定在"概念中潜在着的变化本性具体表现出来罢了。有生者必有死,原因就在于生命(作为一种"定在")其本身就包含有自己的对立面,即死亡的种子。

附释部分的全部内容简单说来有三层:首先,黑格尔说明了"限度"、"否定性"的重要性,指出它们是和存在"直接同一"的:某物有此限度就成其为某物;超过此限度,就不成其为某物。所以"限度"贯穿于"定在"的全部,是"定在"的有机组成部分,而不是和"定在"不相干、外在于"定在"的。但必须明确的是,这里所说的"限度"指的是事物的"质的限度",而不是"量"的限度,二者不能混淆。因为"量"是"定在"的外在特性,和"定在"的联系不像"质"那样密切,与"定在"并不构成直接同一的关系。"限度"不仅对"物"重要,而且对于"人"也很重要:要使自己成为一个特定的"人",真正的"人",即符合"人"的概念、有特定目标、特定价值的人,就必须能够"限制自己"、约束自己,有所不为然后有所为;厌烦限制,放纵自己、什么都想干,则不能实现自己的预期目标而只能整天"沉溺于抽象"、幻想当中。

其次，黑格尔指出"定在"因包含有内在矛盾而处于不断变化之中。所谓"限度"就是限定某物是此物不是彼物，所以"限度"既具有肯定"此物"是"此物"的"现实性"，又包含有否定"此物"不是"彼物"的"否定性"。也就是说"某物"（定在）既是某物（此物），又"潜在地"是别物（他物）；正像不可离开"否定性"片面强调"现实性"，反过来也不可片面突出"否定性"而忽略"现实性"一样，亦不可离开"别物"孤立地谈论"某物"。譬如月亮并不单纯是太阳以外的别物，实际上，月亮（就其为某物而言）以太阳（就其为别物而言）为自身的"有限性"，月亮自身就内在地具有太阳于其自身，离开了太阳，月亮不成其为月亮。柏拉图的对话《蒂迈欧篇》已说出了有限事物的这种特性。黑格尔指出："定在"（某物）正由于包含自身与别物的对立和内在矛盾，因而"引起自身变化"，使"定在""不断地超出自己"而变成为别物。

最后，黑格尔指出：如果对"定在"中的矛盾不采取辩证的、"思辨的"、"概念"的看法，而采取一种"形而上学"、"表象的看法"，则会误以为有限之物（"定在"）总是"静止地保持在它的界限之内"（比如误以为生命原来是静止地保持在生命的界限之内，永远是生命），不会发生变化。即使看到变化，也往往以为只是由于外力推动，而不是"基于定在自己本身"即由于"定在"自身固有的矛盾性所致。比如由生到死，辩证的看法、概念性的看法是由于生命本身就包含着死亡的因素，逐渐衰老导致死亡，并不是主要由外力所致；而形而上学的看法、表象的看法却恰恰相反。

§93

某物成为一个别物，而别物自身也是一个某物，因此它也同样成为一个别物，如此递推，以至无限。

这一节和下一节（第94节）紧密相联，一是讲"变的永恒"，二是讲"坏的无限"。

本节只有一句话，是说：特定的"某物"基于自身包含的矛盾性，必然会过渡到与它对立着的"别物"。若从"别物"的立场出发，"别物"本身又可看作是一个具有一定规定性的"某物"，因此它同样必然过渡到另一个与它对立的"别物",如此这般变化、过渡下去,势必导致"永恒"与"无限"。这样的无限黑格尔称之为"坏的无限"或"否定的无限"。

§94

  这种无限是坏的或否定的无限。因为这种无限不是别的东西,只是有限事物的否定,而有限事物仍然重复发生,还是没有被扬弃。换句话说,这种无限只不过表示有限事物应该扬弃罢了。这种无穷进展只是停留在说有限事物所包含的矛盾,即有限之物既是某物,又是它的别物。这种无限进展乃是互相转化的某物与别物这两个规定彼此交互往复的无穷进展。

  这种无限是坏的或否定的无限。因为这种无限不是别的东西,只是有限事物的否定,而有限事物仍然重复发生,还是没有被扬弃。紧接上节,批评"坏的无限"。意思是说从"某物"到"别物",再从"别物"到"某物"的无穷过渡是一种"坏的无限","否定的无限"即没有价值、没有意义的"无限"。因为这种"无限否定"的过程只是对有限事物的简单否定、简单抛弃,而有限事物"仍就重复发生",并没有真正被扬弃:甲这个有限事物被已简单否定了,而已仍然是有限事物,已这个有限事物被丙简单否定了,丙仍然是有限事物。

  换句话说,这种无限只不过表示有限事物应该扬弃罢了。这种无穷进展只是停留在说有限事物所包含的矛盾,即有限之物既是某物,又是它的别物。这种无限进展乃是互相转化的某物与别物这两个规定彼此交互往复的无穷进展。这种"无穷进展"即"坏的无限"只是表明有限事物、特定事物自身包含有"某物"和"别物"的矛盾,因而可以互相过渡、互相转化,有限之物"应该"被扬弃,但并没有真正"扬弃"有限,解决矛盾。而且这种无穷进展的过程无论推到多么遥远,其为有限事物依然照旧,它所内含的矛盾依然一点也没有解决。这种无限乃是"同一事情之无穷的表演",极其"单调无聊",表面上由甲到乙,由乙到丙……不断变换,而实际上,"这种变换从来没有离开有限事物的范围",它把无限置于不可达到的彼岸,因此应称为"坏的无限"。

  附释:如果我们将定在的两个环节,某物与别物,分开来看,就可得出下面这样的结果:某物成为一别物,而别物自身又是一某物,这某物自身同

样又起变化，如此递进，以至无穷。

黑格尔认为，如果我们把定在包含的两个环节：某物与别物（此与彼）分开来看，就像上面说过的，二者就会无穷地相互转化，某物成为别物，别物成为某物，这种无穷进展仍然没有扬弃事物的有限性，因而是"坏的无限"。

这种情形从反思的观点看来，似乎已达到很高甚或最高的结果。但类似这样的无穷进展，并不是真正的无限。真正的无限毋宁是"在别物中即是在自己中"，或者从过程方面来表述，就是"在别物中返回到自己"。对于真正无限的概念有一正确的认识，而不单纯滞留在无穷进展的坏的无限中，这具有很大的重要性。

对于某物与别物相互无穷地转化、进展的认识，从消极辩证法即反思的观点看来，似乎已经达到很高甚或最高的成就。实际上，这种无穷进展由于只是简单的循环而没有真正地扬弃有限，因此并不是真正的无限。真正的无限到底是什么呢？是"在别物中即是在自己中"，也就是说扬弃了自身的有限性，超出了自己，达到了别物，但实际上又返回到了自己，因为这是借助于别物返回头来更深入地说明自己，也即是从自己出发，经过别物，又回到了自己，经过了一个"之"字形的否定之否定途径。如果从动态的角度、从过程方面加以表述的话，就是"达到别物后，又返回到了自己"。也就是从"肯定"（自身）出发经过"否定"，到达"别物"，再到否定之否定，即重新回到"自身"，但这是在自身充分发展、展示自己之后的"返回自己"，较之以前内容更丰富，水平更高级，而这才是"真正无限"，即有价值、有意义的无限，很明显，对于"真正的无限"概念有一个正确的认识，使自己的思想不至于停留于"坏的无限"认识之中是很有意义的。

当我们谈到空间和时间的无限性时，我们最初所想到的总是那时间的无限延长，空间的无限扩展。譬如我们说，此时—现在——，于是便进而超出此时的限度，不断地向前或向后延长，同样，对于空间的看法也是如此。关于空间的无限，许多喜欢自树新说的天文学家曾经提出了不少空洞的宏论。他们常宣称，要思考时间空间的无限性，我们的思维必须穷尽到了至极。

这几句的意思比较明确。是说，当我们一说到时间和空间无限性的含义时，人们马上想到的总是时间的无限延长，空间的无限扩展。比如说时间的无限性吧，就是从此时（现在）开始，再进而超出此时的限度，不断地向前或向后两个方向延长。同样，对于空间无限性的看法也是如此。关于空间无限性，许多标新立异的天文学家提出过许许多多没有内容、没有价值的高宏大论。他们常常宣称，要想思考，探究时间、空间的无限性，就必须使自己的思维能力发挥到最大限度，想得很远很远，没有尽头，想得很广很广，没有边际。

无论如何，至少这是对的，我们必须放弃这种无穷地向前进展的思考，但并不是因为作这种思考太崇高了，而是因为这种工作太单调无聊了。置身于思考这种无限进展之所以单调无聊，是因为那是同一事情之无穷的重演。人们先立定一个限度，于是超出了这个限度。然后人们又立一限度，从而又一次超出这限度，如此递进，以至无穷。凡此种种，除了表面上的变换外，没有别的了。这种变换从来没有离开有限事物的范围。

我们应该放弃，废除这种毫无结果地无穷向前进展的思考，原因很简单，不是因为作这种思考太崇高，而是因为它太单调无聊，毫无结果。之所以无聊是因为它总是从一个有限事物到另一个有限事物的依次更替。人们先确立一个目标、限度，然后超出它，接着又确立一个目标，再超出它。一次又一次，除了直观上看到一个又一个不同的有限事物外，实际上对于特定事物及其对它的认识来说并没有前进多少，过来过去总是在有限事物内兜圈子，而未能使特定的有限事物自身得到进一步发展。

假如人们以为踏进这种的无限就可以从有限中解放出来，那末，事实上只不过是从逃遁中去求解放。但逃遁的人还不是自由的人。在逃遁中，他仍就受他所要逃避之物的限制。

如果人们以为陷入、踏进这种坏的无限就可以从有限中解放、解脱出来，就可以扬弃特定的有限事物，那末实际上是用逃避问题的方式去求得解放，是把回避面临的问题当作获取自由。但是回避问题并不是真正得到了自由，而恰恰是不自由的表现，因为他在回避过程中，问题得不到解决，仍然要受到回避之物的限制、阻挠和约束。

此外，还有人说，无限是达不到的，这话诚然是完全对的，但只是因为无限这一规定中包含有抽象的否定的东西。哲学从来不与这种空洞的单纯彼岸世界的东西打交道。哲学所从事的，永远是具体的东西，并且是完全现在的东西——当然有人也这样提出过哲学的课题，说哲学必须解答无限如何会决意使自己从自己本身迸发出来的问题。这个问题根本上预先地假定了有限与无限的凝固对立，只好这样加以答复：这种对立根本就是虚妄的，其实无限永恒地从自身发出来，也永恒地不从自身发出来。如果我们另外说，无限是"非有限"，那末，就可算得真正道出真理了，因为有限本身既是第一个否定，则"非有限"便是否定之否定，亦即自己与自己同一的否定，因而同时即是真正的肯定。

这一段话文字比较长，意思也比较难理解。它是说，如果把无限看成是与"有限"绝对对立，看成有限事物的无限进展，看成是对"有限"完全的否定，那么，从一种有限到另一种有限，这样的循环往复、这样的"无限"就是"空无内容"、绝对抽象的东西，确实是永远达不到的。哲学从来不与这种空洞抽象的东西打交道。哲学所要研究的，是包含对立面统一的有具体内容的东西，是在现实中存在着或者说具有现实性的东西。有人说哲学必须解答无限是怎样从自身中走出来到达有限的问题，实际上这个问题的提出就是在根本上预先假定有限与无限是截然对立、是分离存在的。对于它只好这样回答，你们所谓的这种有限与无限的绝对对立是根本不存在的，因而是虚假的、不真实的。实际情形是：看起来好像无限永恒地从自身出发，实际上也是永恒地不从自身出发，因为"无限"自身就是无限与有限的对立统一体。当我们说它是从自身出发时，实际上正是从无限与有限的对立统一有机体出发，所以才有了上述的说法。但是当我们说，无限是"非有限"时，那才算真正说出了真理，说到了点子上。为什么呢，因为如果说有限本身是第一个否定（即对"纯有"的否定）的话，那么"非有限"便应该是第二次否定（即"不是有限"对有限的否定），是否定之否定，因而是内容更为丰富了的，真正的"肯定"。

这里所讨论的反思中的无限只可说是达到真无限的一种尝试，一个不幸的、既非有限也非无限的中间物。一般说来，这种对于无限的抽象看法，就是近来在德国甚为通行的一种哲学观点。持这种观点的人认为，有限只是应该加以扬弃的，无限不应该只是一否定之物，而应该是一肯定之物。在这种"应该"里，总是包含有一种软弱性，即某种事情，虽然已被承认为正当的，但自己却又不能使它实现出来。康德和费希特的哲学，就其伦理思想而论，

从没有超出这种"应该"的观点。那无穷地逐渐接近理性律令的公设,就是循着这种应该的途径所能达到的最高点。于是根据这种公设,人们又去证明灵魂的不灭。

这一段是说,上面我们谈到的"反思中的无限"即从无穷递进的有限事物中去推演出来的无限是虚假的、不真实的无限,或者说只是一种希望达到真无限的尝试。实际上它是一个既不是有限,也不是真无限的可怜的、不幸的中性物。但是,从当时情况来看,这种对于无限的抽象看法,却是德国哲学界颇为流行的观点。持有这种看法的人认为具体事物的有限性只不过应该是加以扬弃的,而事物的无限性只是应该加以肯定的。在这种所谓"应该"如何如何的说法里,包含有明显的软弱性。为什么呢?因为某种事情,虽然已经被承认为是正确的、合理的,但自己却又没有能力,使它实现出来,成为现实,而只是一个劲地念叨应该这样,应该那样,是没有多大价值的。康德和费希特的哲学就其伦理学的思想而论,就是在这种"应该"上转来转去,把"应该"当成律令,把假设当成真理,这自然是不科学的。黑格尔在《哲学史讲演录》第四卷,第291—292页中说:"人应该是有道德的,这仍旧停留在应该上面。其结果是,这个目的只有在无穷的进展中可以达到。……完善的道德只可以在彼岸,因为道德假定特殊意志和普遍意志的差别。道德是根据普遍规律对于感性情欲的斗争和规定。这种斗争只有当感性意志还不符合于普遍意志时才存在。因此道德的意志只是一个"应该";就在这个基础上面康德建立了他的灵魂不灭的公设。在同书第328页中又说,"从实践的范围看来,终极的东西在于自我的活动是一种仰望、努力,——这(指费希特的这种观点—引者)与康德所谓的'应当'是同样的东西。"意思是说康德与费希特只是把完善的道德和美好的欲望赋予以"应该"的地位,而缺乏实施的勇气与毅力,因而是难以实现、软弱无力的。与此相类似局限在有限范围内去追求真正的无限也是软弱无力,不可能实现的。

现将附释部分的内容提要叙述如下(参看张世英《黑格尔小逻辑绎注》第252—254页):黑格尔提出有两种"无限":"真无限"和"坏无限"。前者是"有限与无限的统一",正像"某物"与"别物"的对立统一,不是某物与别物彼此处于外在的关系,不是某物在别物之外,而是"在别物中即在某物自身之中"的具体统一。能够表达"真无限"的说法是"非有限",因为它说出了"真无限"是否定之否定的特性：因为有限（即"定在"）是对"纯有"的否定（即给某物以规定，规定某物是此而非彼），这是第一次否定，"非有限"是对有限的否定，这就是第二次否定即否定之否定。经过这样的否定之后，"无限"中内在地就包含有"有限"，"有限"中也内在地包含有"无限"，从而达到二者的"具体统一"。而后者，即"坏无限"则是把无限与有限绝对地对立起来，把二者看作是相互外在、彼此对立的东西，认为无限是对有限的抽象否定和简单抛弃，是从一种"有限"到另一种"有限"的无穷重复的过程，因而这种"无限"是永远"达不到的"。黑格尔认为哲学不应主张这种达不到的"空洞的、单纯的彼岸世界"，而应从事于把握"具体的东西"（对立面的统一）和"完全现在的东西"（完全可以达到的东西）。"反思中的无限"（即"坏的无限"）虽说是"达到真正无限"的一种"尝试"，但这种"尝试"所达到的是"不幸的、既非有限也非无限的中间物"。康德、费希特对无限所持的观点正像他们的伦理思想"没有超出这种'应该'的观点"一样，把无限推到"应该"实现而实际上不能真正实现的领域，把有限看成"应该"加以扬弃而实际上不能真正扬弃的东西。这同样是割裂无限与有限、把二者绝对对立起来的知性形而上学观点。

§95

（r）事实上，摆在我们前面的，就是某物成为别物，而别物一般地又成为别物。某物既与别物有相对关系，则某物本身也是一与别物对立之别物。既然过渡达到之物与过渡之物是完全相同的（因为二者皆具有同一或同样的规定，即同是别物），因此可以推知，当某物过渡到别物时，只是和它自身在一起罢了。而这种在过渡中、在别物中达到的自我联系，就是真正的无限。或者从否定方面来看，凡变化之物即是别物，它将成为别物之别物。所以存在作为否定之否定，就恢复了它的肯定性，而成为自为存在（Fursichsein）。

这一节讲什么是"真正的无限"，讲由"自在存在"向"自为存在"的过渡。

在黑格尔看来所谓"真无限"就是"自为存在"，就是"某物与别物的对立统一"，"有限与无限的对立统一"。

（r）事实上，摆在我们前面的，就是某物成为别物，而别物一般地又成为别物。某物既与别物有相对关系，则某物本身也是一与别物对立之别物。这句话是说现实存在着的、有特定规定性的某种事物是自身与其对立面即别物的有机统一，经过转化就会成为与其有依存关系的"别种事物"。而"别物"也不是自身等同、完全单一的，也是在自身中就内在地包含有与自己具有依存关系的对立的"别种事物"，经过转化又会成为别物的别物。这表明"某物"与"别物"之间固有着既相互差异、对立，又相互贯穿、依存的"相对关系"。某物自身中包含着别物，别物自身中也包含着某物，而且双方又处于不停的相互转化之中，在这个意义上"某物"也就成了"与别物对立之别物"。

既然过渡达到之物与过渡之物是完全相同的（因为二者皆具有同一或同样的规定，即同是别物），因此可以推知，当某物过渡到别物时，只是和它自身在一起罢了。而这种在过渡中、在别物中达到的自我联系，就是真正的无限。接下来的意思是说，既然某物转化、过渡后达到的事物与某物都可以看作"别物"，都具有同样的规定性，因此可以作出结论：转化、过渡后的"别物"与转化、过渡前的"某物"是密切联系在一起，相互贯通、依存、不可分割的，只是相比之下，进入了一个更高、更完善的阶段，达到了对立面的内在统一、有限与无限的统一、某物与别物的统一，因而是"真正的无限"。

或者从否定方面来看，凡变化之物即是别物，它将成为别物之别物。所以存在作为否定之否定，就恢复了它的肯定性，而成为自为存在（Fursichsein）。这是讲真正的无限实际上也是事物从自在存在到自为存在的过渡。这里的"凡变化之物"即现实存在着的"某物"，因内含着自己的对立面一定会变化为别物。而别物也同样内含自己的对立面也会变化为别物的别物。而这时的别物的别物与作为开端的某物必定具有同一性，实际上是经过两次否定对自己的回归。而这种回归是经过展开、经过发展、在更高阶段上的回归，也即是某物从自在阶段发展到了自为阶段。对此若从否定方面来看即是别物对某物的否定、别物的别物对别物的否定，此过程亦可看作是有限对纯有的否定，非有限对有限的否定，从而使"某物""回复了它的肯定性，而成为自为存在（Fursichsein）"。

[说明] 认为有限与无限有不可克服的对立的二元论，却没有明了这个简单的道理，因为照二元论的看法，无限只是对立的双方之一方，因而无限也

成为一个特殊之物，而有限就是和它相对的另一特殊之物。这是对形而上学有关无限与有限相互关系观点的批判。形而上学者认为有限与无限之间是绝对对立的，二者之间存在着"不可克服的对立"，他们不明白有限与无限在相互对立的同时还相互渗透、相互包含。依照他们的看法"无限只是对立"双方中的一方，是一个具有特定规定性的事物，同样，有限也是一个有特定规定性的另一方，而且两者之间性质恰恰相反。

　　像这样的无限，只是一特殊之物，与有限并立，而且以有限为其限制或限度，并不是应有的无限，并不是真正的无限，而只是有限。——在这样的关系中，有限在这边，无限在那边，前者属于现界，后者属于他界，于是有限就与无限一样都被赋予同等的永久性和独立性的尊严了。这是从辩证法的观点对有限无限相互关系二元论观点的批判。意思是说二元论者眼中的无限与有限一样都是具有特定规定性的特殊事物，而且与有限并立存在，以有限作为自己的对立面，这样的无限就不是真正的无限，而只能是完完全全的有限。依照二元论者关于有限与无限相互关系的看法，二者之间隔着一座山或一条河，山或河的这边是有限，山或河的另一边是无限，有限现实存在着，无限同样现实存在着，不过只是属于和有限对立的另一个世界，这样一来，有限与无限显然都具备着同样的"永久性和独立性"、都具备同样的尊严和荣耀了。

　　有限的存在被这种二元论造成绝对的存在，而且得到固定和独立性。这种固定的独立的有限，如果与无限接触，将会消融于无形；但二元论决不使无限有接触有限的机会，而认为两者之间有一深渊，有一无法渡越的鸿沟，无限坚持在那边，有限坚持在这边。这是继续阐述上面的观点，认为二元论者把有限看作与无限绝对对立、永恒不变、独立存在着的东西，与无限互不接触、相互间存在着无法渡越的鸿沟。

　　主张有限与无限坚固对立的人，并不像他们所想象的那样，超出了一切形而上学，其实他们还是站在普通的知性形而上学的立场。这是黑格尔根据上面的分析对二元论者作出的结论。指出它们自认既承认有限又承认无限、有限与无限坚固对立就算是超越了形而上学，实际上在黑格尔看来这只是达到了"知性形而上学"阶段，即认识只是达到了将有限与无限区分开来的地步，还远没有达到在看到二者相互区分的同时又相互渗透、相互包含的地步，因此，他们的立足点仍然是"普通的知性形而上学的立场"。这里的"知性"是相对于"消极理性"和"积极理性"说的。黑格尔把人对事物的认识区分为三个阶段，即"知性"阶段、消极理性阶段和积极理性阶段。处于知性阶段的认识是人认识到事物是此而不是彼。对不同事物区分得很清楚。而消极理性阶段是在对事物肯定性的认识中初步认识到事物正面规定性的同时还包含与正面规定性相反的方面但还不能将事物正反两方面的规定性有机地统一在一起，只是到了辩证理性即积极理性阶段才进入了辩证法认识阶段，因此他才明确指出二元论关于有限无限相互关系的观点"是站在普通的知性形而上学的立场"。

因为这里的情形与无限递进中所表明的情形是一样的：有时他们承认有限不是自在自为的，没有独立的现实性，没有绝对存在，而只是一种暂时过渡的东西；但有时他们又完全忘记这些，而认为有限与无限正相对立，与无限完全分离，将有限从变灭无常中拯救出来，把它当作独立的、自身坚持的东西。这是在批评二元论者的摇摆性：他们一时承认有限是变化的，不是独立、绝对存在着的东西；一时又完全否认这些，而认为有限与无限绝对对立，完全割裂二者之间的联系，而把有限从变动不居中分割出来，把它看作永恒不变、固定僵死的东西。

如果我们认为这样一来，思想就可以提高到无限，殊不知，适得其反。因为这样，思想所达到的无限，其实只是一种有限，而思想所遗留下来的有限，将会永远保持着，被当作绝对。如果依照二元论者的看法，认为我们的思想就可以从有限提高到无限，实际上大错特错。因为借助于割裂有限与无限之间的联系、把有限与无限绝对对立起来而达到的无限"其实只是一种有限"，而这样与无限截然相反的有限只能是永恒不变的、僵死的有限。

当我们经过上面这番思考，指明了知性所坚持的有限与无限的对立为虚妄之后（关于此点，试比较柏拉图的《菲利布篇》，当不无益处），我们自易陷入这种说法，即既然无限与有限是一回事，则真理或真正的无限就须宣称并规定为无限与有限的统一。经过认真思考与上面的讨论，参考柏拉图在《菲力布篇》中关于有限、无限及其相互关系的探讨就不难得出真正的无限或具有真理性的无限与有限相互渗透、相互依存、是"无限与有限的统一"的结论。

这种说法诚然不错，但也足以引起误解和错误，有如前面关于有无统一所指出的那样。此外，这种说法还会引起有限化无限或无限化有限的正当责难。因为在这种说法里，有限似乎只是原样保留在那里，而并未明白说出有限是被扬弃了的。把真正的无限认作为有限与无限的统一是正确的，但这种看法同前面把变看作有与无的统一一样也容易引起只看到二者的统一而看不到二者在统一的同时还存在着区别的误解和错误。此外，这种说法还会产生误把二者的统一看作只是有限变化为无限，或无限变化为有限，统一后的有限仍然原样保留在无限里，而不是此时的有限是被扬弃了自己的直接性以后统一于真正的无限之中的。

　　——或则，我们试略加反思，有限既被设定为与无限的统一，则它无论如何，决不能保持当它在此统一关系以外时的原样，它的性质至少必有所改变（就好像碱与任何一种酸化和，必失去它的原有特质一样），同样，无限也免不了改变，当有限与无限统一时，作为否定性的无限也在对方之前失掉其尖锐性了。如果我们略加思考，认为既然真正的无限是有限与无限的统一，那么统一后的有限决不能保持原有性质不变，而必须扬弃它以前的直接性，这就像碱与酸化和之后碱必然改变自己的原有性质一样。同样的道理统一后的无限也应改变自己原有性质，像碱与酸化合后的酸一样，实际上作为否定之否定的真正的无限却不是这样。

　　实际上对于知性的抽象，片面的无限性，的确发生过这样的变化。但真正的无限并不单纯像那片面的酸，而是能保持其自身。否定之否定并不是一种中性状态。无限是肯定的，只有有限才会被扬弃。这是在继续阐明知性的、把有限与无限割裂开并对立起来的观点与辩证地看待二者之间关系观点的区别。前者认为无限作为有限的对立面在与有限统一后正像酸碱化合后的酸也必然地改变自己的性质，而后者认为真正的无限作为否定之否定以后的有限与无限的统一是肯定性的环节，是对有限的扬弃；是纯有、有限的进一步深化与发展，是扬弃了有限的直接性同时又把有限内含于自身的更高阶段。

　　在自为存在里，已经渗入了理想性这一范畴。从自在到自为，原本作为自在的"定在"、"限有"经过发展，内容更丰富，在其自身就包含有自身的对立面，达到了对立面统一的程度，而作为自在肯定方面的对立面正是否定性方面，即自在进一步发展的理想性方面，因此"在自为存在里，已经渗入了理想性这一范畴。"

定在最初只有按照它的存在或肯定性去理解，才具有实在性（&91），所以有限性最初即包含在实在性的范畴里。意思是说具有特定规定性的定在直接去看只有按照它现实存在的情况或正面表现出来的状况去看，才能说它是实实在在存在着的，具有实实在在的性质，根据这一点，"定在"、"限有"即具有有限性的事物是包含实在性在内的。

但有限事物的真理毋宁说是其理想性。既然定在、限有，即有限事物既包含现实性又包含理想性，从它进一步发展的角度讲，它的依据、它的真理与其说是现实性还不如说是理想性，因为随着时间的推移，它是必然要发展到另一个环节的。

同样的道理，知性的无限，即与有限并列的无限，本身只是两个有限中之一种有限，或是理想的有限，或是不真实的有限。根据上面所说的道理，知性思维者心中的无限是与有限僵硬对立、并行平列的无限，实际上依然是一种有限，这种无限或者是只具有理想性的有限，或者是不具有实在性因而是不真实的有限。

这种认为有限事物具有理想性的看法，是哲学上的主要原则。因此每一真正哲学都是理想主义。认为特定有限事物不仅现实存在着而且内含理想性即自己的对立面，并一定要发展变化的观点是真正的哲学的基本原则，因此每一种真正的哲学在一定意义上都是一种理想主义的哲学。这里的"理想主义"原文为 Idealismus，一般也译作"唯心论"，由此可明显看出黑格尔的唯心主义的哲学立场。这样说，并不抹杀其中内含的合理因素，因为确确实实每一事物都是对立面的统一，这不仅是黑格尔所承认的，辩证唯物主义哲学同样承认。

但最要紧的是，不要把那些本身性质为特殊或有限之物当作无限。——因此，关于这点区别，这里才加以长篇讨论，借以引起注意。哲学的基本概念，真正的无限，即系于这种区别。这个区别通过本节前面所讲的一些反思给弄清楚了，这些反思是十分简单的，因而似乎不甚重要，却是无可反驳的。这是重申不要混淆有限与真正的无限，并再次强调区分有限与无限的重要性。

§96

（a）自为存在，作为自身联系就是直接性，作为否定的东西的自身联系就是自为存在着的东西，也就是一。一就是自身无别之物，因而也就是排斥别物之物。

这一节，主要是讲什么是"自为存在"，它具有何种特性。

上节谈到"自为存在"是内含"某物"与"别物"于一身的存在，正文的意思是说："自为存在"既然在自身内部就包含着"某物"与"别物"，因而"某物"与"别物"的联系在这个意义上也就是自己的这一面与自己的那一面的联系，也即"自身联系"。这种"自身联系"是直接呈现于人们眼前的，因而具有或者说"就是直接性"。但"某物"若就内在包含着否定性、包含着"别物"即对立面而言就是完整、现实存在着的东西，是一个整体，也就是"一"。易言之，现实、完整存在着的东西，就其内在地包含"某物"与"别物于自身之内而言，就其对立面之间密不可分而言则是"一"。这里所谓"否定的东西的自身联系"就是把否定性（别物）包含在某物自身之内，使其成为某物与别物的关系就是自己与自己的关系。既然如此，那么这里的"一"就是指在自身中某物与别物合而为一，而不再是与"某物"相分离的、有区别的"别物"。"一"在这里，有整体、独立自存、圆满无缺、与别物能明确地区分开来的意思。应当说明的是，黑格尔对"一"的解释是很晦涩的，说什么一就是自身无别之物，因而也就是排斥别物之物"，言下之意是说"一"是圆满的，是和别物能明确区分开来的东西，这与自为存在是内含对立面的统一又不尽一致，因而让人难以理解。对此列宁指出，"为什么自为的存在是一，我不明白。依我看来，在这里黑格尔是非常晦涩难懂的"（《黑格尔逻辑学一书摘要》第36页）。

另外，在《哲学史讲演录》里，黑格尔在谈到留基伯的原子论时曾谈到"自为存在"这个范畴。他说，"在哲学史上，留基伯首先提出'自有'（即'自为存在'）这个范畴，他把积极者（即肯定）认作自为存在的'一'，而把消极者（即否定）规定为'虚空'。"对此，列宁指出，黑格尔硬把自己的逻辑套在留基伯身上，说"自有"的范畴从留基伯开始，多少有些牵强附会（参见《列宁全集》第38卷，第292—293页）。此外，黑格尔还认为，"自有"或"一"不仅是本体论的范畴，还是一个认识论的、基本的、必然的思维范畴，而且虽然不是最后的环节，但永远是哲学的基本环节。意思是说作为自为存在的事物都是包含对立面统一的、圆满的、具有独立存在的事物，这是从本体论的角度说的；若从认识论的角度讲：人们对事物的认识往往从一个侧面开始，然后认识到与这个侧面构成矛盾关系的另一个侧面，然后再将两个侧面有机地统一在一起，达到对于事物相对完整、圆满的认识，即关于事物"自为存在"性的认识，而这表明关于事物全面的、相对完美的认识确是人类思维过程中一个基本的、必然的环节。

附释：自为存在是完成了的质，既是完成了的质，故包含存在和定在于自身内，为其被扬弃了的理想的环节。自为存在作为存在，只是一单纯的自身联系；自为存在作为定在是有规定性的。但这种规定性不再是有限的规定性，有如某物与别物有区别那样的规定性，而是包含区别并扬弃区别的无限的规定性。

"自为存在"是逻辑理念在"质"这个阶段经过几个环节、经过否定之否定之后而达到的最后一个阶段，因而是"完成了的质"，即质经过充分发展之后所达到的环节，也即"质"发展的最后一个环节。既然它是"完成了的质"，所以，它就包含"存在"（即"纯有"）和"定在"（即"限有"）两个环节于其自身。它位于"定在"之后，也就扬弃了"定在"的直接性并将定在内含于自身之内，进而也扬弃了"质"的直接性并将"质"内含于自身之内。"质"规定"定在"是这个事物而不是那个事物，是此而不是彼，"自为存在"则扬弃了"这个"与"那个"、"此"与"彼"的外在关系，使"那个"成为"这个"，"彼"成为"此"的内在有机成分。这充分表明"自为存在"是"完成了的质"，是"质"经过充分发展而被扬弃之后的产物。

"自为存在"是"纯存在"与"定在"的统一，也是直接性与间接性的统一。就其为"纯存在"、为直接性而言，它是无规定性的"单纯的自身联系"；就其为"定在"、为间接性而言，它又是有规定性的，不过"自为存在"的规定性不同于"定在"的规定性，后者是"此"而不是"彼"，"某物"与"别物"处于明显的、外在的区别关系中，前者是内含"彼"于"此"自身、"别物"于"某物"自身。彼与此、别物与某物虽有区别，同时又互相依存，有机统一于"自为存在"、"一"之中。

我们可以举出我作为自为存在最切近的例子。我们知道我们是有限的存在，首先与别的有限存在有区别，并且与它们有关系。但我们又知道这种定在的广度仿佛缩小到了自为存在的单纯形式。当我们说我时，这个"我"便表示无限的同时又是否定的自我联系。我们可以说，人之所以异于禽兽，且因而异于一般自然，即由于人知道他自己是"我"，这就无异于说，自然事物没有达到自由的"自为存在"，而只是局限于"定在"[的阶段]，永远只是为别物而存在。

黑格尔认为，我们可以用"我"来作为"自为存在"表现最明显、内涵最接近的例子。任何一个"我"的存在，都是一个特殊的、有规定性的即"有限的存在"，一方面，"我"和别的"有限存在"有区别，另一方面又与别的"有限存在"有关系。"我"这种"有限存在"可以看作"自我存在"最直接、最单纯的形式，当我们说到"我"时，既可以把每一个人都看作"我"，因而"我"具有无限的适用性，同时，每一个"我"又都各不相同，又都是一个特定的"我"，即"否定的自我联系"。人不同于动物，也不同于自然界的其他事物，就因为人能够区分"我"与"非我"，知道自己是"我"，意识到自身是"自为存在"，其他任何"自然物"都没有自我意识，都不能看到在"我"的规定性中就包含着非我的规定，因而也就达不到"自为存在"的水平，而只是仅仅局限于"某物"与"别物"相互外在，视"此"仅仅是"此"、而不是"彼"的知性阶段。这种眼光下的"定在"、"限有"当然只是与"别物"有着明显界限，僵死不变的存在。

再则，自为存在现在一般可以认为是理想性，反之，定在在前面则被表述为实在性。实在性与理想性常被看成一对有同等独立性，彼此对立的范畴。因此，常有人说，在实在性之外，还另有理想性。但真正讲来，理想性并不是在实在性之外或在实在性之旁的某种东西，反之理想性的本质即显然在于作为实在性的真理。

再则，正因为"自为存在"内在地包含着否定性，是肯定与否定、某物与别物的有机统一，所以即可把"自为存在"看作是内含"理想性"的存在，或者直接就把它看作是"理想性"。与此相反，"定在"既然是有特定规定性的存在，并以此而与其他"定在"相区别，据此即可把它"表述为实在性"或实际存在着的东西或特性。这样一来，人们常常把实在性与理想性看作是具有同样的独立性、彼此对立互相区别的范畴，并且根据这一点，人们常说"在实在性之外，还另有理想性"，即把实在性与理想性看作是相互外在、相互隔离的东西。但真正讲来"理想性"并不是与实在性相互外在、互不联系的东西，恰恰相反，"理想性"就其本质来看，就内在地包含着实在性，就是既扬弃了"实在性"又把"实在性包含于自身的东西"。从这个角度来看，理想性正是实在性的真理或者说本质、根据。

这就是说，若将实在性的潜在性加以显明发挥，便可证明实在性本身即是理想性。因此，当人们仅仅承认实在性尚不能令人满足，于实在性之外尚须承认理想性时，我们切不可因此便相信这样就足以表示对于理想性有了适当尊崇。像这样的理想性，在实在性之旁，甚或在实在性之外，事实上就只是一个空虚。唯有当理想性是某物的理想时，则这种理想性才有内容或意义，但这种某物并不仅仅—不确定的此物或彼物，而是被确认为具有实在性的特定存在。这种定在，如果孤立起来，并不具有真理。

上面谈到，理想性是实在性的真理、是实在性的本质，因此，如果将实际存在着的事物所具有的实在性进一步揭示出来，将其中的潜在性充分发挥出来，便达到了理想性的阶段，或者说达到了事物的理想性水平。但是，当人们不满足于对实在性的承认，而在实在性之外又承认理想性的存在时，我们万万不可以为这就是对真正理想性的崇敬、承认。因为承认与实在性相互隔离、在实在性之旁或之外承认有一个理想性和实在性并列存在，实际上只是一种没有实际内容的空虚。只有承认理想性是某物或某种定在的理想性时，也就是把理想性看成渗透、贯穿于实在性之中时，这种理想性才是有切实的内容和重要意义。但是这时，这个定在，这个特殊的某物并不单单是一个不确定的此物或彼物，而是被认定为具有实在性的特定存在。如果把这种定在孤立起来，把它与别的定在，与周围事物割裂开来，这种"定在"就不会是真实的存在，因而也就不具有真理性了。

一般人区别自然与精神，认为实在性为自然的基本规定，理想性为精神的基本规定，这种看法，并不大错。但须知，自然并不是一个固定的自身完成之物，可以离开精神而独立存在，反之，唯有在精神里自然才达到它的目的和真理。同样，精神这一方面也并不仅是一超出自然的抽象之物，反之，精神唯有扬弃并包括自然于其内，方可成为真正的精神，方可证实其为精神。

一般人把实在性看成是自然的基本规定、本质属性，把理想性看成是精神的基本规定、本质属性。这种看法,并没有大的错误。但与此同时必须知道自然物并不是一个固定不变、自身绝对完善的东西,不是一个可以离开精神而独立存在的东西。相反,自然物自身是无目的、无追求的,只有发展到在自然物中具有了精神、思想、意识阶段时,才可以说自然物达到了它的目的和真理。同样,精神之所以为精神,也并不仅仅是由于它是超出自然物的纯粹抽象性的东西,恰恰相反,而正是由于它扬弃并包含了自然物于其自身之内,才成为了真正的精神,成为可以证实了的精神。很明显,黑格尔的这种看法,完全是按照他的精神高于物质、物质只是精神发展的低级阶段而臆造出来的。

　　说到这里,我们顺便须记取德文中 Aufheben(扬弃)一字的双层意义。扬弃一词有时含有取消或舍弃之意,依此意义,譬如我们说,一条法律或一种制度被扬弃了。其次,扬弃又含有保持或保存之意。在这意义下,我们常说,某种东西是好好地被扬弃(保存起来)了。这个字的两种用法,使得这字具有积极和消极的双重意义。实不可视为偶然之事,也不能因此便斥责语言产生混乱。反之,在这里我们必须承德国语言富有思辨的精神,它超出了单纯理智的非此即彼的抽象方式。

　　这几句的意思好理解,是说在德文中"扬弃"一词含义有二:一是取消或舍弃的意思,一是保持或保存的意思,因此"扬弃"具有积极与消极、肯定和否定双重内涵,超出了知性的、片面的、形而上学非此即彼的思维方式,充分说明德国语言富有思辨、辩证精神。

　　"附释"部分的内容可以简要地叙述如下(参见张世英《黑格尔小逻辑绎注》第259—261页):"自为存在"是质发展的最后一个阶段,既包含有"纯存在"、"纯有",又含有"定在"、"限有"。从它包含有"纯有"、"纯存在"来说,"自为存在"、"自有"可以看作只是一种单纯的自身联系,只是一种直接性或当下存在着的某种东西,而从其包含有"定在"、"限有"来看,"自为存在"、"自有"又是有规定性的。不过这种规定性是一种无限的规定性,它包含区别又扬弃区别,也就是说,它和有限的规定性(如某物与别物有区别那样的规定性)不同。

　　"自我"(或"我")就是"自为存在"的一个典型例子。"自我"一方面是有限的存在,是"定在",他和别的有限存在有区别,并处于外在关系中；可是另一方面，"自我"的特点在于有精神有意识，作为有精神有意识的自我既能意识到外在的有限存在，把它们转成为自我本身，又能知道他自己是自我，能以自我本身为他方、为对象。所以"自我"是"真正的无限"，是"否定东西的自身联系"。

再则，"定在"（即限有）往往被表述为具有实在性，实际上"自为存在"才是既具有"理想性"、又具有实在性的存在。把实在性和理想性看成各自独立，相互对立，彼此外在的一对范畴，是不了解两者内在联系的表现。决不可认为在实在性之外，另有理想性，而应该把理想性看成实在性的真理、本质。理想性只有作为某物的理想性时，它才是有内容、有意义的。潜在的"实在性"必然发挥为"理想性"，因为某物必然发展为某物与别物的统一。自然与精神的关系也像"实在性"和"理想性"的关系一样：自然视精神为目的和真理，离开了精神，自然不能独立存在；反之，精神也必须包括自然、扬弃自然，否则，精神就会成抽象的东西。最后，黑格尔谈到了"扬弃"一词所具有的双重意义，并因而夸耀德语具有思辨、辩证精神。

§97

（β）否定的东西的自身联系是一种否定的联系，也是"一"自己与自己本身相区别，"一"的排斥，或许多一的建立。按自为存在的直接性看来，这些多是存在着的东西，这样，这些存在着的"一"的排斥就成为它们彼此的相互排斥，它们这种排斥是当前的或两方相互的排除。

这一节讲"一"中有"多"

（β）否定的东西的自身联系是一种否定的联系，也是"一"自己与自己本身相区别，"一"的排斥，或许多一的建立。直接地去看，"自为存在"是某物与别物、此与彼的的统一，是"一"。而在这个"一"中既包含有某物与别物的依存、渗透，又包含着相互间的对立、排斥即"否定的联系"。正是由于这种"否定的联系"原本外在呈现"一"的事物又必然地内在建立起"多"。

按自为存在的直接性看来，这些多是存在着的东西，这样，这些存在着的"一"的排斥就成为它们彼此的相互排斥，它们这种排斥是当前的或两方相互的排除。从自为存在的直接性去看，由于"一"内部某物与别物的相互排斥，因而形成的"多"是存在着的。而这些"多"各就其直接性来看，都是一个个相互排斥、相互独立的东西。用我们现在的话来说，就是统一体内部包含着多方面的对立统一，或者反过来说，任何事物都是多方面有机的对立统一，也即"多极统一"。显然，这种由一向多的过渡是晦涩而神秘的。

附释：只要我们一说到"一"，我们常常就会立刻想到多。这里就发生"多从何处来？"的问题。在表象里，这问题是寻不着答复的，因为表象认多为直接当前的东西，同时也只认为多中之一。反之，从概念来看，一为形成多的前提，而且在一的思想里便包含有设定其自身为多的必然性。因为，自为存在着的"一"并非像存在那样毫无联系，而是有近似定在那样的联系的。

黑格尔认为，平常一说到"一"，就自然会想到"多"那么，究竟"多"从何而来呢？这个问题一般从直接表象里是找不到解答的，因为在直接的表象中，"多"是表示当前存在的多个、多种东西，而每一个东西，只是这许多东西中的一个、一种，即多中之一。与此相反，从思辨的角度、或者说从概念、从哲学的视觉来看，就会看到"一"为形成"多"的前提，因为"一"正是相对于"多"才能成立。这表明"在一的思想里便包含有设定其自身为多的必然性"。为什么呢？因为作为"自为存在"着的一，并不像"纯有"（即纯存在）那样只是表示一个直接性，而多少有些像"定在"那样，含有间接性，具有特定的规定性，既包含此也包含彼，既包含某物又包含别物，从而不可避免地与其他事物发生联系，从而产生出"多"的观念来。

但是这种"一"的联系不是作为某物与别物的联系，而是作为某物与别物的统一而和自己本身相联系，甚至可以说，这种自身联系即是否定的联系。因此，"一"显得是一个纯全自己与自己不相融自己反抗自己的东西，而它自己所竭力设定的，即是多。

意思是说：作为自为存在的"一"不是像"纯有"那样毫无规定性，仅仅表示一种直接性，而是近似于"定在"、"限有"，具有某种规定性，即是说，是包含某物与别物区别的内在有机统一。因此"这种'一'的联系不是"互不相同的"定在"之间的外在联系，"而是作为某物与别物的统一"的内在联系，也即"和自己本身相联系"，在这个意义上可以说"这种自身联系"是自己反对自己、自己否定自己，是一种否定性的联系。正是由于这一点，作为"自为存在"的"一"就"显得是一个纯粹自己反对自己、自己否定自己、自己排斥自己、自己与自己不相融的东西，而在这种相互排斥、反抗当中"多"就自然而然地建立起来了。

　　我们可以用一个形象的名词斥力来表示自为存在这一方面的过程。"斥力"这一名词原来是用来考察物质的，意思是指物质是多，这些多中之每一个"一"与其余的"一"都有排斥的关系。我们切不可这样理解斥力的过程，即以为"一"是排斥者，"多"是被排斥者；毋宁有如前面所说的，"一"自己排斥其自己，并将自己设定为多。但多中之每一个"一"本身都是一，由于这种相互排斥的关系，这种全面的斥力便转变到它的反面—引力。

　　为了形象地说明"一"自己反抗自己，从而建立起"多"的过程，黑格尔用"斥力"这个词来表示它。他说，"斥力"本来是用来考究表述物质之间的关系的，多种物质之间，每一种与另一种都存在着相互排斥的关系。但是在这里我们不能把"一"理解为排斥者，把"多"理解为被排斥者，而应看作是在"一"内部、在"自为存在"内部，是自己的这一方面，排斥自己的另一方面，是自己排斥自己，是同一个"一"的此"一"排斥彼"一"，由此就产生出"多"。但"自为存在"中的每一个侧面又都是一个"一"，因此，由于这种相互排斥的关系，这种全面的斥力便转向它的反面—引力，从而由"多"，又相互吸引、合成为一。当然这是比喻性的，不免有牵强附会的感觉。

　　在哲学史上，最初提出"一"与"多"对立的是毕达哥拉斯。他把"一"与"多"的对立，作为他所规定的十对对立范畴中的一对。但是，毕达哥拉斯对于"一"与"多"的论述，像他的整个范畴论一样，不仅仅是二元论的，并且确实如黑格尔在《哲学史讲演录》中所说的，他的这些范畴都是枯燥的、没有过程的、不辩证的、静止的。柏拉图在《巴门尼德篇》里对"一"与"多"作了详细的阐述。他比毕达哥拉斯进了一大步，认为"一"与"多"既互相包含又互相转化。黑格尔对这一点给以很高的评价（参看《哲学史讲演录》第二卷，第 219 页）。然而，黑格尔认为，柏拉图对于"一"与"多"的阐述还不够辩证，因为他不是从"一"的必然性中推演出"多"，而是一开始就把"一"与"多"加以并列和结合，对柏拉图的这种二元论，黑格尔表示不满。顺便说一下，作为柏拉图辩证法最重要代表作的《巴门尼德篇》的论证方法，应该说是形而上学的，并且非常烦琐。简单说来，柏拉图从"一"不是"多"讲起，由此推论出一大串"一"不是这个，不是那个的看法：假如说"一"不是"多"，那末，"一"就既无部分，也无整体；既无时间，也无空间；既不动，也不静；既无同，也无异；既不大，也不小，等等。否则，"一"就变成"多"，就和"一"不是"多"的看法相矛盾。然后又从"一"既然存在就必然有"多"讲起，由此又推论出一大串"一"既是这个，又是那个的看法：假如说"一"存在，那末，"一"就既是"一"，又是"多"；既是整体，又是部分；既有时间，又有空间；既动，又静；既同，又异；既大，又小等等。否则，"一"就变成不存在的了。柏拉图就是用这种方法，得出黑格尔上边所指出的那个结果。因此，即便是抛开《巴门尼德篇》的唯心主义不论，单从方法论上来说，对它也不应该作过高的评价。

黑格尔的"一"虽然是神秘的，但他对于"一"与"多"的关系的分析，却遵循着他的辩证法，并且和他的整个体系一样，是一元论的。这是毕达哥拉斯和柏拉图无法与之相比的。

附释部分的内容，概括起来就是（参见张世英《黑格尔小逻辑绎注》第262页）：

平常的不加思考的"表象"总以为多是现成的，并把一看成是多中之一。但黑格尔认为，从思辨概念的角度来看，"一"是根本的，"一"中必然包含有多，因为这里的"一"是自为存在，它不像"纯有"那样毫无规定，而差不多和"定在"一样是有规定性的，即是说，是包含有某物与别物于自身，并将二者加以区别的，当然，这种区别、联系不是外在的，而是内在的。因此，作为自为存在的"一"，其中的区别是"自己与自己不相融"，是"自己反抗自己"，也就是说，"一""自己排斥自己"，结果导致"自己设定为多"。

§98

（R）但多是一的对方，每一方都是一，或甚至是多中之一；因此它们是同一的东西。或者试就斥力本身来看，斥力作为许多"一"彼此相互的否定联系，同样也就本质上是它们的相互联系。因为一于发挥其斥力时所发生联系的那些东西，仍然是一个一个的"一"，所以在这些一中，"一"就与自身发生联系了。因此斥力本质上也同样是引力；排他的一或自为存在扬弃其自身。质的规定性在"一"里充分达到其自在自为的特定存在，因而过渡到扬弃了的规定性[或质]，亦即过渡到作为量的存在。

这一节主要讲从"质"到"量"的过渡。

正文意思是说"多"与"一"相互区别、相互对立。无论是就与"一"对立的"多"来说，还是就"多"中的每一方来说，都是"一"，因此，"它们是同一的东西"，即（量上）相同的东西。各个"一"相互排斥的力—斥力是各个"一"相互否定的表现，这种联系虽然是否定性的，但仍然是各个一之间联系的表现，在这个意义上可以说它们之间的相互排斥正是"它们的相互联系"。而发生排斥联系的那些东西"仍然是一个一个的'一'"，这些"一"之间的联系，实际上也可看作是构成多样性统一体的"一"中的各个侧面的"一"与由它们构成的统一体自身这个"一"发生的联系，即"与自身发生联系"，这样各个"一"之间的"斥力"也就成了它们之间的"引力"。总之，"多"也是"一"，"斥力"本质上同样是"引力"。他在《大逻辑》（《黑格尔全书》第4卷第202页）中说，"斥力本身就是引力；排斥其他诸一的那个一同时和其他诸一联系，亦即与自身联系。所以诸一彼此否定的关系也不过是自己与自己融解。……许多一之建立自身为一，就是引力"，显然表达的意思和这里的近似。作为某物与别物、此与彼相互区别、相互对立而又紧密相连、多样性统一的"自为存在"是"质"发展的最高阶段、最后一个环节，因此"质的规定性在'一'里"、在"自为存在"里得到最为充分的表现，因而由"自为存在"再向前发展、就会扬弃其自身，或者说从"质"再往前发展就会到达"量"的阶段。

[说明]原子论的哲学就是这种学说，将绝对界说为自为存在，为一，为多数的一。在一的概念里展示其自身的斥力，仍被假定为这些原子的根本力量。但使这些原子聚集的力量却不是引力，而是偶然，亦即无思想性的[盲目]力量。只要一被固定为一，则一与其他的一聚集一起，无疑地只能认作纯全是外在的或机械的凑合。

以德谟克利特为代表的原子论哲学在黑格尔看来相当于逻辑学中"自为存在"的阶段。黑格尔指出：古代的原子论者便是把"绝对"（即作为世界本体、本质、本原的"绝对精神"、"绝对理念"）规定为"自为存在"，规定为"一"，或规定为许许多多的"一"。在多方面统一的"一"中或多个原子之间相互排斥的力即上面所说的"斥力"。这种斥力在原子论中被规定为原子间的根本力量。亦如上述,从辩证的观点看来,斥力本身就是引力,但在原子论者看来使原子聚合的力却不是引力,而是"偶然"、即随意的、无思想性的、盲目的力量。每个原子自身各个侧面之间、以及许多原子之间的结合,完全被看作是各自独立的东西的偶然的碰撞、一种外在的或机械的凑合,而不是由被凑合的东西的本性所决定的,这种凑合是缺乏内在联系的。

虚空,所谓原子的另一补充原则,实即是斥力自身,不过被表象为各原子间存在着的虚无罢了。

原子论的另一原则是虚空。这实际上就是原子之间斥力的表现。而在原子论中却被表述为各原子间存在着的虚无,即原子之间的空隙罢了。

近代的原子论——物理学虽仍然保持原子论的原则——但就其信赖微粒或分子而言,已放弃原子了。这样一来,这学说虽比较接近于感性的表象,但失掉了思想的严密规定。——像近代科学这样于斥力之外假设一个引力与之并列,如是则两者的对立诚然完全确立起来了,而且对于这种所谓自然力量的发现,还是科学界颇足自豪之事。但两种力量的相互关系,亦即使两者成为具体而真实的力量的相互关系,尚须自其隐晦的紊乱中拯救出来,此种紊乱即在康德的《自然科学的形而上学原理》里,也未能加以廓清。

近代的原子论虽然保持了古代原子论的原则,但就它放弃原子,而信赖微粒或分子而论,较之古代的原子论虽说是比较接近于人们直接感觉到的东西,但缺乏思想的严密规定(即是说不是像他那样依靠思辨从以往的概念中推演出来的)。在黑格尔看来,近代科学在斥力之外又假定、承认引力,并将它与斥力并列。这样二者之间的对立、区别虽然明显地确立起来了,科学界也因引力的发现而深感自豪,但在黑格尔看来斥力和引力两者之间的关系即使是具体而真实的力量之间的关系也因此而陷入了混乱。因为正如上文所说在黑格尔看来引力与斥力实际上是相互依存、相互渗透的,而不是平行并列的、两种互不相同的力,近代科学的这种混乱即使在康德《自然科学的形而上学原理》一书里,都未能得到澄清,因此必须加以拯救。

关于引力与斥力的问题,恩格斯在《自然辩证法》一书里,曾作过精辟的分析,他说:"一切运动都存在于吸引和排斥的相互作用中"(《马克思恩格斯全集》第20卷第410页),还说,"辩证法根据我们过去自然科学实验的结果,证明了:所有的两极对立,总是决定于相互对立的两极的相互作用;

这两极分离和对立，只存在于它们的相互依存和相互联系之中，反过来说，它们的相互联系，只存在于它们的相互分离之中，它们的相互依存，保存在于它们的相互对立之中"（同上，第411页）。这说明引力与斥力的相互关系，确实像黑格尔所说的，是内在的而不是外在的。

在近代，原子论的观点在政治学上较之在物理学上尤为重要。照原子论的政治学看来，个人的意志本身就是国家的创造原则。个人的特殊需要和嗜好，就是政治上的引力，而共体或国家本身只是一个外在的契约关系。

这是说，原子论的观点在近代政治学上的运用，比在物理学上的运用更为突出。卢梭的社会契约论表明："共体或国家"是通过个人之间订立契约关系而建立的，因此"个人意志本身就是国家的创造原则"，即国家发展的动力、来源。而"个人的特殊需要和嗜好"则成了个人相互之间凝聚、吸引的力量，显然，这是把原子论的观点用于政治学的结果，或者说这完全是原子论的国家观。

附释一：原子论的哲学在理念历史的发展里构成一个主要的阶段，而这派哲学的原则就是在"多"的形式中的自为存在。现今许多不欲过问形而上学的自然科学家，对于原子论仍然大为欢迎。但须知，人们一投入原子论的怀抱中，是不能避免形而上学的，或确切点说，是不能避免将自然追溯到思想里的。因为，事实上原子本身就是一个思想。因此认物质为原子所构成的观点，就是一个形而上学的理论。

黑格尔认为，原子论的哲学在绝对理念的历史发展上占有重要的地位。原子论哲学，不仅在古代提出了"自为存在"的问题，并且在近代对自然科学和社会科学仍然有着较大的影响。"这派哲学的原则就是在'多'的形式中的自为存在"。意思是说：原子无论从数量上还是从表现形式上看，虽然都是"多"，而它的本质却是单一的，即每一个原子其实质都是"自为存在"、都是某物与别物、此与彼的统一。在《哲学史讲演录》里，黑格尔说："'自为存在'也可加以较丰富的规定；'自为存在'是通过否定'其他存在'而达到的自我关联"（第1卷，第330页）。这段话的意思，和在"多"的形式中的"自为存在"的意思，基本上是一致的。所谓对"自为存在"加以较丰富的规定，也就是不能把"自为存在"仅仅看作某物而不看作别物、仅仅看作此而不看作彼，理应把它看作多侧面的有机统一，也即具有"多"种多样的表现形式与具体规定。

接下来黑格尔指出：许多自然科学家对哲学（即这里所说的形而上学）不感兴趣，但对原子论却表示欢迎。岂不知"原子"本身并不是一个能够直接观察到的经验事实，而恰恰是一个思想范畴。既如此，承认物质是由原子构成的观点，本身就是一个哲学层面的理论问题。这表明人们一旦承认、赞同原子论的观点，就不可避免地要进行哲学（即形而上学）的思考，进入哲学领域。

牛顿诚然曾经明白地警告物理学，切勿陷入形而上学的窠臼。但同时我们必须说，他自己却并没有严格遵守他的警告，这对他乃是很荣幸的事。唯一纯粹的物理学者，事实上只有禽兽。因为唯有禽兽才不能思想，反之，人乃是能思维的动物，天生的形而上学家。真正的问题，不是我们用不用形而上学，而是我们所用的形而上学是不是一种正当的形而上学，换言之，我们是不是放弃具体的逻辑理念，而去采取一种片面的、为知性所坚持的思想范畴，把它们作为我们理论和行为的基础。这种责难才是恰中原子论哲学弱点的责难。

牛顿虽然主张物理学要远离抽象、远离思辨哲学，警告物理学不要陷入思辨证哲学窠臼，可是他自己就没有严格遵守这一主张。为什么呢？因为任何物理学家，物理学观点都不能停留在一个个具体观测、实验的事实上，而都必须依据观察和实验的材料，利用思维的抽象、逻辑的作用从个别的事实去发现、把握普遍规律。既然如此，就不能绝对单纯地利用直观而不利用思维去发现科学定律。所以牛顿没有严格按照他自己所说的去做，对他本人来说并不是有害，而倒是有益的。人是能思维的动物，从这个意义上讲，人都是天生的形而上学家（指人从出生之日起都要靠思想来进行活动）。问题不在于我们进不进行哲学思维，而只在于我们所运用的哲学是不是真正的辩证哲学。辩证哲学是运用"具体的逻辑理念"即辩证法的范畴去思考，而不是以片面的、僵死的、形而上学的范畴进行思考，而原子论的持有者恰恰是后者而不是前者，只有这样看，才是击中了原子论哲学的要害。这里，黑格尔强调自然科学家离不开哲学，应当承认是对的。恩格斯也这样说过，"不管自然科学家采取什么样的态度，他们还是得受哲学的支配。问题只在于：他们是愿意受某种坏的时髦的哲学的支配，还是愿意受一种建立在通晓思维的历史和成就的基础上的理论思维的支配（《马克思恩格斯全集》第 20 卷，第 552 页）。显然，和黑格尔说的是同一个意思。

古代的原子论者认万物为多（直至今日原子论的继承者仍然持此种见解），而认偶然为浮游于空虚中的原子聚集起来的东西。但众多原子彼此间的联系却不仅是单纯偶然的，反之，有如上面所说，这种联系乃基于这些原子本身。这不能不归功于康德，康德完成了物质的理论，因为他认为物质是斥力和引力的统一。他的理论的正确之处，在于他承认引力为包含在自为存在概念中的第一个环节，因而确认引力为物质的构成因素，与斥力有同等重要性。

黑格尔认为，古代的原子论者把世界万物看成是由多种多样的、"**浮游于空虚中的原子**"结合而成的、纯粹偶然性的东西（"直至今日的原子论的继承者仍然"坚持这种看法）。在黑格尔看来，正如上文所说，事实上"**众多原子彼此间的联系却不仅是单纯偶然的**"，而是由原子自身的本性决定的。康德明确地认识到这一点，康德完成了物质（如何构成）的理论。他把物质看成是引力和斥力的有机统一。康德学说的正确之处，在于他承认引力同斥力一样是包含在作为"自为存在"内部的、构成物质的一个环节，一个因素，与斥力有同等的重要性。

但他这种所谓力学的物质构造，仍然不免有一缺陷，那就是，他只是直接假定了斥力与引力为当前存在的，而未进一步加以逻辑的推演。有了这种推演，我们才可以理解这两种力如何并为什么会统一，而不再独断地肯定它们的统一了。康德虽然曾明白地再三叮咛说，我们决不可认物质为独立存在，好像只是后来偶然地具有刚才所提及的两种力量，而是须将物质认作纯全为两种力的统一所构成。

黑格尔在肯定了康德关于引力和斥力统一看法的同时，指出这种看法还有缺点。因为康德只是直接假定了引力与斥力的统一是实际存在着的，而没有进一步从逻辑上说明这两种力是如何统一，是为什么会统一的。只有经过黑格尔所主张的从自为存在概念自身进行特定的逻辑推演"**我们才可以理解这两种力如何并为什么会统一**"，而不再简单地像康德那样"**独断地肯定它们的统一了**"。"虽然康德再三叮咛说，不要把物质看作开始是独立存在，只是到后来才偶然地具有了引力和斥力，而是应该把物质看作自始至终都是由两种力所构成"的。意思是说虽然康德也承认物质自始至终都是由两种力构成，但你并没有经过逻辑的推演、理论的论证，而只是武断地进行直接假定，这显然是一种缺陷。

恩格斯在《自然辩证法》里曾指出，"凡是有吸引的地方，它都必定被排斥所补充。所以黑格尔说得很对：物质的本质是吸引和排斥"（《马克思恩格斯全集》第20卷第587页），还说，吸引转变成排斥和排斥转变成吸引，在黑格尔那里是神秘的，但是事实上他在这里预言了以后的自然科学上的发现（同上），在这里明确肯定了黑格尔的看法。

德国的物理学家在有一个时期内，也曾接受了这种纯粹的动力学。但近来大多数德国物理学家似乎又觉得回复到原子论的观点较为便利，并且不顾他们的同道、即已故的开斯特纳的警告，而认物质为无限小的微粒叫做原子所构成。这些原子于是又被设定为通过属于它们的引力和斥力的活动，或任何别的力的活动而彼此发生联系的。这种说法也同样是一种形而上学，由于这种形而上学的毫无思想性，我们才有充分的理由加以提防。

对于康德的物质力学构造学说，德国的物理学家一个时期内愿意接受。但近来，大多数德国物理学家不考虑已故物理学家开斯特纳的警告，又认为物质由原子构成，原子是通过引力和斥力或别的什么力而发生关系的看法较为合理，并由此认为回复到古代"原子论的观点"更为简便，更能减少许多麻烦。黑格尔指出这虽然也同样是一种"形而上学"即依靠思维抽象得出的结论，但这是一种缺乏思想性的形而上学，因为它只是基于简单的实证观察，而没有经过严密的逻辑推理，所以对于它要加以提防，不要让它过多地影响了我们。

"说明"和"附释一"两部分联系比较密切，基本内容概述如下（参见张世英《黑格尔小逻辑绎注》第262—264页）：黑格尔认为以德谟克利特为代表的原子论哲学相当于逻辑学中"自为存在"的阶段；不过使原子聚合的力量不是"引力"，而是"偶然"。在黑格尔看来"偶然"是"无思想性的盲目力量"，原子与原子之间的关系是"外在的或机械的凑合"关系，各个原子都是一个独立自存的"自为存在"或"一"；因此，"这派哲学的原则就是在多的形式中的自为存在"。近代科学放弃原子论，而主张物质由微粒或分子构成，与原子论相比更接近感性表象，但较之古代的原子论，则"失掉了思想的严密规定"。黑格尔认为,"原子"并不是经验事实,而是人们设定的思想范畴。自然科学家既然主张原子论,就不可能不运用思想,不"追溯到思想",就"不能避免形而上学"(即哲学);牛顿虽然警告物理学不要陷入形而上学的窠臼,其实他自己也讲"形而上学",因为只要用思想,就不能不讲"形而上学",问题在于是讲"知性形而上学"还是讲"思辨的形而上学"。前者运用的范畴是片面的、僵死的、相互之间是没有联系的,而后者却恰恰相反。原子论哲学的弱点就在于把"知性所坚持的思想范畴"作为"理论和行为的基础"。事实上,原子与原子的联系乃基于这些原子本身。近代科学发现了引力,这当然是"科学界颇足自豪之事",但它把引力与斥力并列,使两者的关系陷入混乱。康德确认引力和斥力同等重要,认为物质是斥力和引力的统一,这一点是很好的,但他的《自然科学的形而上学原理》(1786)并未能澄清斥力与引力关系上的混乱:他只是"直接假定了斥力与引力为当前存在的",为现成的,而未说明这两种力"如何并为什么会统一"。尽管康德曾明白地再三叮咛说,物质"纯全为两种力的统一所构成",尽管德国物理学家曾一度接受了康德的这种纯粹的动力学,但近来大多数物理学家似乎又想回复到原子论的观点,否认物质"纯全为两种力的统一所构成",而认为物质为原子所构成,认为物质为独立自存,通过引力与斥力或别的什么力而活动从而发生各种联系,这种观点在黑格尔看来仍然是"一种形而上学"。

　　附释二:前面这一节所提示的由质到量的过渡,在我们通常意识里是找不到的。通常意识总以为质与量是一对独立的彼此平列的范畴。所以我们总习惯于说,事物不仅有质的规定,而且也有量的规定。至于质和量这些范畴是从何处来的,它们彼此间的关系如何,又是大家所不愿意深问的。但必须指明,量不是别的,只是扬弃了的质,而且要通过这里所考察过的质的辩证法,才能发挥出质的扬弃。

　　前面这一节所提示的由质到量的过渡,在我们通常意识里是找不到的。通常意识总以为质与量是一对独立的彼此平列的范畴。所以我们总习惯于说,事物不仅有质的规定,而且也有量的规定。上面这一节所揭示的从"质"到"量"的辩证发展过程,人们通常是认识不到的。一般人总以为质与量是两个并列和独立的范畴。比如我们总习惯说,事物不仅有质的规定,而且也有量的规定,好像质与量是彼此并列、完全独立的范畴。其实,这种说法是不确切的,不能完满地表达质与量的关系。

"至于质和量这些范畴是从何处来的,它们彼之间的关系如何,又是大家所不愿意深问的"。但必须指明,量不是别的,只是扬弃了的质,而且要通过这里所考察过的质的辩证法,才能发挥出质的扬弃。那么,什么是量呢?应该说,扬弃了的质就是量,也即突破"质"的局限同时又把"质"内含于自身的即是"量"。若再问"质"为什么会被扬弃呢?应该说:这是由于"质"自身所包含的矛盾发展的结果。因此,我们只有通过上面所说的考察质的辩证发展过程,才能一步步地达到"质"的扬弃,达到"量"。

我们曾经首先提出存在,存在的真理为"变易",变易形成到定在的过渡,我们认识到,定在的真理是"变化"(Veranderung)。但变化在其结果里表明其自身是与别物不相联系的,而且是不过渡到别物的自为存在。这种自为存在最后表明在其发展过程的两个方面(斥力与引力)里扬弃其自己本身,因而在其全部发展阶段里扬弃其质。但这被扬弃了的质既非一抽象的无,也非一同样抽象而且无任何规定性的"有"或存在,而只是中立于任何规定性的存在。存在的这种形态,在我们通常的表象里,就叫做量。

为了说明量的由来,就必须揭示质的辩证发展,揭示质被扬弃的过程。在这里黑格尔回顾了"质"的范围内的逻辑推演过程:最初是作为开端的"存在"(即有),作为存在的真理的"变易"使存在过渡到"定在"(限有,即有质之有),定在被扬弃便过渡到自为存在(即完成了的质)。从内容上说"存在"只含有直接性;"定在"扬弃了"存在"的直接性,使之具有了间接性;"自为存在"则扬弃了"定在"中的某物与别物、此与彼的对立,达到了单纯的自身联系,也就是圆满意义上的"一"。而"一"是自己排斥、反抗自己的,它所包含的引力和斥力,使其扬弃其自身(即扬弃了质),从而过渡到量(扬弃了的质既不是一个毫无规定性的"无",也不是一个同样抽象、没有具体内容的"有",而是独立于任何规定性的存在,我们通常就把这种形式的存在叫做量)。

我们观察事物首先从质的观点去看,而质就是我们认为与事物的存在相同的规定性。如果我们进一步去观察量,我们立刻就会得到一个中立的外在的规定性的观念。按照这个观念,一物虽然在量的方面有了变化,变成更大或更小,但此物却仍然保持其原有的存在。

这一段是从认识论的角度讲质与量的特性。黑格尔指出，我们观察事物时，首先看的是事物的"质"（即这个事物是一个什么样的事物），然后才观察到这个事物的"量"的方面的情况（比如这个事物的体积、规模如何等等）。质与事物的"存在"是具有直接同一规定性的，有什么样的"质"，就有什么样的"存在"，二者是完全同一的。而量则不同。在一定范围内，量的大小并不影响事物的"质"的情况，从这个意义上讲，在一定范围内，量对于事物的存在、对于事物的质是"中立的"，这说明量不像质那样对"存在"的影响那样明显。康德根据形式逻辑判断分类所制定的范畴表，首先从量的范畴讲起，然后才进到质的范畴。黑格尔的范畴推演，却与此恰恰相反。应该说，在这个问题上黑格尔比康德更合乎实际些。因为人们认识事物时，总是先接触事物的质，然后才涉及到事物的量。

简单说来，附释二强调了质和量不是平等并列的，而是辩证地结合在一起的："量不是别的，只是扬弃了的质"，即是说量是从"质"推演出来的；从认识论的角度讲，人们认识事物的过程也是先认识到事物的"质"，再认识到事物的"量"。

第 84 至第 98 节主要问题综述

以上 15 节，黑格尔详细地阐述了"存在"的性质和存在论的第一部分——质。这一部分里难解、晦涩的地方较多，但也提出了一些重要见解，现就其中的主要问题综述如下（参见张世英《黑格尔小逻辑绎注》有关内容）：

黑格尔认为，"存在"是潜在的概念，是最空泛的抽象，它只具有直接性。在哲学史上，巴门尼德第一个提出"存在"概念，并把它作为世界万物的本体。"存在"作为潜在的概念，它自身的矛盾同样处于潜在状态，还没有明显地表露出来（依照黑格尔的想法，到了"本质论"，理念自身内含的矛盾才得以完全建立起来、表现出来）。"存在"既然是最初的潜在概念，因此也可以说是绝对精神、绝对理念的第一个规定。"存在"虽然是贫乏，但是，一切范畴都是从"存在"推演出来的。确切地说，是从"有"（即存在）与"无"的进一步发挥中推演出来的。

黑格尔认为,"无"是绝对的第二个规定。"有"与"无"的区别最初只是潜在的。"有"与"无"都是纯粹的抽象,都是没有规定性的。所谓潜在的区别,也就是称谓上的区别,实际上两者是没有区别的。但在存在论中,"有"与"无"却构成第一对对立的范畴。黑格尔一再强调不要把逻辑上的纯粹抽象的"有"和"无",与具体事物中的"有"和"无"混同起来。

黑格尔认为,逻辑学是纯理念的科学,它必须从最抽象的纯有开始。纯有也就是纯思。开端是不能有任何规定性和间接性的,纯有正具有这一特性。它不以任何东西为前提,不以任何东西为中介,它本身不包含任何内容。费希特的"我即是我",或谢林的"绝对的无差别",都不适宜于作为逻辑学的开端,因为它们都不是单纯的无规定性。在这里黑格尔提出逻辑与历史一致的问题,他认为逻辑学的开端与发展同哲学史的开端与发展是密切相联的。他说:在科学上是最初的东西,也一定是历史上最初的东西。这里虽然包含有存在与思维一致的合理因素,但它所内含的唯心主义基础也是很明显的。他认为人类虽然一开始就有思维,但是,并不是一开始就认识到思维的纯粹性,这是经过若干千年以后才达到的。

黑格尔认为,变是"有"与"无"的统一,它是第一个具体思想和第一个概念。单就"有"或"无"的本身来说,最初都还没有规定性。没有规定性,也就不能算是具体的。

黑格尔认为,变必有结果,"限有"(即定在)即是变的结果。所谓"限有",也就是有规定性的"有",或是有质的有,它属于现象界范围,因此不能成为哲学的原则。

黑格尔认为,质是"限有"的规定性,具有否定性之质就是实在。实在既是肯定的,又是否定的。肯定和否定都是"限有"的形式。这说明任何事物都有两重性,都必定要向它的对立面转化。任何事物都有其有限性和变化性,否则就不可能有某物的存在。在"限有"里,否定也就是我们所说的限度。限度是贯穿于整个"限有"之中,而不是在"限有"之外。限度的意义就在于它表示事物自身是含有矛盾的。在形而上学者看来,变化并不是由于内在矛盾产生的,这说明他们不了解有限性和变化性是一切事物的固有性质。

黑格尔认为,由有限转向有限,永远也扬弃不了有限。有限的无穷进展,并不是真正的无限,只不过是坏的无限或否定的无限。真正的无限,是扬弃有限而又回到无限，有限与无限始终是辩证的统一。而不是像坏的无限那样，只是从这一有限转向另一有限。黑格尔批判康德的二元论，说他把有限与无限对立起来，并列起来，等于把无限降低为有限。有限与无限之间并没有一道不可逾越的鸿沟，但这并不等于说两者是一回事。

  黑格尔认为扬弃了的"限有"便是"自有"（即自为存在），两者的区别在于"自有"渗入了理想性。"限有"只是有质之"有"，而"自有"才是完成了的质。所以说，"自有"也就是"一"。所谓"一"也就是自身无别之物，也可说是排斥别物之物。黑格尔关于"一"的论述是神秘的，但是他关于"一"与"多"的辩证关系，以及引力与斥力同一性的看法，却有不少辩证思想。黑格尔认为，用"我"可以说明"自有"的特性，因为"我"是自由的单纯形式，既是无限的，又是有限的。当我们说到"我"时，也就是说到"自有"，并且只有人才能达到"自有"。黑格尔关于"自有"的解释是非常晦涩的，他的中心意思是想说明，只有人才有理性，理性是有限事物的真理，真正的哲学必须是理性主义的。

  总的说来，这一部分最值得注意的是"有"——"无"——"变"，这既是存在论的基础，又是黑格尔辩证法的起点。黑格尔这方面的论述，作为他的哲学体系的开端来说，完全是神秘的虚构。但是其中的辩证思想，却是超过一切前人的。另外，他关于有限与无限的辩证关系的论述，也是很深刻的。

B. 量（Die Quantitat）

（a）纯量（Reine Quantitat）

§99

  量是纯粹的存在，不过这种纯粹存在的规定性不再被认作与存在本身相同一，而是被认作扬弃了的或无关轻重的。

  这一节讲"量"的一般特性及其在逻辑学中的地位。

  "量"是纯粹的存在，这里所谓纯粹的存在不是指作为逻辑学开端的"纯有"或"纯存在",而是指"量"在一定限度内不影响存在的特定规定性和质,"不再被认作与存在本身相同一",即不再被看作它的变化会立即引起存在本身的变化。在这个意义上可以说它对于具有一定质的存在是"无关轻重的",即对事物的质没有什么大的影响。

[说明] (一) 大小 (GroBe) 这名词大都特别指特定的量而言,因此不适宜于用来表示量。

"大小"这个词一般都是指"特定的量",如一尺长,两尺宽,不适宜于表示"量",这个"量"是指"量"本身、"量"一般,或普遍性的"量"。"量"除了表示特定的量之外,还包括像无限这样的"非限量"。这表明,在黑格尔看来,逻辑上的"量"与数学上"量"的意义并不完全相同。一般说来,数学上的量都是特定的量,而逻辑上的量则是被扬弃了的质,它代表着绝对理念自我发展、自我认识的一个特定阶段(这有点类似于个别和一般的关系,"大小"所表示的是个别的"量",而这里所说的量是指一般的量。一般的量,当然可以通过"大小"之类的个别的量体现出来,但二者又不能完全等同)。

(二) 数学通常将大小定义为可增可减的东西。这个界说的缺点,在于将被界说者重复包含在内。但这亦足以表明大小这个范畴是显明地被认作可以改变的和无关轻重的,因此,尽管大小的外延或内包有了增减或变化,但一个东西,例如一所房子或红色,房子却不失其为一所房子,红色却不失其为红色。

从数学的观点看来,所谓大小即是可以增加或可以减少的东西。这种对于大小的界说、规定的缺点在于并没有明确说明"大小"到底是什么,而是把要被说明、被界说的东西,重复包含在界说之中。换言之,什么是大小,大小即是可以增大,可以减小的东西,让人听后觉得有同义反复之嫌。但这种解释足以说明大小这个范畴明显地可以看作是它的变化在一定范围内对事物的质无关轻重。例如一所房子,大一点,小一点,仍然是一所房子;红色深一点,浅一点,仍然是红色,尽管大小、深浅的外延有了增减或变化,但并没有影响到这个事物的质的特性。

(三) 绝对是纯量。这个观点大体上与认物质为绝对的观点是相同的,在这个观点里诚然仍然有形式,但形式仅是一种无关轻重的规定。量也是构成绝对的基本规定，如果我们认绝对为一绝对的无差别，那么一切的区别就会只是量的区别。此外，如果我们认实在为无关轻重的空间充实或时间充实，则纯空间和纯时间等等，也都可以当作量的例子。

把绝对界说为纯量，和把绝对界说为物质是出于相同的原因。因为两者都是"绝对"（即"绝对精神"或"绝对理念"）发展过程中的一个环节或一个阶段。当然"量"不仅有内容，而且也有形式，其形式就是指的"量"的增大或减小，"量"的形式在一定范围内对于事物的质来说是无关轻重的。既然"量"也是绝对发展过程中的一个基本环节，如果我们把"绝对"自身看作在"质"上自身与自身绝对同一，不包含任何差别，那么绝对理念不同的发展阶段之间的区别就只能是量的区别。此外，如果我们把客观存在着的东西看作是在空间中可大可小，在时间上可长可短，那么就等于承认存在着可以和物质分离、可以没有物质的纯空间、纯时间，这样实际上纯空间和纯时间等等都可当作量的例子。

附释：数学里通常将大小界说为可增可减之物的说法，初看起来较之本节所提出的对于这一概念的规定，似乎是更为明晰而较可赞许。但细加以考察，在假定和表象的形式下，它包含有与仅用逻辑发展的方法所达到的量的概念相同的结论。换言之，当我们说大小的概念在于可增可减时，这就恰恰的说明大小（或正确点说，量）与质不同，它具有这样一种特性，即'量的变化'不会影响到特定事物的质或存在。至于上面所提及的通常关于量的界说的缺点，细加考察乃在于增减只是量的另一说法。这样一来，量就会只是一般的可变化者。但须知，质也是可变化的，而上面所说的量与质的区别。就在于量有增加或者减少，就是由于这种差别，无论量向增的一方面或向减的一方面变化，事情仍然保持它原来那样的存在。

在数学里通常把大小规定为可增可减的东西，初步看来似乎比从逻辑上经过推演而提出的对于量的解释，更加清楚明了。其实，仔细加以考察即可看出这个规定只是从直观表象的层次上得出的与某些从逻辑推演上得出的量概念相一致的结论。换句话说，从逻辑推演的角度说"大小"的意义就在于可增可减时，这就恰恰说明"大小"（即量）与"质"不同，实际上也就是说量与质不同，"它具有这样一种特性，即'量的变化'不会影响到特定事物的质或这种事物的存在"。至于用逻辑推演的方法得出关于量的规定的缺点，仔细想来就在于"增减"只是"量"的另外一种说法，局限于此，就会把量仅仅看作是可变化者。但是，把量规定为仅是一般的可变化者，这并不能表达量的全面特性，因为质同样是可变化者。逻辑上关于量的概念，不仅要看到量的表面变化，更重要的是需要看到量的内在性质，量与质的区别，就在于在一定限度内，量的增大或减小并不立即影响到事物保持原来特定的质，即不会立即引起事物质的变化。

还有一点这里必须注意的，即在哲学里我们并不仅仅寻求由想象的意识直接感到可以赞许的界说，而是要寻求验证可靠的界说，这些界说的内容，不仅是假定为一种现成给予的东西，而且要认识到在自由思想中有其根据，因而同时是在其自身内有其根据的。

还有一点必须提请注意：从哲学的观点看来，我们对某一现象、概念、事物作出界说，不仅仅是寻求从个人主观意识出发自己感到正确的界说，而是要寻求可以得到事实验证的、可靠的界说。这些界说，不仅从表面看来是看得见、摸得着、当下给予、现成存在的东西，而且在其本身内部就存在着固有根据，因而表现在人们的思想中就是具有内在根据的东西。

现在试应用这一观点来讨论量的问题，无论数学里通常对于量的界说如何不错，如何直接自明，但它仍然未能满足这样一种要求，即要求知道在何种限度内这一特殊思想（量的概念）是以普遍的思想为根据，因而具有必然性。此外，尚另有一种困难，如果量的概念不是通过思想的中介得到的，只是直接从表象里接受过来的，则我们便易陷于夸张它的效用的范围，甚至于将它提高到绝对范畴的地位。

现在我们试用上面所说的原则来探讨量的问题。无论从数学的观点看来对量作出了多么明确的、清楚无误的界说，但它仍然不能满足这样一种要求：即怎样知道在数学这一特殊学科范围内所得出的这种关于量的特殊规定可以普遍地适用于其它领域，换句话说，即如何证明这种关于量的界说是以普遍规律为根据而不是仅仅局限于以特殊规律为根据，从而具有必然性。此外，还有一点必须清楚：如果量的概念不是通过逻辑推演获得的，仅仅是直接从观察无数的表象中归纳概括出来的，那就会使我们轻易陷入随意夸大它的适用范围，甚至于把它提高到绝对普遍适用范畴的地步。这表明对哲学范畴作规定，正像上面指出了的，不能只注意它的表面，更重要的是要表达出它的思想实质，揭示出它在理念发展过程中的地位和根据。数学上关于量的规定尽管清楚明了，但它不能表达出量的思想实质，因此是不符合要求的。在逻辑上，关于量的概念只能通过逻辑推演、通过思想中介得到，而不能从表象里得到。否则，在探求真理的道路上，便会发生许多错误，容易陷入夸张它的适用范围，甚至于把它提高到绝对普遍适用范畴的地位。这里明显透露出黑格尔关于哲学高于其他学科、哲学是科学之王的思想。他认为任何理论只有具备了哲学层次的依据才是普遍适用的，否则就是夸张了"它的效用范围"。

事实上实有陷于这种观点的情形，例如认为只有那些可以容许数学计算其对象的科学才是严密的科学的看法，就是这样。于是，前面第98附释所提到的那种以片面抽象的知性范畴代替具体理念的坏形而上学就又在这里出现了。如果类似自由、法律、道德，甚至上帝本身这样的对象，因为无法衡量，不可计算，不能用数学公式来表达，就都被认作非严密的知识所能达到，于是我们只好以模糊的表象为满足，而让它们的较详细特殊的内容，听任每一个人的高兴，加以任意的揣测或玄想，这对于我们的认识会有不少害处。

夸大"量"的适用范围，会产生这样一种错误，即认为只有其研究对象可以运用数学计算的科学才是严密的科学，反之则是不严密的科学。这样一来，前面第98节附释中所提到的那种以片面的、抽象的、形而上学的知性范畴代替辩证的、具体理念的做法"又在这里出现了"。实际上，像关于自由、法律、道德、甚至上帝的学说，是无法衡量，不可计算，不能用数学公式来表达的，按照上面的观点就都是不严密的，"只好以模糊的表象为满足"。对于它们的具体内容就可以随每个人的意愿，随便加以猜测或虚构，显然这种认识会带来很大的损害。

这种理论对于实际生活的恶劣影响，也可以立即看出。仔细看来，这里所说的极端的数学观点，将逻辑理念的一个特殊阶段，即量的概念，认作与逻辑理念本身为同一的东西，这种观点不是别的，正是唯物论的观点。这样的唯物论，在科学思想史里，特别在十八世纪中叶以来的法国，得到了充分的确认。在这种抽象的物质里，诚然是有形式的，不过形式只是一外在的，不相干的规定罢了。

夸大"量"的适用范围，把它提高为绝对范畴，是极端的数学观点，这种观点对于实际生活将带来恶劣影响。它的错误在于把逻辑理念发展的一个特殊阶段（即"量"）看作等同于整个逻辑理念，即把特殊认作一般，把个别认作整体，从而使量的概念绝对化。这种观点正是唯物论（特别是十八世纪法国唯物论）的观点。恩格斯在《自然辩证法》里提到黑格尔这一看法。十八世纪的法国唯物主义受当时力学的影响，对量的概念的理解确实是片面的。但是，黑格尔在这里把机械唯物主义和一般唯物主义等同起来，是有意贬低整个唯物主义。正如恩格斯所指出的："最滑稽可笑的是：把'唯物主义的'和'机械的'等同起来，这是从黑格尔那里来的，他想用'机械的'这个形容词来贬低唯物主义"（《马克思恩格斯全集》第20卷，597页）诚然，十八世纪法国唯物主义的世界观具有机械论的局限性，认为物质只在量上可以改变，而在质上则自有以来都始终不变，明显具有形而上学特征。这种情况正像恩格斯所说的，在当时的历史条件下是不可避免的，因为"当时的物理学、化学和生物学还处在襁褓之中，还远不能给一般的自然观提供正确的科学基础。因此，把十八世纪法国唯物主义关于物质概念的形而上学观点和所谓逻辑理念的发展阶段扯在一起，完全是黑格尔为了攻击整个唯物主义的有意歪曲"。

这里所提出的说法，将会大大地被误解，如果有人以为这种说法，会损害数学的尊严，或由于指出量仅是一外在的不相干的范畴，便以为会使懒惰和肤浅的求知者得以妄自宽解，说我们对于量的规定可以置之不理，或我们至少用不着加以精密的研究。无论如何，量是理念的一个阶段，因此它也有它的正当地位，首先作为逻辑的范畴，其次在对象的世界里，在自然以及精神界，均有其正当地位。

"量"的范畴虽然不应该提到绝对普遍的地位，但也不应该说对它可以置之不理，可以不进行精密的研究，借口它是一个不直接影响事物的"质"存在的不相干的外在范畴，而替自己的懒惰和肤浅辩解，那就是错误的。因为，不管怎么样，量毕竟是逻辑理念发展过程中的一个特定阶段，因此它不论是在逻辑理念的发展中，还是在精神界以及自然界中，都有它应当有的正当地位，即都有它广泛适用的范围。

但这里也立即表现出一种区别，即量的概念在自然界的对象里与在精神界的对象里，并没有同等的重要性。在自然界里、量是理念在它的"异在"

和"外在"的形式中，因此比起在精神界或自由的内心界里，量也具有较大的重要性。我们诚然也用量的观点观察精神的内容，但立即可以明白看见，当我们说上帝是三位一体时，这里三这个数字比起我们考察空间的三度或三角形的三边，说三角形的基本特性是三条线所规定的平面具有远较低级的意义。而且即使在自然界之内，量的概念也有较大或较小的重要性之别。在无机的自然里，较之在有机的自然里，量可以说是占据一较重要的地位。甚至在无机的自然之内，我们也可以区别机械的范围和狭义物理学与化学范围，而发现量在两者之间也有不同的重要性。

量虽然在逻辑理念的发展中，在自然界、精神界里都有其重要的地位，但在自然界和在精神界里的重要性是不同的。自然界是逻辑理念的"异在"、"外在"即"外化"的形式，因此量在自然界中作用的重要性要大于在精神界和人的内心世界中的作用。比如，当我们说上帝是三位一体（即基督教所谓圣父、圣子、圣灵三位一体）时，这里的"三"字比起我们在考察空间时长、宽、高三度，三角形的三条边所规定的平面的意义来就低得多。而即使在自然界里，量的重要性也不同，在无机界中的作用大于有机界。甚至在无机界中，也不一样，在机械力学范围内的作用与在狭义物理学、化学范围内的作用也不同。

力学乃公认为最不能缺少数学帮助的科学，在力学里如果没有数学计算，真可说寸步难行。因此，力学常被认为仅次于数学的最严密的科学。这种看法又使我们须得重新谨记着上面因唯物论与极端的数学观点相符合而提出的警告。

力学离开数学就寸步难行，因此被公认为是最不能离开数学帮助的科学，也因此被认为是严密性仅次于数学的科学，所以量的概念对于力学特别重要。但与此同时，我们必须记着上面因唯物论与极端数学观点相符合而提出的警告：即片面重视"量"而忽略"质"，没有弄清楚量的应用范围。

总结上面所说的一切，为了寻求严密彻底的科学知识，我们必须指出，像经常出现的那种仅在量的规定里去寻求事物的一切区别和一切性质的办法，乃是一个最有害的成见。无疑地，关于量的规定性精神较多于自然，动物较多于植物，但是如果我们以求得这类较多或较少的量的知识为满足，不进而去掌握它们特有的规定性，这里首先是质的规定性，那么我们对于这些对象和其区别所在的了解，也就异常之少。

经过上面的分析，黑格尔最后总结说，为了寻求严密、彻底的科学知识，仅仅从量的规定性方面去考察事物之间的区别和确定事物的性质是非常有害的偏见。仅从量的规定性方面来看，无疑地，关于量的方面的规定性，在精神现象中的表现多于在自然现象方面的表现，因为精神界比自然界要复杂、丰富得多，因而其量的方面的表现自然就多。同理，量在动物界中的表现也较多于植物界。但是如果单纯地停留在这种较多、较少的"量"的知识上面，不进而去掌握它们各自特有的规定性，尤其是质的规定性，那么对于它们的区别，它们的特性，就只能知道得很少。

可以把"说明"和"附释"部分的内容简要概括如下（参见张世英《黑格尔小逻辑绎注》第266—268页）："大小"这个词多数是指"特定的量"，与普遍、一般意义上的"量"不同。后者不仅可以表示"特定的量"之外，还包括像无限这样的"非限量"。因此大小既然是特殊意义上的量，就不能把它混同一般意义上的量。简单地把大小界说为可增可减者，并没有揭示出"量"的特殊内容，只不过是重复了一下需要界说的东西。初看起来，这种说法似乎比把"量"界说为不影响事物"质"的存在东西的说法"更为明晰"，但细加考察，这种说法和借助于逻辑推演而得出的关于量的界说具有相同的结论：因为说可增可减，意思就是指量对于特定事物的"质"无关重要。

把"绝对"界说为纯粹的量，在黑格尔看来，这和"认物质为绝对"的唯物论，实质一致，认为事物间的一切区别"只是量的区别"，这是一种"极端的数学观点"。他反对"极端的数学观点"具有合理性，但他据此诬蔑一般意义上的唯物论一概具有机械性，一概是"极端的数学观点"，却是错误的。

但是，应当明确的是黑格尔关于不应该把量看成绝对普遍适用的思想是很有意义的。"量"的概念不过是"绝对理念"发展过程中的一个具有必然性的阶段，它以"绝对理念"为自身的"根据"。如果不是从思想本身推演出"量"的概念，而是把它直接从表象接受过来，则会误认为"量"即是一切，甚至机械地单单用量来解释精神现象。当然，这并不是说，对于"量的规定可以置之不理"，或者说，我们可以不作精密的量的研究。关键在于，越是在低级的现象中（例如在自然现象中、在无机自然中）"量"的规定越占重要地位，而越是高级现象（例如精神现象）就越不能单单用"量"来解释，尽管量在精神界的表现多于自然界，在动物界的表现多于植物界。同时，黑格尔指出，如果单纯地停留在这种较多较少的"量"的知识上面，不进而掌握精神与自然、动物与植物各自的特殊规定性特别是质的规定性，则对于它们的把握只能是很有限的。

§100

就量在它的直接自身联系中来说，或者就量为通过引力所设定的自身同一的规定来说，便是连续的量；就量所包含的一的另一规定来说，便是分离的量。但连续的量也同样是分离的，因为它只是多的连续；而分离的量也同样是连续的，因为它的连续性就是作为许多一的同一或统一的"一"。

这一节讲量的连续性与分离性。

量有两个方面的特性：一是连续性，是指量所包含的许多单位之间的"直接自身联系"或通过"引力"互相吸引而形成的联系，这种联系使"多"聚合为"一"。《大逻辑》（《黑格尔全集》第四卷）第222页中说："连续性是单纯的，自我等同的自我关系，它不为限制和排斥所截断，不过，它不是直接的统一性，而是自为存在着的诸一的统一性"；另一是分离性，这是量的"另一规定"，指量所包含的诸单位"一"而言，或指由于这些单位之间的"斥力"而形成的多个"一"而言。连续性与分离性又是互相渗透、贯穿在一起的：凡连续的量都具有分离性，因为它是许多单位、许多"一"的连续，就其许多单位而言，就是分离的。凡分离的量也具有连续性，因为任何一个量里面所包含的许多单位必然是相互联系在一起的统一的整体，就其为统一的整体而言，就是连续的。

［说明］（一）因此连续的和分离的大小必不可视作两种不同的大小，好像其一的规定并不属于其他似的；反之，两者之间的区别仅在于对同一个整体，我们有时从它的这一规定，有时又从它的另一规定去加以说明。

连续的"大小"和分离的"大小"不是两个不同的"大小"，而是同一个"大小"，这同一个"大小"既可以看作连续的，又可以看作分离的。两者之间的区别仅在于对同一个"大小"，有时我们强调它的连续方面，有时我们强调它的分离方面。例如10这个量，从其为统一的整体方面看，就是连续的量；从其为十个独立的一（即多个单位）来看，就是分离的量，但不管从那方面看，10的大小仍然不变，仍然是10。

（二）关于空间、时间、或物质的二律背反（Antinomie），认它们为可以无限分割，还是认它们为绝不可分割的"一"［或单位］所构成，这不过是有时持量为连续的，有时持量为分离的看法罢了。如果我们假设空间、时间等等仅具有连续的量的规定，它们便可以分割至无穷；如果我们假设它们具有分离的量的规定，它们本身便是已经分割了的，都是由不可分割的"一"［或单位］所构成的。两说都同样是片面的。

这第二点说明是针对着康德说的。康德其所以一方面把时间、空间、物质看作是可以无限加以分割的，另一方面又把时间、空间、物质看作是绝对不可分割的，从而陷入不可解决的二律背反之中，原因正是在于他一方面片面坚持量的连续性方面，认为时、空、物质等仅仅是连续量，可以无限分割，另一方面又片面坚持量的分离性方面，认为时、空、物质等仅仅是分离量，绝对不可再分割，因此，这两种看法都是片面的，只有把时间、空间、物质看作是连续性和分离性的统一，才具有真理性。

黑格尔在"逻辑学"里批判康德割裂连续性与分离性的错误时说："既然两个对立面每一个都在自身那里包含着另一个，没有这一方也就不可能设想另一方，那么，其结果就是：这些规定，单独看来都没有真理，唯有它们的统一才有真理。这是对它们的真正的，辩证的看法，也是它们的真正的结果"（《逻辑学》上卷，第208页）。列宁在《哲学笔记》里摘记这段话时，在旁边特别标出："真正的辩证法"几个字，可见黑格尔的这一看法是很重要的。

附释：量作为自为存在发展的最近结果，包含着自为存在发展过程的两个方面斥力和引力，作为它自身的两个理想环节，因此量便既是连续的，又是分离的。两个环节中的每一环节都包含另一环节于自身内，因此既没有只是连续的量，又没有只是分离的量。我们也可以说两者是两种特殊的彼此互相反对的量；但这只是我们抽象反思的结果，我们的反思在观察特定的量时，对于那不可分的统一的量的概念，有时单看它所包含的这一成分，有时又单看它所包含的另一成分。

"量"是"自为存在"内在发展的直接结果，因为"自为存在"在发展过程中包含两个方面：引力和斥力，它们自然也就成了"量"的两个构成环节。而引力形成"量"的连续性，斥力形成"量"的分离性，因此"量"便既是连续的，又是分离的，既有连续性的特点，又有分离性的特点。而且连续性和分离性之间又是互相包含，互相渗透的，因此既没有只是连续的量，也没有只是分离的量。当然，如果我们从抽象反思，即知性反思、片面的、形而上学观点出发，在考察某一特定的量时，对于那实际上不可分（连续性和分离性不可分）的统一的量的概念，只看到它所包含的这一方面或那一方面，就可能得出连续的量和分离的量是各自独立，彼此分离，互相反对的量。

譬如，我们可以说，这间屋子所占的空间为一连续的量，而集合在屋子内的一百人为分离的量。但那屋子的空间却同时是连续又是分离的。因此我们可以说空间点，并且可以将空间加以区分，譬如，将它分成某种长度，若干尺若干寸等，这种做法只有在空间潜在地也是分离的这前提之下，才是可能的。在另一方面，同样，那由一百人构成的分离之量同时也是连续的，而其连续性乃基于人所共同的东西，即人的类性，这类性贯穿于所有的个人，并将他们彼此联系起来。

连续的量和分离的量不是两个不同的量，而是强调的同一个量的不同侧面。例如一间屋子所占的空间为一个整体，可以说它是一种连续的量；而集合在这间屋子中的一百个人，由于它是 100 个"一"组成的，因此又可以把它看成是分离的量。但无论是这间屋子所占的空间，或是集合在屋子中的 100 个人各自所占的空间，都是连续的量和分离的量的统一。因为一方面，我们可以把这间屋子的空间分成若干尺若干寸个空间点，之所以能够区分，正是因为它潜在地就包含着分离的可能。另一方面，我们也可以把集合在这间屋子内的 100 个人看作一个整体，看作一个连续的量，之所以能够如此，因为贯穿于这 100 个人中有着共同的特性，即人的"类特性"（只有人才具有的特性），而正是这种人所特有的"类性"将他们彼此联系成一个整体、一个连续的量。

现将"说明"和"附释"部分的内容总结如下（参见张世英《黑格尔小逻辑绎注》第 268—269 页）：某个量从其为统一的整体方面看，就是连续的量；从其为若干个独立的一（即多个单位）构成来看，就是分离的量。康德关于时间、空间、物质等可以无限分割或不可分割的"二律背反"，是由于他把时间、空间、物质等或者仅仅看作是连续的量，或者仅仅看作是分离的量导致的结果。实际上，连续性与分离性，引力和斥力总是统一在一起的，只有"抽象反思"才把两者看成是"两种彼此互相反对的量"。

（b）定量（Quantum）

§101

量本质上具有排他的规定性，具有这种排他性的量就是定量，或有一限度的量。

这一节和下一节都是讲"定量"。

量就其本性来看具有肯定自己排斥"他物"，即限定是此而不是彼的特性。具有这种"排他性"的量就是"定量"。换句话说"定量"是相对于"纯量"而言的。定量是有一定限度的量，是此量，而不是彼量。

附释：定量是量中的定在，纯量则相当于存在，而下面即将讨论的程度则相当于自为存在。由纯量进展到定量的详细步骤，是以这样的情形为根据，即在纯量里连续性与分离性的区别，最初只是潜在着的，反之，在定量里，两者的区别便明显地确立起来了。所以现在，量一般地是表现为有区别的或受限制的。但这样一来，定量也就同时分裂为许多数目不确定的单位的量或特定的量。每一特定的量，由于它与其他的特定的量有区别，各自形成一单位，但从另一方面看来，这种特定的量所形成的单位仍然是多。于是定量便被规定为数。

和"质"所包含的环节相比较，定量相当于"定在"（即"限有"）；纯量则相当于"纯存在"（即"纯有"），接下去探讨的"程度"相当于"自为存在"（即"自有"）。由"纯量"进展到"定量"的过程是这样的：在"纯量"阶段，量的两种特性：连续性与分离性的区别是潜在的，没有充分展示出来，而在定量里连续性与分离性的区别便明显地建立起来了。所以定量就表现为有区别或受限制的量。但这样一来，一个特定的定量内部便分裂为许多数目不确定的单位量或特定的大小，由于一个特定的量和其他特定的量不同，这一个特定的量就独自形成一单位，但从它的构成来看，它是由许多（更小些的）单位构成的，于是"定量"所具有的这多少个单位便通过"数"的形式表现、显示出来。

§ 102

在数里,定量达到它的发展和完善的规定性。数包含着"一",作为它的要素,因而就包含着两个质的环节在自身内:从它的分离的环节来看为数目,从它的连续的环节来看为单位。

凡"定量"都需要用数才能完全地表达出来,换言之,"定量"都是带"数"的量,没有数的量不是"定量"。因此,在数里,定量的规定性达到相当完善的地步,得到充分的说明。无论什么数都包含着"一",因此"一"是数的构成要素。而任何"一"、任何"量"都有连续性与分离性两个环节。从它的分离的环节来看,由一个一个的"一"构成的特定的"量"就表现为特定的"数目"。而从它的连续的环节来看,构成特定量的每一个"一"又表现为一个独立的"单位"。正是这一个一个"单位"的连续而形成这个特定的"量"。

[说明] 在算术里各种计算方法常被引用来作为处理数的偶然方式。如果这些计算方法也具有必然性,且具有可理解的意义的话,则必须基于一个原则,而这原则只能在数的概念本身所含的规定中去寻求。兹试将此种原则略加揭示:数概念的规定即是数目和单位,而数本身则是数目和单位二者的统一。但单位如果应用在经验的数上,则仅是指这些数的相等。所以各种计算方法的原则必须将数目放在单位与数目的比例关系上,而求出两者的相等。

算术里各种计算方法常常被当作一种偶然的处理数的方法,实际上这些方法具有必然性。并且这种必然性是可以理解的。而要使这种必然性得到理解就必须使它们建基于一个原则之上,而这个原则又只能从数的概念本身包含的规定中去寻求。现在就将这种原则简略地加以揭示:"数"概念本身就包含着"数目"和"单位"两项内涵,"数"本身就是数目和单位的统一。比如5这个数,就是"5"这个"数目"和"1"这个单位的统一。但单位(比如这里的"1")如果应用在经验上,即一个一个的"数"(比如数5次)则和这个"数目"相等。"所以各种计算方法的原则"就是将"数目"和"单位与数目的比例关系"相比较,从而说明二者是相等的。

多数的一或数本身是彼此互不相干的,因此由数得出的单位,一般表现为一种外在的凑合。所以计算(Rechen)实即是计数。各种不同的计算方法的区别,只在于所合计的数的性质不同,决定数的性质的原则就是单位和数目的规定。

任何数所包含的诸一之间、诸一和"数目"之间直接看来是互不相干的。因此由"数"得出的若干单位，一般都表现为"外在的凑和"而并不是有机的结合，有机的联系。所以"计算（Rechen）实即是计数"。即通过各种方法对数进行合计。至于加减乘除等计算方法之间的区别，则只在于对"数"进行合计时所运用的方法的性质不同。而数的性质的决定正是由它所内含的单位和数目来规定的。

计数是形成一般的数的最初方法，就是把任意多的"一"合在一起。但作为一种计算方法却是把那些已经是数，而不再是单纯的"一"那样的东西合计在一起。

计数和计算方法有联系而又不完全相同。前者（指计数）是形成一个一般的数的最初、最原始的方法，它是把许多的"一"合在一起而得到的。而后者却更高级了一些，它是通过加减乘除等多种方法把已经是数而不是诸一，合计在一起而形成的。例如 5 这个数，如果用计数的方法，它就是把 5 个 1 一个一个加起来得到的，而如果用计算方法，可以是 $2+3$，$7-2$，$5×1$，$10/2$ 等经过不同的计算方法由现成的数而形成的。

第一，数是直接的，和最初完全不确定的一般的数，因此一般是不相等的。这些数的合计或计数就是加法。

什么是加法呢？加法就是把直接现成的数、完全不确定的、单位和数目一般不相等的数合计在一起。例如 $2+3=5$；2 和 3 都是直接的数，2 和 3 作为数目和单位都是不相等的，二者合计在一起，就称之为加法。

第二，计数的另一种规定是：数一般都是相等的，因此它们便形成一个单位，于是我们便得到当前这些单位的数目；对于这种数加以计算便是乘法，在相乘的过程里，不论数目和单位的规定如何分配于两个数或两个因素，不论以哪一数为数目，或以哪一数为单位，其结果都是一样的。

第二，乘法是把相等的诸数作为一个一个的单位和在一起，是对许多本身即是"数目"的单位合成一个"数目"。例如 5 个 7，就是以 7 作为"单位"把 5 个这样的"单位"合在一起成为 35 这个"数目"。由于乘数与被乘数可以互换，所以乘法的两数之间究竟以何者为"数目"，何者为"单位"，其结果一样。

最后，计数的第三种规定性是数目和单位的相等。这样确定的数的合计就是自乘，首先是自乘到二次方。（求一个数的高次方，就是这个数的连续自乘，这种自乘是有公式的，可以重复进行到不定多的次数。）在这第三种规定里，既然达到了数的唯一现有区别的完全相等，亦即数目和单位的区别的完全相等，因此除了这三种计算方法外，更没有别的了。与数的合计相对应，按照数的同样的规定性，我们便得到数的分解。因此除了上面所提到的三种方法，也可称为肯定的计算方法以外，还有三种否定的计算方法。

最后，计数的第三种方法是自乘。所谓自乘是"数目"和"单位"相等的数进行合计，首先是某个数的二次方，例如3的平方（3×3），其中以任何一个3为单位，则另一个3就是数目，"单位"与"数目"相等。偶次方的高次方不过是平方的重复，"单位"与"数目"仍然相等。奇次方的高次方，"单位"与"数目"不等，在《大逻辑》即《逻辑学》中有所讨论。数的合计有加、乘、乘方三种方法，与此相对应，数的分解也有三种方法，即减、除、开方，前三种称为肯定的计算方法，与此相反，后三种就称为否定的计算方法。

"说明"部分的内容可以概述如下（参见张世英《黑格尔小逻辑绎注》第271—273页）：黑格尔试图从数的概念中，从"数目"与"单位"或一与多的关系中对算术里的加减乘除等计数方法的"必然性"加以说明。在黑格尔看来任何数所包含的诸一或单位与单位之间是彼此互不相干的，由加减乘除等所得到的统一性（"单位"）并非有机的联系，而是一种"外在的凑合"。至于加减乘除等彼此之间的区别，则只在于"单位"与"数目"的关系各不相同：加法一般是把不相等的数或单位"合计"在一起；乘法是把相等的诸数作为一个一个的单位合计一起，是把许多本身即是"数目"的单位合成一个数目，相乘的两数或多数之间，"单位"和"数目"之间可以互换，结果一样；乘方则是把"数目"和"单位"相等，即为同一个数的数自乘。与上述三条计数方法相反的还有减法、除法和开方。

附释：数一般讲来既是有完善规定性的定量，所以我们不仅可以应用这个定量来规定所谓分离之量，而且也同样以应用它来规定所谓连续量。因此即使几何学，当它要指出空间的特定图形和它们的比例关系时，也须求助于数。

黑格尔认为既然"数"一般讲来是具有完善规定性的定量，换句话说，定量既说明了特定"数"的单位，也说明了特定"数"的数目，因此把这个特定的"数"的特性完善地表达出来了。所以，我们不仅可以用数来规定分离的量，也可以应用它来规定连续的量。比如在描述温度的变化时，我们说"现在的温度是5度"，一方面表示它和4度、6度不同，据此用以"规定分离之量"，另一方面，也可以说"现在温度已达到5度"，表示温度连续上升过程中的一个点，据此用以"规定连续的量"。正因为数具有这种完善的规定性，因此在几何学中，当要描绘出空间特定图形的性质、形状以及构成要素之间的比例关系时，都必须求助于数的应用。

(c) 程度（Grad）

§103

限度与定量本身的全体是同一的。限度自身作为多重的，是外延的量［或广量］，但限度自身作为简单的规定性，是内涵之量［或深量］或程度。

这一节讲"外延的量"与"内涵的量"，"内涵之量"即"程度"。

限度即定量全体，易言之，限度与定量本身所包含的全部数量之和是完全同一的。比如10是一个限度，同时又是一个定量，它包括这个定量中所有的量。就一定量或者一限度所包含的诸单位（比如10包括10个"一"，5个"二"，2个"五"等等）彼此外在、平等并列而言，就其自身虽包含各种各样的"多"但不能超越这个特定的"量"，即最终达到的那个"限度"而言，它是"外延的量"；就一"定量"或一"限度"所包含的诸单位都内在于这个特定的量而言，就其为自身是"单纯性"而言，它就是"内涵的量"或"程度"。例如"10"便是一"外延的量"，"第10"便是一内涵的量。

［说明］连续的量和分离的量区别于外延的量和内涵的量，这种区别就在于前者关涉到一般的量，后者则关涉到量的限度或量的规定性本身。外延的量和内涵的量同样也不是两种不同的量，其一决不包含其他的规定性；凡是外延的量也同样是内涵的量，凡是内涵的量也同样是外延的量。

黑格尔认为前面所讲的连续的量和分离的量与这里所讲的外延的量，内涵的量是有区别的。前者是就一般的量、普遍性的量而讲的，是就量的连续状态和分离状态而讲的。而后者则是就特定的量、有限度的量，即有具体规定性的量而讲的。不过二者又有共同点。连续性和分离性是一般的量、普遍意义上的量的既有区别又互相贯通的特性,而外延的量和内涵的量则同样是同一个特定的量的不同样式。但它们也不是两种不同的量,不是"其一决不包含其他的规定性"的量,相反,二者是统一的,是互相包含、互相依存的,甚或完全可以看作是同一定量的两个互相贯通的方面。因此,凡是"外延的量"也同样是内涵的量,凡是内涵的量也同样是外延的量。比如一块重100公斤的石块,就其重量为100个1公斤的总和来说,它是"外延的量";但就其造成一定的压力而言,它又是一"内涵的量",压力的量是一个表示轻重程度的量。又如噪音,100分贝,就其是100个1分贝的总和而言,它是外延的量,但就其造成相应于100分贝的噪音感觉而言,则是"内涵的量",第100分贝、第200分贝,或第50分贝,表示几种不同程度的噪音,给人的感觉显然不同。

附释:内涵的量或程度,就其本质而论,与外延的量或定量有别。因此像经常发生的那样,有人不承认这种区别,漫不加以考虑就将这两种形式的量等同起来,必须指出那是不能允许的。在物理学里,对此二者是不加区别的,例如,物理学解释比重的差别时说,一个物体如有两倍于另一物质的比重,则在同一空间内所包含的物质分子(或原子)的数目将会二倍于另一物体。关于热和光的比重,情形同样如此,如果是用较大或较小数目的热和光的粒子(或分子)去解释不同程度的温度或亮度的话。

"内涵的量"或程度与"外延的量"或"定量"虽然密不可分,互相包含,但从本质上讲,二者又有区别。有些人看不到这种区别,把它们完全等同起来,这是不对的。在物理学中,就对这两者不加区别。例如物理学在解释比重之间的差别时说,一个物体的比重如果是另一个物体比重的两倍,那么在同一空间内,这个物体所包含的分子(或原子)的数目,也是另一个物体的二倍。在解释关于热和光的粒子(或分子)的比重时也采用同样的方法,认为温度或亮度之所以不同,是因为各自所包含的分子或原子的数目不同造成的。

采取这种解释的物理学家,当他们的说法被指斥为没有根据时,无疑地常自己辩解说,这种说法并不是对那些现象后面的(著名的不可知的)"自在"(之物)作出决定,他们之所以使用上面这些名词,纯粹是由于较为方便的缘故。所谓较为方便，系指较容易计算而言；但我们很难明白，为什么内涵的量既同样有其确定的数目，何以不会和外延的量一样地便于计算。如果目的纯在求方便的话，那么干脆就不要计算，也不要思考，那才是最方便不过了。

当别人指斥仅用物质分子的数目不同去解释物体的比重不同是没有根据时，这些物理学家就辩解说，这种说法并不是要对那些现象后面的"自在之物"即事物的本质作出说明、规定、判断，其所以这样做，纯粹是由于计算上的方便。但是我们知道内涵的量和外延的量一样，也有其确定的数目，为什么不和外延的量一样便于计算，而要一概把内涵的量统统归结为外延的量呢？如果是仅仅为了方便，那么既不思考，也不计算，岂不是最方便不过吗？黑格尔这里显然是反对把"内涵的量"完全归结为"外延的量"，把二者看成毫无区别的完全等同。

此外，还有一点足以反对刚才所提及的物理学家的辩解，即照他们那种解释，无论如何已经超越知觉和经验的范围，而涉及形而上学和思辨的范围了，而思辨有时被他们宣称是无聊的甚或危险的玄想。在经验中当然可以看到，如果两个装满了钱的钱袋，其中一个钱袋比另一个钱袋重一倍，这情形必定因为一个钱袋中装了一百元而另一个则装了二百元。这些钱币我们可以看得见，并可以用感觉感得到。反之，原子和分子之类是在感官知觉的范围之外，只有思维才能决定它们是否可被接受，有何意义。

此外，还有一点足以说明持这种观点的物理学家是错误的。因为按照他们的解释：物质的比重与它们所包含的分子、原子的数量有关。但这种解释已经明显地超出了感觉和经验的范围，因为分子或原子是凭借经验感觉不到的，是只有借助于思考、思辨、即借助于哲学思维才能达到的。而在这些物理学家看来：超越知觉和经验范围，依靠思辨、运用哲学思考的方法是无聊的、甚或是危险的胡思乱想。因此，上述辩解也是站不住脚的。

但是（正如上面第98附释所提及的），抽象的理智把自为存在这一概念中所包含的复多这一环节，固定成为原子的形态，并坚持作为最后的原则。同一抽象理智，在当前的问题中，与素朴的直观以及真实具体的思维有了矛盾，认外延之量是量的唯一形式，对于内涵的量不承认其特有的规定性，而根据一种本身不可靠的的假设，力图用粗暴的方式，将内涵的量归结为外延的量。

　　这是再次强调不可把外延的量认作是量的唯一形式，把内涵的量归结为外延的量。抽象的理智是指一种片面的、形而上学的思维方式，正是这种抽象理智把"自为存在"中所包含"某物"与"别物"等对立统一中的多个侧面、多个环节归结为一个侧面或一个环节，并把它当作"自为存在"的全体，这其实是在用部分代替全体，并坚持认为自为存在就是"原子"，而且这是"最后的原则"，是恒久不变的。这同一个抽象理智现在又要把外延之量当作量的全部规定性，粗暴地把内涵之量归结为外延之量，抹杀二者质的区别，因而也是错误的。

　　对于近代哲学所提出的许多批判中，有一个比较最常听见的责难，即认为近代哲学将任何事物均归纳为同一。因此近代哲学便得到同一哲学的绰号。但这里所提出的讨论却在于指出，唯有哲学才坚持要将概念上和经验上有差别的事物加以区别，反之，那号称经验主义的人却把抽象的同一性提升为认识的最高原则。所以只有他们那种狭义的经验主义的哲学，才最恰当地可称为同一哲学。

　　这是黑格尔为近代哲学进行辩护，而对狭义的经验主义的"同一哲学"进行批判。他说，有人攻击近代哲学把无论什么事物都看成是同一的、一样的，因而把近代哲学叫做同一哲学，这是非常错误的。实际上，只有哲学才坚持要将概念上和经验上有差别的事物加以区别，即只有哲学思维或运用哲学才能将无论是概念上的或者是经验中的有区别的事物区别开来，反之，那些号称只相信经验反对哲学思辨的人才是把片面、抽象的同一性原则（即仅承认同一，不承认同一中包含区区别）提升为认识的最高原则，因此，只有把他们这种狭义的经验主义哲学叫做同一哲学，才是最恰当不过的。

　　此外，这个说法是十分正确的，即认为没有单纯的外延的量，也没有单纯的内涵的量，正如没有单纯的连续的量，也没有单纯的分离的量，并认为量的这两种规定并不是两种独立的彼此对立的量。每一内涵的量也是外延的，反之，每一外延的量也是内涵的。譬如，某种程度的温度是一内涵的量，有一个完全单纯的感觉与之相应。这种外延的量同时随温度或内涵的量的变化而变化。在心灵界内，也有同样的情形：一个有较大内涵的性格，其作用较之一个有较小内涵的性格也更能达到一较广阔的范围。

看出内涵的量和外延的量之间有质的区别是对的，但同时又要看到二者之间存在着互相依存、互相包含、密不可分的辩证关系。外延量和内涵量并不是两种独立的彼此对立的量。这正像连续量和分离量之间所存在的关系是一样的。无论是内涵量还是外延量，无论是连续量还是分离量，都不能一方脱离另一方孤立存在。譬如，体温表上的第10度是一个内涵的量，有一个完全单纯的感觉与它相对应，但是与此同时，和第10度相对应的，是一个水银柱从0度上升（即外延）到10度，而且这种外延的量（这里是指10摄氏度）会同时随温度内涵的量的变化而变化（即当温度达到第15度时，水银柱也就升到15度等等），因此，内涵量和外延量是有着内在的必然的联系的。在精神界也是如此。比如，一个内涵量较大的性格，在范围（外延量）上也比内涵量较小的性格广阔（我们常说的某人胸襟广大和胸襟狭隘即有这种意义），也就是说，内涵大者必定外延大，内涵小者，其外延自然就小。

附释部分的主要内容可以概括如下：内涵的量与外延的量一方面互相区别，不可将二者完全等同，另一方面二者又不是彼此对立，而是在互相区别的同时又互相渗透；一些物理学家名义上反对形而上学，反对思辨哲学，实际上又不得不运用哲学思维；指责近代哲学是同一哲学，实际上，"狭义经验主义"由于把抽象的同一性原则作为认识的最高原则，所以把他们称作"同一哲学"才是恰如其分。

§104

在程度里，定量的概念便设定起来了。定量就是自为中立而又简单的量，但这样一来，量之所以成为定量的规定性就完全在它的外面，在别的量里了。这是一个矛盾，在这种矛盾里，那自为存在着的、中立的限度是绝对的外在性，无限的量的进展便设定起来了。——这是一个由直接性直接转变到它的反面、转变为间接性（即超出那个方才设定起来的定量）的过程，反之，这也是一个由间接性直接转变到它的反面，转变为直接性的过程。

这一节主要讲"定量"无限进展的特性。

在程度里，定量的概念便设定起来了。前面黑格尔曾说到：定量是量中的定在，纯量则相当于"纯存在"（即"纯有"），"程度"则相当于"自为存在"。"自为存在"是"纯有"和"定在"的统一体或具体概念。同样"程度"也是纯量和定量的统一体或具体概念。因此,"在程度里,定量的概念便设定起来了",意思是说,在"程度"中,定量达到了自己的真理、得到充分展示,至此"定量的概念"便完全确立起来了。

定量就是自为中立而又简单的量,但这样一来,量之所以成为定量的规定性就完全在它的外面,在别的量里了。在未达到"程度"以前,"定量"是中立的、影响不大的简单的量。达到程度以后或者说在程度中,量的增减则直接影响"程度"之深浅,所以它不是无所谓的。在"定量"中此量与彼量则是彼此外在,互不影响的,因此,"定量"的特性就在于它是此定量而不是彼定量,它的特性由它的"外面",即此定量之外的彼定量规定。离开了它的"外面",此定量就不成其为此定量。

这是一个矛盾,在这种矛盾里,那自为存在着的、中立的限度是绝对的外在性,无限的量的进展便设定起来了。——这是一个由直接性直接转变到它的反面、转变为间接性(即超出那个方才设定起来的定量)的过程,反之,这也是一个由间接性直接转变到它的反面,转变为直接性的过程。达到"程度"的"此定量"既然由外在的"彼定量"规定,因此"定量"中就包含着此与彼的矛盾,在这种矛盾中,独立的、中立的限度是"绝对的外在性",即是说,此定量完全受外在的彼定量所限制,于是此定量在进一步的发展中必然超出自身转变为彼定量,彼定量进一步变化又必然转变为另一彼定量,如此递进,以至无穷。这样"无限的量的进展便设定起来了"。——这个无限的进展过程乃是由一个直接的、当前的定量转变为间接的、另一个定量的过程,反之,也可以说是由间接的另一个定量转变为这一个直接的定量的过程。

[说明] 数是思想,不过是作为一种完全自身外在存在着的思想。因为数是思想,所以它不属于直观,而是一个以直观的外在性作为其规定的思想。——因此不仅定量可以增加或减少到无限,而且定量本身由于它的概念就要向外不断地超出其自身。无限的量的进展正是同一个矛盾之无意义的重复,这种矛盾就是一般的定量,在定量的规定性发挥出来时就是程度。至于说出这种无限进展形式的矛盾乃是多余的事。关于这点,亚里士多德所引芝诺的话说得好:"对于某物,只说一次,与永远说它,都是一样的。"

黑格尔认为,数不是能够依靠直观感觉到的东西,而是依靠思维得到的思想范畴,因而是思想中的东西。但数这个思想范畴只是"一种自身完全外在存在着的思想",即是说数这个思想对于事物的质来说是外在存在着的,在一定范围内,它的变化并不影响事物质的性质。再则,因为它是一个思想范畴,所以它不能从直观得到,但它却是一个以"**直观的外在性作为其规定的思想**",即虽然不是直观事实,但却依靠直观经过思考以后才能得到。因此,特定的量即定量不仅可以无限地增减,而且由于"定量"概念本身就包含着此量与彼量,因而可以向外不断地超出自身而无限进展。量的无限进展乃是量的直接性与间接性矛盾的不断重复(即当前的此量转变为彼量,彼量再转变为此量即另一新的彼量等等)。这种重复是没有意义的,正像亚里士多德曾经引述过的芝诺的一句话说的:"对于某物,只说一次,与永远说它,都是一样的。"

　　附释一:如果我们依照上面(第99节)所提出的数学对于量的通常界说,认量为可增可减的东西,谁也不能否认这界说所根据的看法的正确性,但问题仍在于我们如何去理解这种可增可减的东西。如果我们对于这问题的解答单是求助于经验,这却不能令人满意,因为除了在经验里我们对于量只能得到表象,而不能得到思想以外,量仅会被表明是一种可能性(可增可减的可能性),而我们对于量的变化的必然性就会缺乏真正的见解。

　　在第99节中我们看到数学把量规定为可增可减的东西,黑格尔认为,这种看法、这种界说不是绝对不可,有其正确性,问题在于如何理解"可增可减的东西"的含义。如果单从经验来理解它,那是不能令人满意的,因为在经验里只能感知量的表象,只能认识到量的增减的可能性,而不能认识把握到量的变化的必然性。

　　反之,在逻辑发展的过程里,量不仅被认作自己规定着自己本身的思维过程的一个阶段,而且事实也表明,在量的概念里便包含有超出其自身的必然性,因此,我们这里所讨论的量的增减,不仅是可能的,而且是必然的了。

　　相反,如果不是仅仅求助于经验直观,而是从逻辑理念发展的过程中去考察,量不仅被看作是逻辑理念自己认识自己、自己发展自己过程中的一个特定阶段,而且,量的概念本身便包含有超越其自身的必然性(从纯量到定量,再到程度,以及由此量到彼量,都是量自身所含内在矛盾发展变化的结果)。因此只有从逻辑上,从概念分析中我们才能认识、把握量的增减、量的变化的必然性。这就意味着哲学思维比起经验直观来要深刻得多。

附释二：量的无限进展每为反思的知性所坚持，用来讨论关于无限性的问题。但对于这种形式的无限进展，我们在前面讨论质的无限进展时所说过的话，也一样可以适用。我们曾说，这样的无限进展并不表述真的无限性，而只表述坏的无限性。它绝没有超出单纯的应当，因此实际上仍然停留在有限之中。

反思的知性（即形而上学的思维方式）坚持从量的无限进展讨论无限性的问题。但是对于反思的知性所坚持的量的无限进展的观点，我们前面在讨论质的无限进展时所说的话，完全适用于它们。我们说过，这样的无恨性不是真正的无限，而是一种坏的无限性，因为从一种有限进展到另一种有限，表面上看来这个过程好像是无限的，"实际上仍然停留在有限之中"，而没有达到真正的无限。

这种无限进展的量的形式，斯宾诺莎曾很正确地称之为仅是一种想象的无限性（infinitum imaginationis）。有许多诗人，如哈勒尔及克罗普斯托克常常利用这一表象来形象地描写自然的无限性，甚至描写上帝本身的无限性。例如，我们发现哈勒尔在一首著名的描写上帝的无限性的诗里，说道：

> 我们积累起庞大的数字，
> 一山又一山，一万又一万，
> 世界之上，我推起世界，
> 时间之上，我加上时间，
> 当我从可怕的高峰，
> 仰望着你，——以眩晕的眼：
> 所有数的乘方，
> 再乘以万千遍，
> 距你的一部分还是很远。

这里我们便首先遇着了量，特别是数，不断地超越其自身，这种超越，康德形容为："令人恐怖的"。其实真正的令人恐怖之处只在于永远不断地规定界限，又永远不断地超出界限，而并未进展一步的厌倦性。上面所提到的那位诗人，在他描写坏的无限性之后，复加了一行结语：

我摆脱它们的纠缠,你就整个儿呈现在我前面。

这意思是说,真的无限性不可视为一种纯粹在有限事物彼岸的东西,我们想获得对于真的无限性的意识,就必须放弃那种无限进展(progressus in infitum)。

对于量的无限进展,斯宾诺莎作过正确的评价。他说这只不过是一种想象的无限性。这种无限性,实际上仍然是有限的,因为它只是从这一有限进展到另一有限,永无穷尽。关于这种坏的无限性哈勒尔(1708—1777年)曾在一首描写上帝的无限性的诗里写到过。这位诗人的结论是:"我摆脱它们的纠缠,你就整个儿呈现在我面前。"这也就是说,只有摆脱了坏的无限,才能认识到真正的无限。康德宣称"量的无限进展"是"令人恐怖的"。与其说它令人恐怖,不如说它令人厌倦。从思辨观点来看,这种不断地规定界限和超越界限,事实上并没有超出有限,而达到真正的无限。。

附释三:大家知道,毕泰哥拉斯曾经对于数加以哲学的思考,他认为数是万物的根本原则。这种看法对于普通意识初看起来似乎完全是矛盾可笑,(paradox),甚至是胡言乱语。于是就发生了究竟什么是数这个问题。要答复这问题,我们首先必须记着,整个哲学的任务在于由事物追溯到思想,而且追溯到明确的思想。但数无疑是一思想,并且是最接近于感官事物的思想,或较确切点说,就我们将感官事物理解为彼此相外和复多之物而言,数就是感官事物本身的思。因此我们在将宇宙解释为数的尝试里,发现了到形而上学的第一步。毕泰哥拉斯在哲学史上,人人都知道,站在伊奥尼亚哲学家与爱利亚派哲学家之间。前者,有如亚里士多德所指出的,仍然停留认事物的本质为物质的学说里,而后者,特别是巴曼尼德斯,则已进展到以"存在"为"形式"的纯思阶段,所以正是毕泰哥拉斯哲学的原则,在感官事物与超感官事物之间,仿佛构成一座桥梁。

大家知道,毕泰哥拉斯曾经对于数加以哲学的思考,他认为数是万物的根本原则。这种看法对于普通意识初看起来似乎完全是矛盾可笑,(paradox),甚至是胡言乱语。于是就发生了究竟什么是数这个问题。黑格尔认为,毕达哥拉斯把数看成是万事万物的根本原则,这在一般人看来是矛盾可笑,甚至是胡说八道,其实,这不过是毕达哥拉斯对数加以哲学思考罢了。问题的实质在于究竟应怎样看待"数"。

要答复这问题，我们首先必须记着，整个哲学的任务在于由事物追溯到思想，而且追溯到明确的思想。哲学的职能在黑格尔看来无非是从对事物的直观进展到对直观到的经验事实进行思考，再从思考中获得关于事物本质的认识，以便得出明确的思想。

但数无疑是一思想，并且是最接近于感官事物的思想，或较确切点说，就我们将感官事物理解为彼此相外和复多之物而言，数就是感官事物本身的思。因此我们在将宇宙解释为数的尝试里，发现了到形而上学的第一步。所谓数不是别的，就是最接近于感官事物的思想，即由直观事物最先得出的思想。确切点说，从感官事物是彼此外在独立并且不只一个的角度出发，数就是从观察、计量感官事物最初得到的思想。因此，用数解释宇宙万物，可以说是到达"形而上学"（指研究宇宙本体、事物本质的学问，也即哲学，参阅《小逻辑》第 79 页："形而上学是研究思想所把握住的事物的科学，而思想是能够表达事物的本质性的"）的"第一步"。

毕泰哥拉斯在哲学史上，人人都知道，站在伊奥尼亚哲学家与爱利亚派哲学家之间。前者，有如亚里士多德所指出的，仍然停留认事物的本质为物质的学说里，而后者，特别是巴曼尼德斯，则已进展到以"存在"为"形式"的纯思阶段，所以正是毕泰哥拉斯哲学的原则，在感官事物与超感官事物之间，仿佛构成一座桥梁。在哲学史上，毕达哥拉斯的地位是不容忽视的，他在伊奥尼亚学派（以泰勒斯等为代表的古希腊最初的唯物主义学派）与爱利亚学派（以巴门尼德等为代表的古希腊最初的唯心主义学派）之间，可以说是起着桥梁的作用。伊奥尼亚学派认为事物的本原、本质为物质如水、土、气等。后者如巴门尼德认事物的本原、本质是一种纯粹的思想，如"存在"，而毕达哥拉斯把"数"看作事物的本原、本质，既是思想性的东西，又离直观事物最近，因而成了两派哲学原则联系的桥梁或沟通的环节。

由此我们可以知道何以有人会以为毕泰哥拉斯认数为事物的本质显然走得太远。他们承认我们诚然可以计数事物，但他们争辩道，事物却还有较多于数的东西。说事物具有较多于数的东西，当然谁都可以承认事物不仅是数，但问题只在于如何理解这种较多于数的东西是什么。普通感官意识按照自己的观点，毫不犹豫地指向感官知觉方面，去求解答这里所提出的问题，因而说道：事物不仅是可计数的，而且还是可见的、可嗅的、可触的等等。用近代的语言来说,他们对于毕泰哥拉斯哲学的批评,可归结为一点,就是他的学说太偏于唯心。但根据我们刚才对于毕泰哥拉斯哲学在历史上的地位所作的评述,事实上恰恰相反。我们必须承认事物不仅是数,但这话应理解为单纯数的思想尚不足以充分表示事物的概念或特定的本质。所以,与其说毕泰哥拉斯关于数的哲学走得太远了,毋宁反过来说他的哲学走得还不够远,直到爱利亚学派才进一步达到了纯思的哲学。

黑格尔说,毕达哥拉斯确认数为事物的本质,这在一些唯物论者看来是走得太远了,太趋向唯心论了。因为在他们看来,虽然事物可以用数来表述其属性,但事物的属性,却不仅仅是数能够完全表达的东西,而要比它更多。比如说事物不仅仅可以计数,而且可以看见、嗅见、触到等等属性,因此,说事物的本质仅仅是思想性的数是太唯心了。黑格尔认为,事实上恰恰相反,因为哲学的任务,既然是从事物出发,去考察决定它的本质的思想性的东西,而毕达哥拉斯的数又是位于感觉事物与纯粹思想之间的中介环节,还不完全是思想性的东西,因此,如果把哲学定义为对事物思维着的考察,那么从哲学的角度出发,仅仅用数还不足以充分表达出事物的概念或特定的思想本质。因此,与其说他走得太远,还不如说他走得还不够远,只有到了爱利亚学派如巴门尼德斯才算达到了纯思的哲学。非常明显,对毕氏的过种评述暴露出黑格尔彻底的唯心主义观点。

此外,即使没有事物自身存在,也会有事物的情状和一般的自然现象存在,其规定性主要也建立在特定的数和数的关系上。声音的差别与音调的和谐的配合,特别具有数的规定性。大家都知道,据说毕泰哥拉斯之所以认数为事物的本质,是由于观察音调的现象所得到的启示。虽说将音调的现象追溯到其所依据的特定的数,对于科学的研究极关重要,但也绝不可因此便容许将思想的规定性全认作仅仅是数的规定性。

另外,即使直观的事物自身不存在,也会有事物的表现(情状:情况状态)和一般的自然现象存在。而这些表现、现象也有其"特定的数"和数的规定性。就是说,这些表现、状态、情况是由一定的数和数的关系决定的。比如说声音的高低大小不同,音调之间的和谐、配合不同,突出地表现了它们之间的数的规定性不同。据传毕达哥拉斯本人之所以把数看作事物的本质,就是由于观察音调现象,从中受到启示而提出的。但是,虽然把音调的不同归结于它们数的规定性不同,这对科学(如声学)的研究来说具有其重要的意义,但也不允许、不能同意把思想的丰富规定性仅仅看作是数的规定性,仅仅通过数而能全部表述出来。

人们诚然最初有将思想最普遍的规定与最基本的几个数字相联系的趋势,因而说"一"是单纯直接的思想,"二"是代表思想的区别和间接性,"三"是二者的统一。但这种联系完全是外在的,这些数的本身并没有什么性质足以表示这些特定的思想。人们愈是进一步采用这种傅会的方法,特定数目与特定思想的联系就愈会任性武断。譬如人们可以认为 4 为 1 与 3 之和,也为这两种数的思想的联合,但 4 同样也可说是 2 的两倍。同样 9 也不仅是 3 的平方,而又是 8 与 1 的,7 与 2 的等等的总和。认为某种数目或某种图形有特大的重要性,如近来许多秘密团体之所为,这一方面固然无妨作为消遣的玩艺,但另一方面也是思想薄弱的表征。人们固然可以说在这些数字及图形的后面,含有很深的意义,可以引起我们许多思想。但是在哲学里,问题不在于我们可以思维什么,而在于我们现实地思维什么。思想的真正要素不是在武断地选择的符号里,而是只须从思想本身去寻求。

人们虽然最初有把最具有普遍性的思想与最基本的几个数字联系起来,加以附会的趋势,比如说 1 代表单纯直接的思想,2 代表思想之间的区别和间接性,3 是直接和间接性的统一等等,但是这种联系完全是外在的、人为的,这些数字本身并没有什么特征足以说明它们为什么可以表达这些特定的思想。人们愈是牵强附会,硬是说某一个数目与某一个特定思想相联系,用它来表达某一个特定思想,就愈会陷入任意武断、主观随意。比如,9 这个数,它不只是 3 的平方,同时也可看作是 8 和 1,2 和 7……的总和,因而就很难说它究竟表达一种什么样的思想。从哲学的观点来看,重要的不是我们可以思维什么,而是在于我们**从现实出发可以**思维什么。这说明运用思想的真正原则不在于随意、武断地选择什么样的思维符号、思维方式,而是须要从思想本身发展的内在规律去探求。

据此可知附释三评论了毕泰哥拉斯哲学的历史地位。黑格尔认为哲学的任务在于探求万事万物的本质,而这个本质在他看来就是思想。数是"最接近于感官事物的思想",因此,像毕泰哥拉斯那样,用数解释宇宙万物,可以说是到达"形而上学"的第一步。比泰哥拉斯的哲学不是离感官事物"太远",而是"还不够远",因为"单纯数的思想尚不足以充分表示事物的概念或特定的本质",即是说仅仅用"数"这种介于感官事物和纯粹思想之间的中介环节还不能充分、完全地表达事物的思想性的本质,只有达到爱利亚学派以"存在"为思维形式才可以说达到了哲学的"纯思阶段"。毕泰哥拉斯之所以认数为事物的本质,是由于观察音调现象所得到的启示。音调的确具有数的特性,而且将音调追溯到数,的确具有科学价值,但也"绝不可因此便将思想的规定性全认作仅仅是数的规定性"。把具有普遍规定性的思想与数附会在一起,那就会产生"任意武断",哲学不在于随便可以思想什么,而在于"实在地"、"真实地"遵循思想发展的内在规律去探求真理。

§105

定量在其自为存在着的规定里是外在于它自己本身,它的这种外在存在便构成它的质。定量在它的外在存在里,正是它自己本身,并自己与自己相联系。在定量里,外在性(亦即量)和自为存在(亦即质)得到了联合。定量这样地在自身内建立起来,便是量的比例,——这种规定性既是一直接的定量,比例的指数,作为中介过程,即某一定量与另一定量的联系,形成了比例的两个方面。同时,比例的这两个方面,并不是按照其直接[数]值计算的,而其[数]值只存在于这种比例的关系中。

这一节文字虽然不多,但却很晦涩、很费解。主要是讲"量的比例"以及由"量"过渡到"质",说明"量的比例"是"量"的"真无限",具有"质"的特性。

定量在其自为存在着的规定里是外在于它自己本身,它的这种外在存在便构成它的质。定量在它的外在存在里,正是它自己本身,并自己与自己相联系。这句话的大意是说,定量有其外在性与内在性。这里所说的外在性就是定量的量(即特定量的"数目"也即"外延的量"所表明的东西),内在性就是定量的质(即"内涵的量"所表明的东西)。两者在定量里"得到联合",即具体地统一为一个东西,即"定量"或"程度"。"程度"作为定量的自为存在方式,其中它所内含的数目在一定范围内不直接影响程度的质,但从另一方面来看、把数目作为分离的量来看,它又直接规定了是该数而不是彼数,在这个意义上应当说:"它的这种外在存在便构成它的质。"既如此,定量以特定的数目表现出来时，实际上表现的正是它自己。

在定量里，外在性（亦即量）和自为存在（亦即质）得到了联合。定量这样地在自身内建立起来，便是量的比例，——这种规定性既是一直接的定量，比例的指数，作为中介过程，即某一定量与另一定量的联系，形成了比例的两个方面。同时，比例的这两个方面，并不是按照其直接［数］值计算的，而其［数］值只存在于这种比例的关系中。黑格尔认为，量的外在性即量的数目和其内在性的统一，便使定量确立起来。而这样确立的定量，在一定意义上可以称作"量的比例"。"量的比例"反映着定量的上述特性。在量的比例中既含有直接的定量（比例的指数），比如2:4，3:6其比例指数都是2。也含有量的间接性（即进行比例的数目）。比例的价值，不在比例两项的数目大小，而在于比例的指数即比例关系如何。比例指数发生变化，相比的数目会随之发生变化，反之比例两项的数目发生变化，并不一定引起比例指数的变化，因此比例指数即这里所说的定量便具有"质"的特点。

附释：量的无穷进展最初似乎是数之不断地超出自身。但细究起来，量却被表明在这一进展的过程里返回到它自己本身。因为从思想看来，量的无穷进展所包含的意义一般只是以数规定数的过程，而这种以数规定数的过程便得出量的比例。譬如以2:4为例，这里我们便有两个数，我们所寻求的不是它们的直接的值，而只是这两个数彼此之间相互的联系。但这两项的联系（比例的指数）本身即是一数，这数与比例中的两项的区别，在于此数（即指数）一变，则两项的比例即随之而变，反之，两项虽变，其比例却不受影响，而且只要指数不变，则两项的比例不变。因此，我们可以用3:6代替2:4，而不改变两者的比例，因为在两个例子中，指数仍然是一样的。

量的无穷进展最初似乎是不断地从一个数转化到另一个数，但"从思想看来，"所谓量的无穷进展，不过是"以数规定数"，以数说明数，例如从3"进展"到4，也可以说是以4"规定"3，说明3；从这样的角度来看，一数之"超出其自身"的"进展的过程"同时也就是"返回到它自己本身"的过程，而这种过程的明显形式就是"量的比例"。"量的比例"是量的"真无限"，相当于"自为存在"（即"纯存在"和"定在"的统一或它们的具体概念），因为量的真无限就是指当某一定的量过渡到另一定量时，也就是回复到他自己，而"量的比例"正是如此。例如在2:3的比例关系中，2正是在3中建立自己、确立自己、表现自己的价值。换言之，2 正是在这个定量的"外在存在"——3 中确定自己的。就其处于 2∶3 这一"自为存在"（比例关系）中所具有的特性而言，2"在它的外在存在里"（在 3 中），也就是是在它自己本身中，这表明 2 与 3 有着不可分离的内在联系。其所以说比例关系中具有"质"的特点，是因为比例的指数发生变化，进行比例的数目必然随之发生变化。正是在这个意义上，黑格尔认为，在"量的比例"中，外在性和自为存在也就是与质相互结合起来了。黑格尔之所以要这样费力地、牵强附会地，似是而非地把"量的比例"说成具有"质"的特性，是为了由此过渡到"质""量"的统一——"尺度"的范畴。

《大逻辑》（《黑格尔全集》，第 292—293 页）中所说"在比例中，定量是在自己以外的，是与自己有区别的；它的这种外在性是一个定量与另一个定量的关系，每一方都只是在其与别方的关系中才有价值；这种关系构成作为这样一个统一体的定量的规定性。定量在这里不再具有一种漠不相关的规定，而是具有质的规定"（"漠不相关的规定"是指量的改变不影响质，"质的规定"是指质的改变立即使此物改变为彼物。这里的具体意思是说，比例指数稍有改变，整个比例关系会立即改变），"它在它的这种外在性中回复到自身，正是在这种外在性中，它就是它自己"。又在第 390 页写道，"在比例中，定量不再具有一种漠不相关的规定性，而是从质的方面被规定为完全与它的别方相关联；定量在它的别方中继续其自身，……每一方都在其与别方的关系中而具有自己的规定性。……定量在它的别方即另一定量中发现自己。定量的质，它的概念特性，是它的外在性一般。"这里所说的意思，基本精神和我们上面所讲的一致。

§106

比例的两项仍然是直接的定量，并且质的规定和量的规定彼此仍然是外在的。但就质和量的真理性来说：量的本身在它的外在性里即是和它自身相联系，或者说，自为存在的量与中立于规定性的量相联合，——这样的量就是尺度（Maß）。

这一节讲从"量"到"尺度"的过渡。

"比例关系"虽然具有"质"的特点（即其中的一项发生变化，整个比例随之而变。比如2:4，其中的一项发生变化，整个比例随着发生变化），但比例的两项仍然是直接的定量，即进行比例的两个数目仍然是确定的。而且在发生相同比例的关系中，其比值保持不变，比如3:6与2:4比值一致。在这个意义上，"质和量的关系还是彼此外在的"，即比例两项数目的变化，并不必然地引起比值的变化。只有在"质"和"量"的真理——"尺度"中（即在与特定的"质"密切相关的特定"数目"的范围内）二者才能达到有机的统一；在这里，定量在其"别方"中（即与特定数目不同的其他数目中、在"它的外在性"中）恰恰就是在它自身中（因为和其它数目不同，反过来在一定意义上，也就是其他数目来规定它），因而也就是"和它自身相联系"，这样，量就不单有"中立于规定性"（对规定性漠不相关或者说不影响规定性）的特性，而且有"自为存在"（即自我规定自己）的特性，这样，这种特定的量不仅仅是量（的特定"数目"），而且是质（因它与特定的质密切相关）——这种具有质的特性的量（有特定范围的"数目"）就是"尺度"。

附释：通过前面所考察了的量的各环节的辩证运动，就证明了量返回到质。我们看见，量的概念最初是扬弃了的质，这就是说，与"存在"不同一的质，而且是与"存在"不相干的，只是外在的规定性。对于量的这个概念，如像前面所说过的，乃是通常数学对于量的界说，即认量为可增可减的东西这一看法的基础。

通过前述各节，考察了量的辩证运动，经过一系列环节（即从纯量到定量再到尺度），最后又返回到质。但不是简单的返回，不是简单地又回到了它的出发点。量的概念最初是扬弃了的"质"（即"存在论"中第一个大环节的"质"，它包括"纯存在"、"定在"、"自为存在"三个小环节），这时的量先是"纯量"，由纯量到"定量"。"纯量"以及"定量"中内涵的一定范围内的"数目"并不直接影响"质"的变化，因而是"存在"（即有）的外在规定性，也就是说在一定限度内，量变并不引起质变。正是这种看法，成了数学把量规定为"可增可减的东西"的基础。

初看起来，这个界说似乎是说，量只是一般地可变化的东西（因为可增可减只是量的另一说法），因而也许会使量与定在（质的第二阶段，就其本质而言，也同样可认作变化者）没有区别。所以对量的界说的内容可加以补充说明，在量里我们有一个可变化之物，这虽经过变化，却仍然是同样的东西。

量的这种概念因此便包含有一内在的矛盾。而这一矛盾就构成了量的辩证法。但量的辩证法的结果却并不是单纯返回到质,好像是认质为真而认量为妄的概念似的,而是进展到质与量两者的统一和真理,进展到有质的量,或尺度。

这段话是说量的概念存在着矛盾,因而构成量的辩证法,使得由量过渡到尺度。

初看起来,这个界说似乎是说,量只是一般地可变化的东西(因为可增可减只是量的另一说法),因而也许会使量与定在(质的第二阶段,就其本质而言,也同样可认作变化者)没有区别。把量仅仅界说为可增可减的东西,初看起来,就好像是说,量只是一般可变化的东西;这个界说容易使"量"和"定在"(即限有)混淆。因为"定在"也是可变化的东西。

所以对量的界说的内容可加以补充说明,在量里我们有一个可变化之物,这虽经过变化,却仍然是同样的东西。为了区别"量"与"定在",就应该对关于"量"的界说的内容加以补充说明:一物在一定的限度内的变化,并不影响该物仍然是该物。

量的这种概念因此便包含有一内在的矛盾。而这一矛盾就构成了量的辩证法。但量的辩证法的结果却并不是单纯返回到质,好像是认质为真而认量为妄的概念似的,而是进展到质与量两者的统一和真理,进展到有质的量,或尺度。既然在一定限度内量的变化并不引起质的变化,而超过这一限度量变就会引起质变,因而变与不变乃是"量"的概念本身中所包含的矛盾。但在这个矛盾中,不能因量变不能引起质变就"认质为真",而"认量为妄"(即把质看作是真的概念,而把量看作是是假的概念,实际上它们都是逻辑理念发展过程中的一个阶段),相反,说一物虽经一定限度内量的变化,该物的质仍然保持不变,就已经表明量具有质的特点(即只是在一定限度内,超过这个限度情况就会发生变化),表明量的辩证法已经进展到了质与量的统一和真理——"尺度"。

这里我们还可以说,当我们观察客观世界时,我们是运用量的范畴。事实上我们这种观察在心目中具有的目标,总在于获得关于尺度的知识。这点即在我们日常的语言里也常常暗示到,当我们要确知事物的量的性质和关系时,我们便称之为衡量(Messen)。

黑格尔认为,我们考察客观世界,运用量的范畴的目的,就在于得到关于尺度的知识。换言之，我们平常在运用量的范畴考察事物时，并不是单纯地运用量所包含的特定数目，而是要确知事物在特定的量（即数目）的范围内所具有的"性质和关系"（即要弄清事物特定数目的量与这个数目所规定的质以及它们之间的关系），这正是我们日常所说的"衡量"，也即"认识"那些规定特定的质的"量"（即"度"）。

例如，我们衡量振动中的不同的弦的长度时，是着眼于知道由各弦的振动所引起的与弦的长度相对应的音调之质的差别。同样，在化学里我们设法去确知所用的各种物质相化合的量，借以求出制约这些化合物的尺度，这就是说，去认识那些产生特定的质的量。又如在统计学里，研究所用的数字之所以重要，只是由于受这些数字所制约的质的结果。反之，如果只是些数字的堆积，没有这里所提及的指导观点，那么就可以有理由算作无聊的玩艺儿，既不能满足理论的兴趣，也不能满足实际的要求。

这是举了三个具体的例子印证上面的观点。我们测定（衡量）振动中的不同的弦的长度，目的在于了解各弦的振动所引起的与弦的长度相对应的不同音调之间质的差异。在化学里分析各种物质互相化合的量，目的也在于确定与化合量相适应的质。再如，统计学里的数字，也不是单纯的量，而都代表着由这些数字所规定的"质"的。如果统计学只是数字的堆积，就没有什么意义了。

附释部分的内容概述如下（参见张世英《黑格尔小逻辑绎注》第281—282页）：前述各节，考察了量的辩证运动所经过的一系列环节，又返回到质，但不是简单地返回出发点，而是进展到"度"。把量仅仅界说为可增可减的东西，初看起来，就好像是说，量只是一般可变化的东西；这个界说容易使"量"和"定在"混淆。为了区别二者，就应该对"量"加以补充说明。变与不变乃是量的本身中所包含的矛盾。但在这个矛盾中，不能"认质为真"，而"认量为妄"，相反，说一物在特定范围内虽经量的变化，该物的质仍然一样，就已经表明量具有质的特点，表明量的辩证法已经进展到了质与量的统一和真理——"尺度"。

日常在运用量的范畴观察事物时，事实上并不单纯地运用量，而是要"确知事物特定的"量"和它所规定的事物特定的"质的关系"，从而准确地把握这个"量"，也就是说：是在进行"衡量"即"认识那些产生特定的质的量"。

以上8节，黑格尔扼要地阐述了有论的第二部分——量，现将其中的主要问题综述如下：黑格尔关于量的分析，如同关于质的分析一样，也是分为三部分：先讲"纯量"（相当于"纯存在"、"纯有"），后讲"定量"（相当于"定在"、"限有"），最后讲"程度"（相当于"自为存在"、"自有"）；量是扬弃了质的"有"。量与质比较虽是无关紧要，但是，它同样是绝对理念发展过程中的一个环节，或者说，它是逻辑理念的一个特殊阶段。因此，不论在逻辑上，或是在自然界、精神界里，它都有一定的地位；在数学里通常把量规定为可增可减者，但是，这一规定并不能表达量的规定性。逻辑上关于量的概念，不仅要看到量的表面变化，更重要的是要看到量的内在性质；量既是连续的，也是分离的。决不可把连续的量与分离的量，看成是两种截然不同的量。连续与分离是相互依存、相互包含的，没有只是连续的量，也没有只是分离的量，两者密切不可分离；量本质上有一种排他性，具有排他性的量便是定量。数学中不同的计算方法（加、减、乘、除、乘方、开方等）源于定量中"数目"和"单位"的特性；程度分为外延之量与内涵之量，也是相互依存，相互包含的。但是，对两者的区别，也是不应忽视的；在无限性的问题上，量与质一样，也有真的无限与坏的无限的区别。前面关于质的无限性所说的话，同样也适于量；量的无穷进展也就是量的比例。比例的价值，不在比例两项数目的大小，而在于比例关系之中。比例还反映不出质与量的统一，只有在质里才达到质与量的统一。量从扬弃质到返回到质，经历着一个辩证的发展过程，因此不应把它看成是简单的返回。总的说来，质与量本来是密切不可分的，但是，为了说明它们各自的规定性，黑格尔把它们分开加以考察。不过，他为了创立体系，硬说是理念的特殊阶段，这是他的神秘之处。这一部分最值得注意的是，关于量的连续性与分离性的辩证关系的论述。

C. 尺度（Das MaB）

§107

尺度是有质的定量，尺度最初作为一个直接性的东西，就是定量，是具有特定存在或质的定量。

这一节讲什么是"尺度",并说明一切都有"尺度"。

正文是说:"尺度"是具有质的规定性的定量,是直接呈现于人们面前的东西。换言之,"尺度"是具有特定的规定性、特定的存在、特定的质,同时又是人们能够直接观测到的、特定的量。

附释:"尺度"既是质与量的统一,因而也同时是完成了的存在。当我们最初说到存在时,它显得是完全抽象而无规定性的东西;但存在本质上即在于规定其自己本身,它是在"尺度"中达到其完成的规定性的。"尺度",正如其他各阶段的存在,也可被认作对于"绝对"的一个定义。

"尺度"是"存在论"的最高范畴,"尺度"既然是"质"与"量"的统一,因而也可以说是完成了的存在(即"存在"发展的最后一个环节)。当我们刚开始讲"存在论",最初说到"存在"时,它完全是一抽象而无规定性的东西(即"纯有",纯存在)。但是"存在"从本质上讲就是一个规定自身是什么样的存在、怎么样存在的范畴。它经过一系列的自我扬弃和演变,逐渐使它从无规定性到有规定性,最后在"尺度"里完全实现它的规定性。也就是说,在"尺度"里,"存在"才是有质有量的东西。在存在论中,每一个范畴都是绝对理念发展过程中的一个阶段,同样,和其他各阶段的存在一样,"尺度"也可看作绝对理念发展的一个特定阶段,特定环节,因此也可被看作是对"绝对"理念的一个规定、一种界说。

因此,有人便说,上帝是万物之"尺度"。这种直观也是构成许多古代希伯莱颂诗的基调,这些颂诗大体上认为上帝的光荣即在于他能赋于一切事物以"尺度"——赋予海洋与大陆、河流与山岳,以及各式各样的植物与动物以"尺度"。在希腊人的宗教意识里,"尺度"的神圣性,特别是社会伦理方面的神圣性,便被想象为同一个司公正复仇之纳美西斯(Namesis)女神相联系。在这个观念里包含有一个一般的信念,即举凡一切人世间的事物——财富、荣誉、权力、甚至快乐痛苦等——皆有其一定的"尺度",超越这"尺度"就会招致沉沦和毁灭。

既然"尺度"可以看作是对绝对的一个界说,因此也就可以看作是对上帝的一个界说。因为在黑格尔眼里上帝与绝对是一而二、二而一的关系。正是这种观念构成了许多古代希伯莱颂诗的基本内容。这些颂诗大体上都认为上帝的光荣伟大就在于它赋予一切事物都具有一定的"尺度",无论是山川河海、动物植物都有自己特定的"尺度"。在希腊人的宗教意识中"尺度"是神圣的,以至于人们把它和管理公正与复仇的女神联系在一起,并在人们的观念中认为人世间的一切都有"尺度",超越特定的尺度,这种事物就不再存在甚或导致毁灭。

即在客观世界里也有"尺度"可寻。在自然界里我们首先看许多存在,其主要的内容都是"尺度"构成。例如太阳系即是如此,太阳系我们一般地可以看成是有自由"尺度"的世界。如果我们进一步去观察无机的自然,在这里"尺度"便似乎退到背后去了,因为我们时常看到无机物的质的规定性与量的规定性,彼此显得好像互不相干。例如一块崖石或一条河流,它的质与一定的量并没有关系。但即就这些无机物而论,若细加考察,也不是完全没有"尺度"的。因为,河里的水和构成岩石的各个组成部分,若加以化学分析,便可以看出,它们的质是受它们所包含的元素之量的比例所制约的。

人世间的一切事物都有一定的"尺度"。这在上面已经谈到。自然界也不例外,我们会看到许多存在,主要内容都是"尺度"构成,(即其基本属性都有各自的"尺度")。甚至广大的太阳系也有其自身的"尺度"。在无机的自然界里,虽然比起在有机自然界里,"尺度"不是那么明显,可是却仍然存在着。比如,一块岩石或一条河流的尺度,不是一下子就可看清的,初看起来,它们的质与量并没有太多的联系(即岩石的大小,河流的长短等并不影响其为石、为河)但细加考察会发现,如果对它们的组合成分加以化学分析,便可以看出,它们各自的质都是受它们自身所包含的元素的量的比例所制约的,这就说明,它们也都有自身的"尺度"。

而在有机的自然里,"尺度"就更为显著,可为吾人所直接察觉到。不同类的植物和动物,就全体而论,并就其各部分而论,皆有某种"尺度",不过尚须注意,即那些比较不完全或比较接近无机物的有机产物,由于他们的"尺度"不大分明,与较高级的有机物也有部分差别。譬如,在化石中我们发现有所谓帆螺壳,其尺度之分明,只有用显微镜才可以认识,而许多别的化石,其尺度之大有如一车轮。同样的尺度不分明的现象,也表现在许多处于有机物形成的低级阶段的植物中,例如凤凰草。

和无机界相比,有机界中的尺度明显得多,可以为我们直接观察到。不论是植物、动物，无论是从它们的全体，还是从其部分去看，都有各自的尺度。只是需要注意的是，尺度分明的程度不一样，有的大如车轮，有的要用显微镜才可分别，但不管怎么样，都有其确定的尺度则是无可怀疑的。

"附释"部分简述如下："尺度"是"存在论"的最高范畴，是"质"与"量"的统一，是"存在"的"完成"。"尺度"也是"绝对"的一个环节和阶段，因此可以说，万物都有一定的"尺度"。希伯莱颂诗的基调就是认为上帝赋予一切事物以"尺度"；希腊神话中司公正复仇的女神纳美西斯就是"尺度"的象征，不仅社会伦理方面等人世间的事物"都有一定的尺度"，即使自然界中的任何事物也皆如此。无机界中的"尺度"，虽没有有机界"显著""分明"，但若细加考察，也不是完全没有尺度的。

§108

就尺度只是质与量的直接的统一而言，两者间的差别也同样表现为直接形式。于是质与量的关系便有两种可能。第一种可能的关系就是：那特殊的定量只是一单纯的定量，而那特殊的定在虽是能增减的，而不致因此便取消了尺度，"尺度"在这里即是一种规则。第二种可能的关系则是：定量的变化也是质的变化。

这一节主要讲"尺度"中所内含的"质"与"量"的关系，以及量变质变的规律性。

"存在论"中的范畴是"直接的"，从一个范畴到另一个范畴的转化是一个代替另外一个，它们之间的相互联系、相互依存是潜在的，不像后面"本质论"中的范畴那样成双成对，"明显地"一点都不能相互分离。因此，在"尺度"中"质"与"量"的统一也只是"直接的"，即是说，它们之间的相互联系、相互依存是松弛的而非严格的。当代英国黑格尔学者斯退士在《黑格尔哲学》第171页中说，"尺度作为质和量的联合而出现。但这种统一首先只是直接的。黑格尔这里所谓'直接的'，意思是说，在质和量之间没有真正的中介性（间接性）。它们有相互关涉、相互依赖、相互中介的外表。但这种中介只是相对的，不急切的；不像后面我们在本质范围内所见到的那样，各项之间有绝对的相互依赖性，在那里，肯定与否定，原因与结果等等，每方离开了对方就绝无意义。质和量之间有某种松弛的相互依赖性……但它们也是相对独立的。因此，黑格尔说它们'只是在直接的统一中'。如果是完全的统一，那就意味着一物的任何一点量变都将随之以质变，这样，二者就是全部地相互依赖，完全地联结在一起。相反，现在这种单纯直接的统一则表示，虽然在某种范围内质依赖于量，但量仍然可以在一定限度内随意改变而不对质产生任何影响。"这些话有助于我们正确理解黑格尔的论述。正因为两者间的统一是直接的，联系是松弛的，所以在"特殊的定量"范围内，量的增减并不影响"特殊的定在"（即特殊事物的质）。在这种意义下，"尺度"就是事物变化的"规律"或者说"规则"。正因为两者的差别也是直接的，而非明显的矛盾对立，所以两者间的关系又可能是定量的变化即是质的变化，两者完全同一。简单说来，所谓质与量的两种关系，一种是在一定的范围内量变不影响质的存在；一种是由量变引起质变。

附释：尺度中出现的质与量的同一，最初只是潜在的，尚未显明地实现出来。这就是说，这两个在尺度中统一起来的范畴，每一个都各要求其独立效用。因此一方面定在的量的规定可以改变，而不致影响它的质，但同时另一方面这种不影响质的量之增减也有其限度，一超出其限度，就会引起质的改变。

尺度中质与量的统一，最初只是潜在的，不明显的，同时也是松弛的，不严格的。因此，统一的双方，每一方都保持其一定的独立性，具有一定的"独立效用"：一方面，一定程度的量变，不至于影响质的存在，另一方面，这种量的增减达到一定限度，超越了限度，就会引起质的改变。

例如：水的温度最初是不影响水的液体性的。但液体性的水的温度之增加或减少，就会达到这样的一个点，在这一点上，这水的聚合状态就会发生质的变化，这水一方面会变成蒸气，另一方面会变成冰。当量的变化发生时，最初好像是完全无足重轻的，但后面却潜藏着别的东西，这表面上无足轻重的量的变化，好像是一种机巧，凭借这种机巧去抓住质[引起质的变化]。

这是以水的三态变化为例，说明量变质变的规律。恩格斯在《自然辩证法》里引用了这个例子。黑格尔称这种变化为理性的机巧（即诡计、狡狯），这里的"理性"既是指的绝对理念，又是指的人所具有的理性。所谓"理性的机巧"即"人们运用理性所使的诡计"使质随着量发生变化而跟着发生变化。量变质变看似神奇，其实完全是合乎规律的。关于理性的机巧问题，后面第 209 节再次讲到，可以互相参看。

这里所包含的尺度的矛盾（antinomie），古代希腊哲学家已经在不同的形式下加以说明了。例如，问一粒麦是否可以形成一堆麦，又如问从马尾上拔去一根毛，是否可以形成一秃的马尾？当我们最初想到量的性质，以量为存在的外在不相干的规定性时，我们自会倾向于对这两个问题予以否定的答复。但是，我们也须承认，这种看来好像不相干的量的增减也有其限度，只要最后一达到这极点，则继续再加一粒麦就可形成一堆麦，继续再拔一根毛就可产生一秃的马尾。这些例子和一个农民的故事颇有相同处：据说有一农夫，当他看见他的驴子驮着东西愉快地行走时，他继续一两一两地不断增加它的负担，直到后来这驴子负担不起这重量而倒下了。

对于度中的量与质的矛盾，古希腊的哲学家已经在不同的形式下有所认识。例如，关于一粒麦子是否可形成一堆麦，或是从关于马尾上拔去一根毛是否会使马尾变秃的问题，便涉及到尺度的这种矛盾。单独从一粒麦或一根毛来看，都不会引起什么大的变化，可是这必须是在限度以内的一粒或一根，如果麦的增加或毛的减少已经达到了它的限度，则不论是再加一粒或再拔一根，就会发生重大变化，出现一堆麦或一秃的马尾。另外，一个关于农民给他的驮东西的驴子不断增加重量的故事，也说明了这一点。

如果我们只是把这些例子轻易地解释为学究式的玩笑，那就会陷于严重的错误，因为它们事实上涉及到思想，而且对于思想的性质有所认识，于实际生活，特别是对伦理关系也异常重要。例如，就用钱而论，在某种范围内，多用或少用，并不关紧要。但是由于每当在特殊情况下所规定的应该用钱的尺度，一经超过，用得太多，或用得太少，就会引起质的改变（有如上面例子中所说的由于水的不同的温度而引起的质的变化一样），而原来可以认作节俭行为，就会变成奢侈或吝啬了。

量变质变规律的存在是普遍的。在实际生活中也是随处可见。以用钱来说，在一定限度内，花多花少，是不关紧要的，但是超出了限度，就会由原来的节俭行为变成了奢侈或吝啬行为了。

同样的原则也可应用到政治方面。在某种限度内，一个国家的宪法可以认为既独立于又依赖于领土的大小，居民的多少，以及其他量的规定，譬如，当我们讨论一个具有一万平方英里领土及四百万人口的国家时，我们毋庸置疑即可承认几平方英里的领土或几千人口的增减，对于这个国家的宪法决不会有重大影响。但反之，我们必不可忘记，当国家的面积或人口不断地增加或减少，达到某一点时，除开别的情形不论，只是由于这种量的变化，就会使得宪法的质不能不改变。瑞士一小邦的宪法决不适宜于一个大帝国，同样罗马帝国的宪法如果移置于德国一小城，也不会适合。

列举宪法的性质与领土大小、居民人口数量增加或减少等之间的联系，说明量变质变的原则同样适用于政治领域。一般来说，宪法的性质既独立又依赖于领土、人口等量的规定。说它独立，是指在一定限度内，领土、人口的改变，不会使宪法的性质随之改变，说它依赖，是指超过一定限度，随着领土、人口量的规定变化，宪法的性质就会发生变化，这些都说明量变质变规律具有普遍性。

这一节的"附释"主要是举例说明质与量的统一是"直接的"、"潜在的"、松弛的。每方各有相对独立性：一方面，质有自己的独立性，在一定限度内事物的质不会随量的变化而跟着起变化；但另一方面量也"要求其独立性的效用"，量的变化"一超出其限度"就会引起质的变化。

§109

就质与量的第二种可能的关系而言，所谓"无尺度"（DasMaBlose），就是一个尺度［质量统一体］由于其量的性质而超出其质的规定性。不过这第二种量的关系，与第一种质量统一体的关系相比，虽说是无尺度，但仍然是具有质的，因此无尺度仍然同样是一种尺度［或质量统一体］。这两种过渡，由质过渡到定量，由定量复过渡到质，可以表象为无限进展，表象为尺度扬弃其自身为无尺度，而恢复其自身为尺度的无限进展过程。

这一节主要讲什么是"无尺度"，什么是"尺度"的无限进展。

质与量的第二种可能的关系是量变引起质变。所谓"无尺度"就是指原有的"尺度"（即规定原有事物质的量的数目、量的限度，也即原有的质量统一体），由于量的变化超出了一定范围从而引起质的变化，使旧质为新质代替。简言之，"无尺度"就是原本决定事物质的限度被打破、原有的"尺度"被否定、原有的质量统一体被破坏。但是，代替原有质量统一体的又是一种新的质量统一体，一种新的决定事物特定质的"尺度"。例如冰变成水，就规定冰的尺度的量被超出之后,是"无尺度"。但水又是一新的质量统一体,规定水的量的范围即是一新的"尺度",水的温度增加到一定程度时又会转变成"无尺度",由水变成气。黑格尔认为这种由质到量、再由量到质,由"尺度"到"无尺度",再由"无尺度"到"尺度"的转化即是尺度的无限进展过程。

这就是说,在黑格尔看来,不仅量变可以引起质变,而且质变也可以引起量变。他称这种变化为质与量的两种过渡。恩格斯非常重视黑格尔关于质量互变的思想。把它看成是辩证法的三个主要规律之一。恩格斯在《自然辩证法》里说,"没有物质或运动的增加或减少,即没有有关的物体的量的变化,是不可能改变这个物体的质的。因此,在这个形式下,黑格尔的神秘的命题就显得不仅是完全合理的,并且甚至是相当明白的。"他还进一步指出:"黑格尔所发现的自然规律,在化学的领域中取得了最伟大的胜利。化学可以称为研究物体由于量的构成的变化而发生的质变的科学:黑格尔本人已经知道这一点"(《马克思恩格斯全集》第20卷,第402、404页)。但是应当指出的是,质量互变规律和辩证法的其他规律一样,在黑格尔那里,都披着神秘的外衣。

附释: 有如我们曾经看见过的那样,量不仅是能够变化的,即能够增减的,而且一般又是一个不断地超出其自身的倾向,甚至在尺度中,也同样保持着。但如果某一质量统一体或尺度中的量超出了某种界限,则和它相应的质也就随之被扬弃了。但这里所否定的并不是一般的质,而只是这种特定的质,这一特定的质立刻就被另一特定的质所代替。

黑格尔认为,量不仅是能够变化的,而且具有一种不断地超出其自身的必然性的倾向。这种倾向,即便是在尺度以内,也照样保持着。当量的变化超出了一定的限度,那么与它结成统一体的质就被扬弃,而由新的质取而代之。但这里被否定的并不是一般的质(质的一般,即任何质),而是和旧量相对应的某种特定的质。同样代替旧质的新质也不是一般的质或任何质,而是和新的、特定的量相对应的特定的质。总之,无论怎样变化,度总是质与量的统一,只是在不同的统一体中的量与质的具体内容不同罢了。

质量统一体〔尺度〕的这种变化的过程,即不断地交替着先由单纯的量变,然后由量变转化为质变的过程,我们可以用交错线(Knotenline)作为比喻来帮助了解。像这样的交错线，我们首先可以在自然里看见，它具有不同的形式。前面已经提到水由于温度的增减而表现出质的不同的聚合状态。金属的氧化程度不同，也表现出同样的情形。音调的差别出可认为是在尺度［质量统一体］变化过程中发生的，由最初单纯的量变到质变的转化过程的一个例证。

在质量互变中，任何新质的出现，都要先经过量变再经过质变，都要经过量的渐进过程的中断。为了说明这一点，他借用天文学上的术语"交错点"、"交错线"作为比喻。天文学把太阳系诸天体的椭圆轨道横截黄道的那个点，叫做黄道交错点，把被太阳中心所吸引的那根联结诸交错点的直线叫做交错线。黑格尔为了说明由量变到质变的更替过程，把诸如0℃，100℃等表示水物理状态变化的关节点叫做交错点，把由它们连接而成的这条线叫做交错线，借以使量变、质变规律形象化，显然有其合理的一面。为了论证自己的观点，黑格尔列举了诸如水的三态变化、金属氧化过程、不同音调之间的差别等例证借以说明量变质变规律的普遍性。

§110

事实上这里所发生的，只是仍然属于尺度本身的直接性被扬弃的过程。在尺度里，质和量本身最初只是直接的，而尺度只是它们的相对的同一性。但在"无尺度"里，尺度显得是被扬弃了；然而无尺度虽说是尺度的否定，其本身却仍然是质量的统一体，所以即在无尺度里，尺度仍然只是和它自身相结合。

这一节重点是讲"尺度"与"无尺度"的统一。

事实上这里所发生的，只是仍然属于尺度本身的直接性被扬弃的过程。尺度的进展过程，直接地去看实际上是它所表现出来的直接性被否定、扬弃的过程，即超出原量的数目而又把原数包含于自身之中。

在尺度里，质和量本身最初只是直接的，而尺度只是它们的相对的同一性。"尺度"是"质"与"量"的统一体，在"尺度"中，两者的联系和统一是相对的，松弛的。所谓"松弛的"即在一定范围内，量的变化并不立即引起质的变化。

但在"无尺度"里，尺度显得是被扬弃了；然而无尺度虽说是尺度的否

定，其本身却仍然是质量的统一体，所以即在无尺度里，尺度仍然只是和它自身相结合。量的变化积累到一定程度，必然引起质变。质变则是对原有质量统一体的扬弃。这种对原有尺度的扬弃叫作"无尺度"。然而对原有"尺度"的否定（"无尺度"）并不意味着变化后的新质不具有新的"量"的规定性，事实上"无尺度"又是新的质量统一体即新"尺度"的建立，这样，"无尺度"仍然是有"尺度"。在"无尺度"中，"尺度"仍然是和它自身相结合，即仍然存在着。换句话说，"无尺度"表明看来是对"尺度"的扬弃、对尺度的否定，实际上仍然是"尺度"与"无尺度"的统一。

从"尺度"到"无尺度"，再到新"尺度"的建立，实际上时刻都有"尺度"存在，从这个角度看"尺度"和"无尺度"就不再是无限进展的"坏无限"而是"真无限"。也就是说，在"尺度"的交替中有着自我同一的东西。，即时刻都有尺度在。《大逻辑》（《黑格尔全集》第4卷，第463页）中写道，"这种在尺度交替中保持自身连续性的统一，乃是说，一物尽管由旧的'尺度'转变为新的'尺度'但其为该物则一。"黑格尔之所以要指出这一点，为的是便于在下一节说明从"尺度"过渡到"本质"（参见张世英《黑格尔小逻辑绎注》第289页）。

§111

无限，作为否定之否定的肯定，除了包含"有"与"无"、某物与别物等抽象的方面而外，现在是以质与量为其两个方面。而质与量（a）首先由质过渡到量（第98节），其次，由量过渡到质（第105节），因此，两者都被表明为否定的东西。(b)但在两者的统一（亦即尺度）里，它们最初是有区别的，这一方面只是以另一方面为中介才可区别开的。(c)在这种统一体的直接性被扬弃了之后，它的潜在性就发挥出来作为简单的自身联系，而这种联系就包含着被扬弃了的一般存在及其各个形式在自身内。——存在或直接性，通过自身否定，以自身为中介和自己与自己本身相联系，因而正是经历了中介过程，在这一过程里，存在和直接性复扬弃其自身而回复到自身联系或直接性，这就是本质。

这一节是存在论的最后一节，尺度是存在论中的最后一个范畴，或者说是逻辑理念在存在论中发展的最后一个阶段，接下去的是本质论，因此这一节主要是讲从"尺度"到"本质"的过渡。

无限，作为否定之否定的肯定，除了包含"有"与"无"、某物与别物等抽象的方面而外，现在是以质与量为其两个方面。"真正的无限"作为否定之否定之后的重新肯定，在存在论的开始阶段表现为"有"与"无"的统一，后来表现为"某物"与"别物"的统一，发展到尺度时表现为"质"与"量"的统一。

而质与量（a）首先由质过渡到量（第98节），其次，由量过渡到质（第105节），因此，两者都被表明为否定的东西。（b）但在两者的统一（亦即尺度）里，它们最初是有区别的，这一方面只是以另一方面为中介才可区别开的。（c）在这种统一体的直接性被扬弃了之后，它的潜在性就发挥出来作为简单的自身联系，而这种联系就包含着被扬弃了的一般存在及其各个形式在自身内。质与量的关系，可分为三个层次：1、首先，二者互相区别。质过渡到量，由量过渡到质，这表明两者互相否定，一个不是另一个。2、"尺度"是二者的统一，但这种统一是"直接的"、相对的、松弛的，质量双方虽然一方只有凭借另一方才能被确认，但仍各有独立性，仍然互相分离。量的变化并不立即引起质的变化。3、原有的质量统一体（原有的"尺度"）被扬弃之后所生成的"无尺度"，仍然具有"尺度"，或者说成为一种新"尺度"，这样从尺度到无尺度，再到新的尺度，"无穷进展的坏的无限"就不再是"坏的无限"，而是"又在其对方里与自身结合的真的无限"，这表明新尺度实际上是"尺度"与"无尺度"的统一，是否定之否定，是否定之后的肯定，因而是"真无限"。尺度的发展过程揭示出无论是在原有的"尺度"中还是在"无尺度"即新的"尺度"中，质与量总是统一在一起的，在原尺度中的"潜在"同一到了新尺度中，成了明显的同一。即"当两者在尺度的发展过程里互相过渡到对方时，这两个规定的每一个都只是回复到它已经潜在地是那样的东西"，不过二者的这种同一和联系并不是排斥反而是包含着二者的区别，包含着"被扬弃了的一般存在及其各个形式在自身内"。由此不难看出，这里出现了这么一种状况：一方面是质与量、"尺度"和"无尺度"相互区别，即各式另一方面是二者的同一。各式各样的"存在或直接性"通过"自身否定"（即通过"尺度"的自身发展过程）而得到后者（"回复到自身联系或直接性"），即无论是原尺度还是新尺度其中都具有、贯穿着质、量的统一，因此这质量的统一作为深层的东西相对于作为各种各样的、表层的原尺度的直接性表现、新尺度的直接表现来说就是"本质"。由此本质便被确立起来了。"本质"总是相对于存在及其各种直接性的表现而言的,所以"本质"也可以说是"其规定被否定的、一般地被扬弃了的存在"。"尺度"是"存在论"的范畴,"尺度"的表现是直接性的表现,它的背后潜在着各种"尺度"的同一性,故"尺度"潜在地即是"本质"。"尺度"的发展过程,只在于把质与量的潜在同一性明显地"实现出来",由此可见,"本质"是质、量、尺度等范畴辩证发展的结果(参看张世英《黑格尔小逻辑绎注》第290—291页)。

附释:尺度的进程并不仅是无穷进展的坏的无限无止境地采取由质过渡到量,由量过渡到质的形式,而是同时又在其对方里与自身结合的真的无限。质与量在尺度里最初是作为某物与别物而出于互相对立的地位。但质潜在地就是量,反之,量潜在地也即是质。所以当两者在尺度的发展过程里互相过渡到对方时,这两个规定的每一个都只是回复到它已经潜在地是那样的东西。于是我们现在便得到其规定被否定了的、一般地被扬弃了的存在,这就是本质。在尺度中潜在地已经包含本质;尺度的发展过程只是在于将它所包含的潜在的东西实现出来。

黑格尔认为尺度发展的进程不仅是由质到量,由量到质的坏的无限进展过程,而且由于质和量处于对立统一之中,质中潜在地就包含着量,量中潜在地就包含着质,因而由质进展到量,由量进展到质,又可看作每一个都只是回复到它已经潜在地是那样的东西,在对方里又是与自身结合。因而从这个角度来看,尺度的进程又可以看成"真无限"。在质过渡到量,量过渡到质的过程中,特定"存在"的有关规定、一般特征被否定、扬弃了,但"存在"作为"质量统一体"仍然存在着,而这就是变中的不变即"本质"。因此,在"尺度"中潜在地已经包含着"本质",而在尺度的发展过程中,只不过是在把它所包含的潜在的内容实现、展示出来罢了。黑格尔的这些说法牵强、晦涩,难以理解,但不可否认的是其中依然包含着合理性。

普通意识认为事物是存在着的,并且依据质、量和尺度等范畴去考察事物。但这些直接的范畴证实其自身并不是固定的,而在过渡中的,本质就是它们矛盾进展(Dialektik)的结果。在本质里,各范畴已不复过渡,而只是相互联系。在存在里,联系的形式只是我们的反思;反之,在本质阶段里,联系则是本质自己特有的规定。在存在的范围内,当某物成为别物时,从而某物便消逝了。但在本质里,却不是如此。在这里,我们没有真正的别物或对方,而只有差异,一个东西与它的对方的联系。所以本质的过渡同时并不是过渡。因为在由差异的东西过渡一差异的东西里,差异的东西并未消逝,而是仍然停留在它们的联系里。

这段话的中心是在说明存在论中的范畴与本质论中范畴的区别。我们一般都认为事物是存在着的,并且运用质、量、尺度等范畴去考察事物。凭借直接观察及思考即可获得的这些范畴不是固定的,而是处在变化过渡之中的。"本质"就是这些范畴由于内含的矛盾而发展演进的结果。"本质论"中的范畴和"存在论"中的范畴有很多区别。"存在论"的范畴是"直接的",说甲就是甲,不涉及到乙,它们之间的转化是一方"过渡"到另一方。当甲方成为乙方时,甲方便"消逝"了,也就是说,"存在论"中的范畴是一方起来了,另一方就下去了,一方顶替了另一方。反之,"本质论"中的范畴是"底层"与"表层"的关系,成对出现,对立的一方对另一方来说不是绝对对立的"真正的别物或对方",而是互相渗透、彼此包含。当甲方转化到乙方时,甲方"并未消逝",也就是说,乙方并未完全顶替甲方,而是把甲方包含于自身之内。所以"本质论"中的"过渡"并不是"存在论"中的那种过渡(即不是顶替),由此种差异的东西过渡到另一种差异的东西里,前一种并未消逝,而是仍然停留在、被包含在另一种差异的东西之中、包含在它们的联系之中。

譬如,当我们说有与无时,"有"是独立的,而"无"也同样是独立的。但肯定与否定的关系便完全与此不同。诚然,它们具有"有"和"无"的特性。但单就肯定自身而言,实毫无意义;它是完全和否定相对待,相联系的。否定的性质也是这样。在存在的范围里,各范畴之间的联系只是潜在的,反之,在本质里,各范畴之间的联系便明显地设定起来了。一般说来,这就是存在的形式与本质的形式的区别。在存在里,一切都是直接的,反之,在本质里,一切都是相对的。

"有"和"无"是"存在论"中的范畴,因为它们都是直接的,所以都有各自的独立性,不仅相互区别,而且都可以单独地理解。而"肯定"与

"否定"作为"本质论"中的范畴，二者之间的关系却与此不同。一方面，它们也像"有"和"无"那样，互相区别。但是另一方面肯定和否定联系得是那样密切，一方离开另一方，这一方就不能存在，就无法理解。双方既相互依存，相互包含，又相互否定、排斥，成双成对，不可分割。由此，我们便可看出，在"存在"论中，各范畴间的联系是潜在的，隐蔽的，表现得不那么明显，而在"本质"论中，各范畴之间的联系便明显地展示、建立起来了。所以在"存在"论中，一切都是直接的，范畴之间的连系是松弛的。而在"本质"论中，一切都是相对的，即不可分割地联系在一起的。这就是"存在"论和"本质"论中的范畴所具有的不同特点（参看张世英《黑格尔小逻辑绎注》第 291—292 页）。

斯退士在《黑格尔哲学》第 123—124 页中说，"第一部分存在，其特性是直接性，这里所包含的范畴如有、无、质、量等都是单纯直接的范畴，即是说，每一个都是独立自存的概念，都不是明显地注意到或关系到任何别的范畴。而像肯定与否定则明显地是相互牵涉的成对之物。但有却不明显地涉及到无。肯定与否定互相包含。有从外表看不包含无，它独立自在，质与量也是如此。……所以它们叫做直接的。的确，如果对存在范围的范畴加以批判的考察则可以看到，它们实际上是完全相互关联的；就因为这样，我们已经看到有如何蕴涵和必然地涉及到无。……诸范畴的相互关联是潜伏和隐藏在表面之下，而推演指的正是引伸出来，使之明显起来。有、无、变、质、量等，表面上都是不相联系的。这种表面的不相联系就是它们的直接性；只是靠推演才使它们的内在联系表现出来。""如果存在因此是直接性的范围，那么，另一方面，本质就是间接性的范围。在存在中，间接性是潜在的；在本质中，间接性是明显的。……本质中的范畴成双成对而来，如原因与结果，作用与反作用、实体与偶性，同一与差异，肯定与否定。每双每对中的任一范畴明显地涉及和指向它的同伴的范畴。"显而易见，斯退士的这些看法和我们上面所谈的，实质上完全一致。

第 107 至 111 主要问题综述

以上五节，黑格尔简单地阐述了有论的最后一部分——尺度，现将其中的主要内容综述如下：

"尺度"是"质"与"量"的统一，也可以说是完成了的、内容充分展开了的"有"、"存在"。在尺度里，质与量的关系有两种：一种是在一定限度内量变不影响质的规定；另一种是由量变引起质变。不仅量变可以引起质变，而且质变也可以引起量变。由量变引起的质变，只是由新质代替旧质，而不是质的完全消失。这里否定的不是一般的质，而是特定的质。而在质变过程中，原有的量必然为新的量所代替。在质量互变中，任何新质的出现，都是由突变而发生的。而新质出现后的量变往往又是逐渐进行的。黑格尔关于渐变与突变的辩证思想，具有重要意义。

逻辑理念发展到了质与量的统一——"尺度"，整个"存在论"就结束了。这一部分的最后一节（第111节）提出的"存在论"与"本质论"中范畴之间的原则区别，值得认真思考。"存在论"与"本质论"中范畴之间的主要区别在于："存在论"里的范畴都是直接的，相互之间的联系既是潜在的、不明显的，同时又是松散的，不那么密切的；而"本质论"中的范畴都是成对的。相互之间的联系既是明显的，又是密不可分的。成对范畴之间，你中有我、我中有你，互相依存、互相渗透。

下部 人本主义哲学

绪 论

一、解题

现代西方人本主义哲学传入中国是很早以前的事了。有的还同中国既有哲学相结合，对中国社会进程起过这样那样的影响。上世纪20年代、40年代、80年代兴起的尼采热，80年代兴起的"萨特热"、"弗罗伊德热"等都充分说明了这一点。但从总体上说，我国学者对现代西方人本主义哲学的研究还处于准科学或不科学的水平。原因是多方面的，"左"的思潮影响是其中最重要的。从极"左"观点看来，现代西方哲学诞生于资本主义或帝国主义国家，自然是"腐朽的"、"垂死的"资产阶级的思想反映，与马克思主义"冰碳难融"。我的看法自属"不科学"之列，但主观上力求更科学一些，这里略陈管见，作为一家之言，参加讨论。

"现代西方人本主义哲学"中的"现代"是个时间概念，它是相对于"古典"而说的。其实这里的古典和我们日常的用法也不尽相同，它并不是指很久以前的古代哲学，而主要是指近代以来以卢梭、孟德斯鸠、狄德罗为代表的法国人文主义哲学，德国的康德、黑格尔、费尔巴哈为代表的人本主义哲学说的。恩格斯的《费尔巴哈和德国古典哲学的终结》中的"古典"含义就是如此。具体说来，"现代"是指19世纪中叶以来的时期。"西方"是个地域概念，它是相对于"东方"而言的，大体是指英、法、德、美各国。由此可见"现代西方人本主义哲学"是指19世纪中期以来在西方各国产生、传播的从人本身出发，研究人的本质及人与自然的关系、并强调人的地位、作用和价值的一种学说。当然在一定意义上马克思主义哲学也可以看作是一种人本主义哲学，而这里所说的现代西方人本主义哲学，是不包括它在内的。

二、现代西方人本主义哲学产生的社会历史根源和思想理论根源

任何哲学都不是凭空产生的,都有其产生的社会历史根源和思想理论根源,现代西方人本主义哲学自然也不例外。

黑格尔说:"哲学与它的时代是不可分的。所以哲学并不站在它的时代以外,它就是对它的时代的实质的知识。同样个人作为时代的产儿,更不是站在他的时代以外,他只是在他自己的特殊形式下表现这时代的实质,——这也就是他自己的本质。没有人能够真正超出他的时代,正如没有人能够超出他的皮肤"。(《哲学史讲演录》第 56 页,商务印书馆 1959 年版)。马克思肯定了这一点,并由此引申为"任何真正的哲学都是自己时代精神的精华",是"文明的活的灵魂"(《马克思恩格斯全集》第 1 卷,第 121 页,人民出版社 1956 年版)。那么,影响现代西方人本主义哲学产生和发展的主要因素有那些呢?

第一,是两次世界大战。20 世纪初期爆发的第一次世界大战,参战国多达 33 个,15 亿人被卷入战争,仅战场伤亡就有 3000 多万人。40 年代爆发的第二次世界大战,参战国更是多达 50 多个,死亡人数上升到 5100 多万。两次世界战争是人类发展史上从未有过的,战争中的相互厮杀给广大人民带来巨大痛苦。战后笼罩整个西方的悲观气氛无疑对现代西方人本主义哲学,尤其像唯意志论、生命哲学、存在主义等产生了巨大影响。

第二,社会主义阵营的建立和解体。1917 年 10 月社会主义革命胜利,建立了世界上第一个社会主义国家。40 年代到 50 年代,包括中国在内,陆续又诞生了许多社会主义国家,并逐渐形成了足以和西方资本主义阵营相抗衡的社会主义阵营。到了 80 年代却发生了苏联易帜、东欧社会主义国家纷纷转向、社会主义阵营解体的状况。毫无疑义,社会主义国家的建立、社会主义阵营的形成都是在马克思主义的指导下获得成功,而这些国家的变色和整个的解体自然对马克思主义提出了严峻的挑战,使得人们在对现实的反思中深刻检讨以往人们所理解、并在实践生活中加以贯彻的马克思主义是否符合马克思的初衷;政治、经济、思想文化的高度集中是否有利于人的全面发展、有利于"自由人联合体"的建立;正是在这种深刻的反省当中诸如西方马克思主义、法兰克福学派、尤其是像卢卡奇、哈贝马斯、南斯拉夫"实践派"

的哲学得以萌发、产生和传播。这些学派以及他们的思想与主张构成了现代西方人本主义重要的组成部分。

第三，科技革命的重大影响。战后西方各国普遍重视发展科学技术。在极大提高生产力、改善人们生活、缓和阶级矛盾的同时，又给人们提出了一系列新的问题。一方面科技革命带来物质产品极大丰富、生活节奏空前加快、人们在物质生活上感到更富足、更舒适、更便捷的同时，又普遍感到在精神上是更紧张、更空虚、更压抑、更不自由，由此出发要求"回归自然"、放松心情、消除异化的呼声日趋响亮。从一定意义上讲，海德格尔的"存在主义"、弗罗姆的"新人道主义"正是这种情绪的理性表现。

自然，上述各种社会条件和现代西方人本主义哲学中的某一流派的联系或者直接一些，或者因中介环节多而曲折一些，但无论如何哲学作为社会存在的反映，都还是程度不同、或明或暗地打上了时代的印记。

现代西方人本主义哲学又是近代西方人本主义哲学的延伸和继续。它既和历史上的人文主义有着千丝万缕的联系，又和以笛卡尔、康德、黑格尔为代表的近代唯理论有着密切的关系。不过，相比之下，前者是以肯定的形式，直接继承了以往人文主义的思想传统，后者则以否定的形式，反对理性的独断统治、主张哲学应当转向人的独特个性、本能、情感、意志的研究，冲破唯理论用绝对理性、理念编织的、束缚人们独特生存个性的罗网，恢复人的本真存在，张扬人的主体性精神，发挥人的内在生命力和创造性。

三、人本主义与科学主义的对立

现代西方哲学学派林立、观点各异。人本主义与科学主义是其中影响最大的两大思潮。无论是科学主义，还是人本主义，在与近代哲学的关系中都有着继承和发展的一面，可在它们内部却存在着尖锐的对立。在传统哲学中，人的问题和科学问题是统一的。资料表明，远古时期人和自然界原本是浑然一体的。人们心目中既没有"人"与非人的区别，也没有"我"与非我的区别。毛泽东说："人猿相揖别，只几个石头磨过"，是说，以劳动为主的实践活动，使人与"物"，我与"非我"有了分化之后，人们自然对周围事物产生了探询、理解的愿望。由于当时生产力水平低下，科学尚未起步，人们难以对事物的存在与变化提出什么合理的解释，反而从人自身出发去说明直观到的万事万物。于是很自然的从人在睡觉做梦时的灵魂和肉体可以分离的现象中想象出任何事物都有灵魂,"万物有灵论"由此而生。与此相联系,宗教迷信逐渐泛滥开来。在进一步的发展中,科学思想开始萌芽,人们逐渐把既合于直观事实,又经过一定的理性思考,且能为后来的经验证实的东西称为"智慧"即哲学,把提出这些智慧的人称为"智者"即"哲学家"。而当时无论什么样的知识又都属于"智慧",都属于"哲学",因而这时的哲学和科学实际上是一个东西。显然,哲学、科学自发端起,就是在与宗教神话的对立中产生的,因此,传统哲学的对立面是神学,而神的对立面又是人;神的产生是科学不发达、迷信盛行造成的。因此迷信的对立面是科学,这样人和科学自然就站在了一边,共同反对神和宗教迷信。

但是,现代由于科学的兴起和日益发展,一方面给人以天地间的一切都可以用科学加以解决的力量和信心;另一方面科学的形式逐渐趋向严密,许多原来貌似科学的东西现在被认为是伪科学。用这种观点去看哲学,就会发现在它中间也存在着一些无法用经验证实的、不科学或伪科学的命题。这从科学的立场来看是不能允许的。因此,哲学面临的一个重要问题就是和科学的关系,或者说它的非科学化形态如何改造的问题。这就迫使哲学必须作出选择:要想以科学形态出现,就要放弃一些传统问题;而要继续谈论这些问题就不能谈论科学,或者说就不能以科学的面目出现。在这种分歧中,科学主义坚持科学形式,放弃一些诸如世界是有限的还是无限的、世界的本原究竟是物质的还是精神的等凭借经验永远无法证实的问题,并认为应把人们宝贵的精力从这些无谓的问题转向一些真正有意义的问题,并由此明确提出"拒斥形而上学"。

但是,在现代生活中,人本身的问题又日益被突出了出来。因为在现代人的心目中神的观念被动摇了。"上帝死了",人的地位提高了。特别是经过文艺复兴运动,经过长期的反封建、反宗教斗争,人本思想已逐渐深入人心。人本主义把人的本质放在突出地位,就不能回避大写的"人"的本性问题或从个体的人抽象出来的、人的普遍本质的问题。这种大写的"人"既超越了个体的人,又原于个体的人。它的本质是许许多多个体的人的"形而上"的本质。显然,关于人的本质、地位、价值的即人的"形而上"的学问是现代西方人本主义哲学的题中应有之意。这说明人本主义和科学主义的对立,其实质在于人和物的对立。科学主义注目于"物"（这里的"物"是把人排除在外的、是不包括人在内的"物"）。而物的活动历时性特征是遵循时间的一维性，即从过去到现在、再到将来，表现在因果关系上是先有原因，后有结果，因而主张从因说明结果，从过去说明现在和将来。人本主义注重于"人"，而人的活动特点与物并不完全相同。因为人这种"物"和其他"物"不一样，任何人从事一项活动，都是有目的、有计划、有追求的。而预先设定的目的、追求的理想又往往制约、影响着现在的活动，因而从逻辑上讲、从谁决定谁的意义上讲，这种活动的历时性特点往往是从将来到过去、再到现在。所以它主张从目的说明结果，从未来说明过去和现在。显而易见，人本主义和科学主义的对立表明二者注目的重点、研究的内容、方法是不同的，但归根结底是分别为了说明人和物服务的。

四、现代西方人本主义哲学对马克思主义哲学的挑战

现代西方人本主义哲学虽和马克思主义哲学产生于同一时期，但却对马克思主义哲学提出了挑战。

在本体论上，现代西方人本主义哲学提出"以人为本"，以往的、流传甚广的马克思主义哲学认为应该"以物为本"。从前者的立场看后者，认为它所坚持的唯物论与唯心论的对立已不复存在，继续坚持唯物论的基本观点就有可能退化到大众常识意识的水平上。

在方法论上，针对恩格斯的《自然辩证法》，现代西方人本主义哲学提出辩证法就其理论性质来说不能是自然的。辩证法只能存在于主体和客体之间，它不是自然界的独白，而只能是人和物之间的对话。因而"人学辩证法"、"实践辩证法"纷纷出台。

在认识论上，现代西方人本主义哲学认为马克思主义关于认识的认识是不成熟的，仅仅把认识的过程看作是从感性到理性，再从理性到实践，忽视意志、感情在认识中的作用，显然是把一个复杂的过程简单化了。

历史观方面，一些现代西方人本主义的代表人物公然反对马克思主义关于历史决定论、人民群众是历史创造者的主张。他们提出马克思主义既然主张历史发展有规律性，是一个必然性的过程，又说需要人的奋斗，这不是自相矛盾又是什么？而且事实表明个别英雄人物的巨大功绩抵得过千百万普通

百姓的作用。

我们不能简单地认为这些挑战是对是错，确应"具体问题具体分析"，做出令人信服的回答，而不能像极左思潮泛滥时那样，把一个复杂的问题简单化，反而阻碍马克思主义的发展。

在向马克思主义提出种种挑战的同时，现代西方人本主义哲学对资本主义也进行了一定程度的批判。例如他们提出了所谓心理革命的问题。认为资本主义初期，资本家对工人的控制只是生存控制，随着科技的发展，一个工厂，一个企业虽然可以减少劳动、减少工人，但整个社会则不然，因为随着生产规模的扩大则需要有活劳动力的不断补充。这样单纯用生存问题则不能控制人们，要使人们就范，就必须采取心理控制方式。由此提出消费不再仅仅是生存消费，而且更重要的是心理消费。以前革命是为了生存得好，现在革命的动机是取消心理压力。能够在心理上抵御压力的社会力量才可能成为革命的主力，社会是否合理，主要是看它是不是压抑人性。正是从张扬人性出发，现代西方人本主义哲学对资本主义作了更深层次的批判。

五、现代西方人本主义哲学的实质和意义

现代西方人本主义哲学有两个显著特征：一是相对于古代哲学把某一种或某几种具体的"物"（如水、火、气中的一种，水火气土四种等）、抽象的概念（如巴门尼德的"存在"、柏拉图的"理念"等），中世纪哲学中的"上帝"作为世界万物的本原、本质、本体，现代西方人本主义哲学则是把人（即"自我"）当作世界的本体，故称"人本主义"；二是贬低人所具有的理性特点，竭力抬高人所具有的非理性的另一面，把人（或自我）归结为非理性的感情、意志、欲望，从而与传统的理性主义相对立，据此又称作非理性主义。但从整体看来，它又是在全面反思、批判传统哲学，特别是近代哲学的基础上形成的。因而无论是研究的主题、运用的思考方式或是观点和倾向方面都发生了重大变化。"它从追问人之外的、原初的、先天的、绝对的本体，试图从那里找出人们的生存本性，行为根据，存在价值乃至前途命运，转向于研究人的现实生活、现实活动及其赖依生存的现实世界，力求从这里去了解人的根据、价值和意义；它从注目遥远的、人之外的非人存在，试图从那里寻求一种可以依靠的权威力量，转向关注人自身的存在和同人直接相

关的存在，注重于发挥人的自我创造作用；它从追求脱离人的，所谓永恒的、终极的真理的理性认知哲学，转向突出人的存在方式、价值追求、地位作用、审美意境，真、善、美相统一的哲学；它从主要以自然科学为基础，注重贯彻以因果必然联系为核心的科学思维逻辑，转向以整个文化为基础，注重贯注以理解为标志的人文精神；它从追求绝对一元化的整体统一本性，转向注重以个体为本位的多极化，多样化特征，如此等等。在这一转变中，毫无疑问，它丢弃了许多应当保留的有价值的东西，在一些方面陷入了更加极端的片面性。但无可否认的是，从总体本质来说，这个转向是有其历史背景和时代根据的。它反映的是人从自身的影子去间接把握人的传统观念，向人从自身的存在和活动中直接去把握人的现代观念的转变。不论它存在多少片面性，毕竟在一定程度上以不同方式，即使是唯心主义的方式表现着现代人的意识和精神。在这一点上，应当肯定有它的历史必然性和历史进步性一面，而不完全是历史的倒退"（参见《高清海哲学文存》第 6 卷，第 47—61 页）。

现代西方人本主义哲学肇始于唯意志论，大体上经生命哲学、弗洛伊德主义、存在主义，发展到法兰克福学派的西方马克思主义。

在现代西方人本主义哲学和近代哲学之间存在着一个过渡阶段。处于这个阶段的许多哲学家的观点都与后来的现代西方人本主义哲学有着这样那样的关联，在一定意义上，他们成了后者的思想先驱，这里重点介绍费尔巴哈的人本主义哲学与克尔凯郭尔的存在主义思想。

序 章

第一节 费尔巴哈人本主义哲学

一、生平与著作

费尔巴哈（Ludwig Feuerbach，1804—1872）现代西方人本主义哲学的思想先驱，杰出的唯物论和无神论者。年轻的费尔巴哈思想激进，取名"费尔巴哈"，想必是意味着要像"火流"一样焚毁旧世界的一切。他1804年生于巴伐利亚州兰德休特城的一个法律世家。自幼接受基督教课程教育。1823年—1824年先后在海德堡大学和柏林大学神学系学习，后为黑格尔哲学吸引转学哲学，以后在埃尔兰根大学获博士学位，从1829年起在该校任教，一年后因匿名出版《论死与不死》，提出不朽的只是人的"类"意识即"理性"，而个人的灵魂必死。这种否定来世生活，肯定现世生活的思想是和基督教的教义相对立的，因而被逐出大学讲坛，迁居到布鲁克堡一个偏远的乡村，依靠其妻开设的一所工场，过着孤寂的生活，但从此却开始了其思想发展中的人本主义阶段。观其一生，用他自己的话说："我的第一个思想是上帝，第二个是理性，第三个也是最后一个是人。神的主体是理性，而理性的主体是人"（《费尔巴哈哲学著作选集》上卷，三联书店1959年版，第247页）。

1841、1842、1843、1845年分别出版了《基督教的本质》、《关于哲学改造的临时纲要》、《未来哲学原理》和《宗教的本质》。在此期间高举人本主义和无神论的旗帜对黑格尔的唯心主义和宗教神学进行了深入的批判，使得包括马克思、恩格斯在内的一大批青年黑格尔分子彻底转变立场，成了人本主义、唯物主义和无神论学说的信奉者。

晚年于贫穷与疾病中完成了《从人本学观点论上帝、自由和不死》、《论幸福》等著作，并对社会主义文献产生兴趣，阅读了魏特林的《自由与和谐的保证》，马克思的《资本论》，认为共产主义不过是他的人本主义思想的必然结果。1870年加入社会民主工党，两年后去世。

二、对黑格尔哲学的批判

青年时代的费尔巴哈虽然为黑格尔哲学所吸引，但并不是黑格尔哲学的坚定信徒。1828年前后便开始对黑格尔哲学的根本原则发生了怀疑："思维对存在的关系怎么样？是不是如同逻辑对自然的关系呢？凭什么理由可以从逻辑的范围转到自然的范围呢？这相互转化的不可避免性和原理又何在呢？"（同上书，第224页）。这表明他对于黑格尔所主张的：思维决定存在、逻辑决定自然的基本原则并不完全认同。之后又经过十多年的怀疑、思考和探索，终于在1839年发表的《黑格尔哲学批判》中宣告与黑格尔哲学决裂，坚定地走上人本主义道路。

1、对黑格尔逻辑学"开端"的批判

黑格尔把纯粹思维性的、纯粹抽象的"纯思"，即"纯有"、"纯存在"作为他的《逻辑学》、甚而他的整个哲学体系的开端，借以表明他的一个根本观点，即在他看来整个世界、全部认识、根本方法都是以"纯思"、"纯存在"、"纯有"为其基础、前提、本原、本质、本体以及逻辑起点的，而现实存在着的客观事物却是"纯存在"、"纯有"经过一系列的发展、演化后外化、"异化"的产物，这鲜明地展示出黑格尔哲学的客观唯心主义性质。对此，费尔巴哈针锋相对地指出：黑格尔哲学"从纯粹的存在开始；它不从任何特殊的开端开始，而从纯粹未规定的东西、从开端本身开始。""哲学应当采取的开端——具有一种特殊的意义，具有本身是第一性的东西的意义，或者具有在科学上是第一性的东西的意义。可是我正要问：为什么一般地要有这样一个开端呢？难道开端的概念不再是一个批判的对象，难道它是直接真实并且普遍有效的吗？为什么我就不能在开始的时候抛开开端的概念，为什么我就不能以现实的东西为依据呢？黑格尔是从存在开始，也就是说，是从

存在的概念或抽象的存在开始。为什么我就不能从存在本身,亦即从现实的存在开始呢?或者说,既然存在是被思维的,是逻辑的对象,把我直接引回到理性,那么,为什么不从理性开始呢?"(转引自《二十世纪哲学经典文本·序卷》复旦大学出版社1999年版,第432—433页)。显而易见,这里费尔巴哈不仅痛快淋漓地揭示出黑格尔哲学的唯心主义实质,而且鲜明地把自己的哲学立场与黑格尔的哲学立场对立起来,明确表明了两条根本不同的哲学路线,从而在近代德国于黑格尔哲学独占统治地位几十年之后恢复了唯物主义的权威。

2、对黑格尔哲学体系的批判

黑格尔哲学的主旨是论证"思维与存在的统一",其整个哲学体系由逻辑学、自然哲学、精神哲学组成,而所有内容围绕旋转的核心是"绝对精神"或"绝对理念",每个组成部分都是绝对精神自我发展、自我认识、自我把握的阶段或环节。对于这个庞大的思想体系,费尔巴哈一方面公正地指出:其严密的逻辑性是以往任何时代的哲学所无法比拟的,他说:"黑格尔是最完善的哲学艺术家,他的那些表达至少有一部分是科学的艺术精神的最高典范,更由于它们的严整而成为教育和培养精神的真正手段","黑格尔的哲学是思辨的系统哲学的顶峰"(同上书,第440、441页)。与此同时他又尖锐地指出:"黑格尔的体系是理性的绝对自我外化——这种自我外化在他那里所得到的客观上的表现,就在于他的自然权利乃是最纯粹的思辨经验主义"(同上书,第440页),这些论述表明费尔巴哈已经明确地认识到黑格尔哲学体系的唯心主义本质。

因为第一,从思维与存在统一的基础、前提来看,黑格尔认为是思维、精神第一性,存在、事物第二性,在费尔巴哈看来却恰恰相反。费尔巴哈认为明明是客观存在着的东西,在黑格尔哲学体系中却成了"理性"即"绝对精神"、"绝对理念""自我外化"的产物。既然如此"思维与存在同一,只是表示思维与自身同一——思维与存在相对立,但是这种对立是在思维本身之内,因此思维直接毫无困难地将思维与存在的对立扬弃了;因为在思维之中作为思维的对立物的存在,并不是别的东西,就是思维自身"(《费尔巴哈哲学著作选集》上卷,第154页,三联书店1959年版)。

第二,从思维与存在统一的途径、过程来看,黑格尔认为自始至终都是绝对精神、绝对理念发展变化的过程。而在费尔巴哈看来二者的统一首先是客观存在作用于人的思维，其次才是人的思维对象化于存在之中。

3、对黑格尔哲学方法的批判

黑格尔哲学的方法与其本体论、认识论是有机统一的。虽然说就其性质看是唯心主义的，但毕竟是辩证法而不是形而上学的。因为他一方面把发展运动的主体看作是绝对精神或绝对理念，根据这一点应当说他的方法是唯心论的，但他又毕竟把绝对精神、绝对理念看作是处于不断的发展变化当中、把发展变化所经过的一个个阶段、环节看作是相互连接、相互过渡、相互转化，即普遍联系着的，根据这一点我们又必须承认他的哲学方法是辩证的。而费尔巴哈对此却没有足够清醒的认识，他虽然看到了它的唯心主义性质却没有很好地克服它，而是完全抛弃了它的辩证法，从而使自己仍然基本上停留于形而上学的域限之内。

三、创立人本主义哲学

费尔巴哈在对黑格尔理性思辨哲学批判的过程中创立了人本主义哲学。批判的矛头在直指黑格尔哲学的同时也直指宗教神学。

1、思维与存在统一的基础是人

黑格尔哲学的主旨是论证思维与存在的统一，而二者统一的基础、统一的主体是思维。费尔巴哈对此有明确的认识，他说："黑格尔哲学是思维与存在的矛盾的扬弃，这个矛盾特别是康德就已经提出来了，他看得很清楚！只不过这种矛盾的扬弃是在矛盾的范围以内——是在一种要素的范围以内——是在思维的范围以内。在黑格尔看来，思维就是存在，思维是主体，存在是宾词。逻辑学是思维要素以内的思维，或者是自己思维自己的思想——这种思想或者说无宾词的主体，或者是同时兼为主体和宾词。但是思维要素内的思维还是抽象的；因此它要实在化、外化自己。这个实在化、外化的思想就是自然，一般说来就是实在、存在。但是这个实在之内的真正实在是什么呢？是思维，思维为了将它的无宾词性当作它的真正本质建立起来，于是立即将实在性这个宾词又从自身中排除出去。但是黑格尔并没有因此达到作为存在的存在，达到自由的、独立的、自我满足的存在。黑格尔将客体仅仅想成自己思想自己的思维的宾词"（转引自《二十世纪哲学经典文本·序卷》复旦大学出版社1999年版,第477页)。

这就是说,在费尔巴哈看来黑格尔关于思维与存在统一的观点首先是对康德思想的扬弃,因为康德虽然看到了思维与存在之间存在着矛盾,但却给出了消极的答案,认为思维不能认识、把握存在。而黑格尔却坚持认为思维能够认识、把握存在,这显然是对不可知论的否定而前进到了可知论水平。但黑格尔的这种统一却是在思维第一性、存在第二性的基础上,把存在看作思维外化产物的前提下统一的,因此这种统一的性质显然又是唯心主义立场上的统一。针对黑格尔的观点,费尔巴哈明确指出:"思维与存在的真正关系只是这样的:存在是主体,思维是宾词。思维是从存在而来的,然而存在并不来自思维。存在是从自身、通过自身而来的——存在只能为存在所产生。存在的根据在它自身中,因为只有存在才是感性、理性、必然性、真理,简言之,存在是一切的一切。存在是存在的,因为非存在是非存在,也就是说,是虚无的、无意义的"(同上书,第478页)。这可以看作是费尔巴哈既同意黑格尔可知论的基本观点,同时又对它进行了唯物主义的改造,把思维与存在统一的基础建立在坚实的唯物主义立场上,难怪恩格斯在《费尔巴哈与德国古典哲学的终结》中高度评价费尔巴哈的"这些观点自然是纯粹的唯物主义"。

其次,费尔巴哈对黑格尔的批判并没有停止在单纯唯物论的水平上,而是进一步又把它提升到人本主义高度。他指出:"思维与存在的统一,只有在将人理解为这个统一的基础和主体的时候,才有意义,才是真理"(《费尔巴哈哲学著作选集》上卷,第181页,三联书店1959年版)。那么,为什么人是思维与存在统一的基础和主体呢?对此,费尔巴哈进行了详细的论证。第一,按照费尔巴哈的观点,思维并不是黑格尔所描绘的独立于人之外的某种神秘的东西,而恰恰是人脑的属性与机能,因而从其来源来说只能是物质性的存在——人脑是第一性的,而它所具有的属性和机能——思维则是第二性的,是从属的;第二,费尔巴哈认为:人是自然界的产物,同时又是"自然界最高级的生物"(同上书,第248页),既然如此,作为自然界最高产物的人当然能够认识、把握自然界中其他各种各样的"存在",用他的话说:"人的感官不多不少,恰恰在世界的全体中认识世界之用"(《费尔巴哈哲学著作选集》下卷,第630页,三联书店1959年版);第三,思维与存在统一的具体过程、具体途径是先经过人们的感官进行感性直观，获得关于存在的"感觉"，然后借助于思维从形形色色的感觉现象中，"分解、寻找、抽出统一的、同一的、一般的规律"（《费尔巴哈哲学著作选集》上卷，第253页，三联书店1959年版），这样，存在就转化为思维，从而为思维所把握。但是，遗憾的是，费尔巴哈只看到了人作为认识的主体所实现的从存在到思维的统一，而不懂得人作为实践的主体所实现的从思维到存在的更为重要的另一方面的统一，因此马克思在《关于费尔巴哈的提纲》中明确指出：他"对事物、现实、感性，只是从客体的或者直观的形式去理解，而不是把它们当作人的感性活动，当作实践去理解，不是从主观方面去理解"。这既肯定了费尔巴哈唯物主义的基本立场，同时又揭示了他不懂得、不理解人作为思维与存在统一的基础和主体，其最根本的存在方式是"实践"的严重缺陷。

2、神学的秘密是人学

费尔巴哈是以批判黑格尔哲学起家的，而在批判黑格尔哲学的过程中他强烈地感觉到"思辨哲学的秘密是神学"，而"神学的秘密就是人学"（《西方哲学原著选读》下卷，第466页，商务印书馆1982年版），"人——这就是宗教的秘密——把自己的本质加以客观化，然后再把自己当作这个客观化了的、变成一个主体，一个人的本质的对象；他思想自己，作自己的对象，不过是作为一个对象的对象，另外一个实体的对象"（同上书，480页）。这就是说，神学、宗教之所以能够建立，它们的基础、核心都要从有关人学的角度出发才能予以破解。

在远古时代，人与人以外的事物原本是混沌不分、浑然一体的。当着人们通过以劳动为主的实践活动把自己同其他事物、特别是动物分化出来之后，便很自然地把探寻的目光投向人之外的事物。不过这时的人们往往从人的立场、角度去观察、理解周围的事物，即在一定意义上把周围的事物人格化，这正像费尔巴哈所说的"人使自然与他的心情同化，使自然从属他的情欲——未开化的自然人还不仅使自然具有人的动机、性癖和情欲，而且甚至把物体看成真正的人"（同上书，第475页）。而正是在这种把周围事物人格化的过程中，逐渐建立起宗教观念来的。

因为那时的人们迫于自然界和异族入侵的压力，便很自然地幻化出一种超人类、超自然，同时又人格化了的力量，于是神的观念就诞生了，宗教的观念跟着也就逐渐形成了。实际上"人在宗教中只是和他自身发生关系，他的上帝只是他自己的本质，在最粗陋、最低级的宗教里，人崇拜那些离人最远、最不像人的物体，崇拜星辰、石头、树木，甚至于崇拜蟹螯，崇拜蜗牛壳，他崇拜这些东西，只是因为把自己放在这些东西里面，把这些东西想成像他自己那样的东西，或者至少把它们想成充满了像他自己那样的东西。因此，宗教表现出一个值得注意的、可是很可以了解的、而且还是必然的矛盾，就是当它站在有神论或人学的立场上时，便把人的本质当作神的本质来崇拜，因为人的本质在它看来是一个与人不同的本质，是一个非人的本质，而反过来当它站在自然主义的立场上时，却又把非人的本质当作神的本质来崇拜，因为非人的本质在它看来是一个人的本质"（同上书）。到这里，对于宗教产生的原因、形成基础、内在本质想必就不难理解了，对于为什么说"神学的秘密是人学"自然也就会有一个清晰的认识了。

3、上帝的本质是人的本质的异化

上帝既是神学得以建立的基础，同时又是神学的核心内容。在一定意义上揭示了上帝的本质，摧毁了它的合法性前提，也就等于颠覆了神学。正是在这个意义上，和以往的无神论者、特别是和18世纪的法国无神论者相比费尔巴哈的人本主义哲学显得更为深刻、更为系统、更富于理性色彩。

他首先揭示了"上帝"的起源。指明上帝起源于人与动物不同的生活方式。"宗教建立在人与动物的本质区别上面"，"动物只有一种单纯的生活，人则有一种双重的生活：在动物，内在生活是与外在生活相等的，人则有一种内在生活和一种外在生活。人的内在生活是与他的类、他的本质相联系的生活——正是因为他不仅以他的个体为对象，而且以他的类、他的本质为对象"。当着人把他的类本质加以神圣化、幻化之后，具有人格的"上帝"也就随之产生了。这就充分证明"人的那种异于动物的本质，不仅是宗教的基础，而且是宗教的对象"（同上书，第467—468页），而那种作为宗教"基础"和"对象"的东西不是别的，正是"上帝"。显然，"上帝"正是起源于人自身"类本质"的外化。

其次，费尔巴哈深刻地揭示了上帝的本质。他说："上帝就是人自己的本质"（同上书，第471页）。说得详细一点，"上帝"就是放到了人以外的、客观化了的人自己的本质。具体表现为"人是怎样的，有怎样的心思，他的上帝就是怎样的：人的价值有多大，他的上帝的价值就有多大，一点也不更大些。上帝的意识就是人的自我意识，上帝的认识就是人的自我认识。你从人的上帝认识人，反过来又从人认识他的上帝；这两者是一回事。人认为是上帝的，就是人的精神、人的灵魂、人的心情的，就是人的上帝：上帝就是人的显示出来的内心、宣说出来的自我；宗教是人的隐匿的宝藏的庄严的揭露，是人的内心深处的思想的自白，是人的爱的秘密的公开自承"（同上书，第476页）。这表明上帝的本质原本实际上就是人的本质，一点也不比人高贵，一定也不比人神圣。

再次，上帝虽然是人的本质的外化，但是外化后的人的本质却并不与外化前的人的本质完全等同。因为外化前的本质是属于个体人的本质，而外化后的本质却是个体的人的集合——人的"类"的本质。而这种"类本质"与个体人的本质相比，显然强大、智慧得无可比拟，具有超个人、超人类、超自然的特性，因而成为既能拯救人、解放人，又能够主宰人、支配人、压迫人、统治人的"异己"力量，基于此，费尔巴哈才明确认定：上帝是人的本质"异化"的产物，"是人的救世主"，所以，人才对它顶礼膜拜、宠爱有加。但是，从人身上外化、异化出去的东西毕竟要由人把它重新收归人自身所有，在反对封建主义的斗争中，推翻上帝在人间代理人即君主、皇帝的斗争必然要求推翻封建统治的精神支柱——上帝及其宗教神学。这样，揭示宗教神学的本质、解除人们的精神枷锁、抹掉上帝神圣光环，还其自然人本质的真面目，创立以人为本的新哲学自然成了题中应有之义。

适应着反封建、反思辨哲学、反宗教神学的要求，费尔巴哈创立的人本主义哲学应运而生。他在《未来哲学原理》中写道："新哲学将人连同作为人的基础的自然当作哲学唯一的、普遍的、最高的对象"，"新哲学的认识原则和主题并不是自我，并不是绝对的亦即抽象的精神，简言之，并不是抽象的理性，而是实在的完整的人的本质"，"新哲学完全地、绝对地、无矛盾地将神学融化在人学之中，因为新哲学不仅像旧哲学那样将神学融化于理性之中，而且将它融化于心情之中，简言之，融化于完整的、现实的人的本质之中"（同上书，第489—491页）。这表明费尔巴哈创立的新哲学无论是它的研究对象、基本原则、理论性质都与宗教神学、黑格尔的思辨哲学根本不同。新哲学全部内容环绕的中心是人，而人在费尔巴哈心里最根本的特征不是抽象的理性,而是以"爱"集中表现出来的"感性",因而费尔巴哈进一步写道:"新哲学建立在爱的真理性上,感觉的真理性上","新哲学是光明正大的感性哲学"(同上书,第500、501页)。

第二节 克尔凯郭尔的存在主义思想

一、生平与著作

克尔凯郭尔(Soren Kierkegaard,181——1855,也译为"基尔凯郭尔")丹麦哲学家、神学家、存在主义的思想先驱。1813年生于哥本哈根一个笃信基督教的家庭,自幼熟谙基督教教义。其父虽然是一个虔诚的基督徒,但因年轻时咒骂过上帝、且与女仆有过通奸行为而长期具有负罪感。克尔凯郭尔是其最小的儿子,从小残疾,驼背跛足,父亲认定这是上帝有意对自己的惩罚,儿子也因此具有了强烈的自卑感,如他自己所说:"从我很早的幼年时代起,一根悲哀的钩刺便已扎在我的心头。"这根钩刺正是"自卑",正是这种超乎常人的自卑不仅使他终生未娶,反而迫使他解除婚约,辜负了一位甘愿嫁他为妻的善良姑娘,并使他成了一个对社会、对人生、对周围的一切"冷嘲热讽的人"(参见其1847年"日记")。

1830年克尔凯郭尔进入哥本哈根大学神学院,广泛阅读神学、哲学著作,并对音乐、戏剧表现出浓厚兴趣。1841年获硕士学位,10月赴柏林继续学业,听了谢林反对黑格尔的讲课,深受启发。在黑格尔哲学在德国独占统治地位的时期,他却明确指出"黑格尔的最危险的地方在于他对基督教的修改——以便它和他的哲学相一致。理性时代的全部特点是:不是保留问题的本来面目进而说不,而是篡改那个问题进而说是,我们总归能达成一致","在我看来,每当我想起黑格尔对基督教的理解就禁不住要哑然失笑,因为事实上这种理解本身就是极其不可理解的东西。我曾经说过而且仍将正确的是:黑格尔是一位哲学教授,但不是一位思想家;此外,大概他还是一个毫无生活经验的极其微不足道的人物,我当然不否定他是个最特别的教授"(参见1851年"日记")。这些辛辣的讽刺,尽管有偏颇不当之处,但对于我们全面认识黑格尔哲学仍不乏启发意义。

1842年3月返回哥本哈根，依靠父亲留下的巨额遗产生活，并在孤寂、忧郁的心境中思考人生，体验"个体思想者"的"烦"、"畏"、"闲聊"、"遗忘"、"死"等情绪，且竭尽全力投入写作。十余年间以著作、论文、日记的形式为后人留下了数十万文字。代表作有《非此即彼》（1843）、《恐惧与颤栗》（1843）、《哲学片断》（1844）、《畏的概念》（1844）、《人生道路诸阶段》（1855）、《当今的时代》（1846）、《致死的痼疾》（1849）、《基督教义的实践》（1850）。1855年因病去世，年仅42岁，亲自撰写了自己颇具特色的墓志铭："那个个人"，表达了自己一生的思考与追求。

二、存在主义思想

基氏哲学的核心是通过对"存在"的研究表现出来的。

（1）基氏提出哲学研究的对象是"人的存在"。

他借评述苏格拉底的言行表达自己的意愿：苏格拉低的"全部生活就是讽刺，而且它构成这样一种情形：正值所有与苏格拉底同时代的人，农夫、商人等等，总之各行各业的人都完全相信他们是人，并且自以为知道作为人类意味着什么的时候，苏格拉底本人却忙于（讽刺性地）探索这样一个问题：做一个人究竟意味着什么？通过这样的探索，他所真正表明的是：那庸庸碌碌的千百万人不过是一种假象、一种幻觉、一种噪音、一种喧闹等等，从观念的角度看他们等于零，甚至连零都不如，因为这些人竟然不能以他们的生命去寻找观念"，"苏格拉底认为一个人未必生来就成其为人，事情没有那么简单；关于做一个人意味着什么的知识不是那么容易获得的，因为人的理想性正是苏格拉底终其一生所思考的，也正是他所寻求的"（参见1854年"日记"）。这表明克尔凯郭尔与苏格拉底有着共同的人生志趣，即穷其一生探索：什么是人、什么是真正的人生、人活着的价值与意义究竟是什么等关于人的一些根本性问题。据此我们说他是现代西方人本主义的思想先驱实在是名副其实。

基氏所谓的"人"是指一个孤独的，非理性的个人或"主观思想者"；所谓"人的存在"是指"主观思想者"直接体验和感受着的神秘精神状态。这就是说，他认为真实存在着的东西是指存在于人的心中的东西，是人的个性,这种个性具有"非理性"、"孤独性"、"超越性"三个特征。而"烦"正是三性合一的具体表现。

"烦"在克尔凯郭尔哲学中占有重要地位,可以看作是孤独的个人关于人的存在的最直接的体验。在《非此即彼》中,他首先提出:"人皆有烦",而"烦的历史可追溯到世界的开端。诸神烦,所以他们造人。亚当因为孤独而不胜其烦,于是夏娃被创造了出来。因此,烦创造了世界,而且随着人口增长的比例而递增。亚当是一人烦;亚当和夏娃一起烦;然后亚当和夏娃和该隐和亚伯全家烦;然后世界的人口增长,于是人类全体都烦了"(转引自《二十世纪哲学经典文本》"序卷,第69—70页,复旦大学出版社1999年版)这表明在基氏看来"烦"是人类存在的基本状态,就个人来说是与生俱来、无法逃避的。这个观点后来在海德格尔所创立的存在主义学说中占有极其重要的位置。

"烦"又可细分为"烦人"与"烦己",前者是"群氓"、"大众"、"普通百姓"的存在方式,后者则是"贵族"、"选民"的存在方式,前者因要生活,"总是让自己忙得不可开交",因此他们是因要生存、活着而烦;后者则往往因"清闲"、"无聊"而"深深地厌烦自己",结果"不是死掉","就是出于好奇而开枪自杀"(同上书,第71页)。那么,"既然烦是万恶之源","还有什么比努力克服之更加自然的事呢?"可惜的是他所开出的克服烦的药方是"轮作",也即类似于农村耕种中的"场地更换",这显然是把复杂的问题简单化了。不过,这里已蕴含有不同社会地位的人有着不同内容的"烦"。于神秘主义当中闪烁着真理性的光辉。

(2)基氏认为哲学的任务是回答"如何去生活"。而哲学的起点是个人,终点是上帝。关于人生道路的选择构成其哲学伦理学的主要任务。基氏明确地把人生作为可以自由决定和选择的道路,他说:"在我看来,作出选择的时刻是极其严肃的,不完全是由于在各种取舍之间进行衡量时要审慎思考,不完全是由于关联在一起的各种思维的复杂,而是因为有一种潜在的危险,这种危险就是,在下次选择时,我可能不会有同样出乎我自己的力量进行选择了,而且某种已经生活过的内容必须重新生活一遍。以为一个人有一刹那可使自己的人格处于空白,或者严格地说,中断或中止人格生活之流,此乃一种虚妄之见,人格在选择之前就已经对于选择发生了兴趣,当推迟选择时,人格就无意识地进行选择，或者人格中灰暗不明的力量进行选择。所以当选择终于作出的时候，一个人会发现（除非如同我以前所说，人格完全丧失殆尽），某种东西必须再重做一次，某种东西必须撤销，而这通常是非常困难的"（同上书，第87页）。这说明，"选择"确实是人存在的基本方式之一，选择伴随人的一生，无时不在，无处不在。这个思想在萨特哲学中得到详尽的发挥。

（3）克尔凯郭尔认为人生道路虽然由自己选择确定，但各自不同的道路中又贯穿着普遍性的东西，即抽象到一定层次上即可看到人生道路大致又可区分为："美学"（或音乐）、"道德"、"宗教"三个阶段。

总之，基氏以"人的存在"为出发点的人本主义、非理性主义和个人主义思想为存在主义的创立提供了直接的思想资料。

第一章 意志主义（唯意志主义）

意志主义、或唯意志主义竭力夸大情感、意志的作用，把它作为一切存在的基础和出发点，是现代西方人本主义的开端，对现代西方人本主义以后的发展有着重大影响。

第一节 意志主义概论

梅林指出："叔本华的悲观主义证据如此可怜，资产阶级在尚有一丝勇气的时候，从来就对它讥笑不已。但当资产阶级在 50 年代中挨了官僚封建反革命势力一顿痛揍而感到头痛的时候，这种悲观主义对它就非常适合了"（《文艺评论论文集》）。这段话对意志主义的产生和流行，作了很好的概括和说明。

和英法两国相比，德国的资产阶级虽然比较软弱，但在 19 世纪上半叶还是向往革命的。作为这种思想情绪的反映，先后出现了黑格尔哲学和费尔巴哈哲学，1848 年，当反对容克地主和普鲁士的封建专制统治的革命遭到失败以后，资产阶级思想上向往革命的勇气消失殆尽，悲观失望、逃避现实的沮丧情绪致使他们抛弃了崇尚理性、乐观向上的黑格尔哲学，萌发、产生了非理性的意志主义。

在西方，由于它所具备的非理性特点，有些人把它看成是庸俗哲学，又由于它曾被希特勒充分利用过，不少人又把它看成是纳粹哲学。在我国，虽然"五四"运动前后、20 世纪 40 年代初期、80 年代先后出现过三次"尼采热"，但在相当长的时间内一直是被作为批判的对象。

意志主义的基本观点可以概述如下：

第一，本体论。以"意志"为本体，把本属于人的情感、意志说成是世界万物的本质、本体，是自然界和社会发展的基本动力。

意志主义的思想渊源可以追溯到古罗马、中世纪。古罗马新柏拉图主义者普罗提诺认为：万物的本原是"太一"，而"太一"就是一个有意志的实体。中世纪教父奥古斯丁更明确地把意志当作一切精神活动的基础。

作为德国哲学发展到一定阶段的产物，意志主义与康德、费希特哲学有着较为直接的联系。

康德的学说是一个矛盾的综合体。它一方面认为人凭借感官甚至理性，通过时间、空间、原因、结果等先验范畴只能认识事物的现象而不能认识事物的本体；另一方面，它又认为作为事物本体的"物自体"虽然不能为认识所把握却能为自由的"意志"所把握。又因为现象从属于本体，因而认识从属于意志，大致可图示如下：

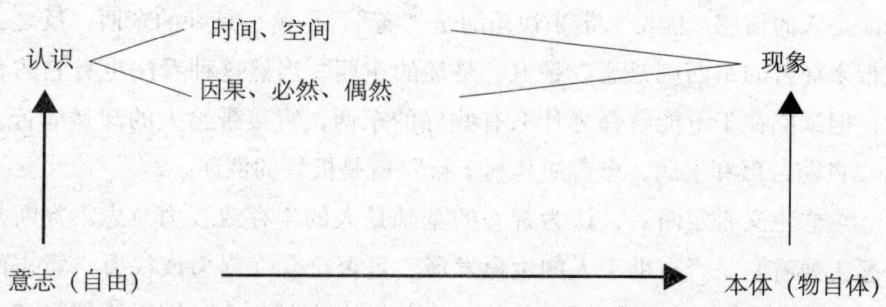

意志主义发展了这个思想，明确提出理性不能把握本体，只有非理性的意志才和世界本体相关联，也就是说世界本体不能是理性而只能是非理性的对应者。

费希特提出"自我设定自我"、"自我设定非我"、"自我设定自我与非我的统一"。这里的"设定"即是"创造"。意志主义把它发展成：自我的本质是"意志"，它具有创造世界万物的力量。

亚里士多德认为：哲学是研究"是之所以为是"的学问，"之所以为是"的那个"是"就是世界的本质，本体。意志主义认为："之所以为是"的那个"是"是被理性整理过的，之所以为是的那个"是"显然是经过理性化以后得到的。而实际上被人的理性整理之前的那个"是"、那个东西才是真正的形而上学的本体。换句话说：事物之所以是这样，是它将要成为这样（will be）一定要成为这样的那种强然欲望、强烈冲动使它这样的，而这种冲动、欲望才是更根本的东西，即本体。换句话说，"将要成为"、"努力要成为"什么，都是"欲望"、"意志"的表现。因此，最后要成为的那个"东西"本身和强烈的"意志"、"欲望"相比，后者更根本，所以从这个意义上说"意志"才是本体。

二，伦理观。意志主义主张把伦理的基础建立在人的意志上，而不是人的理性上。在意志主义之前存在着两种不同的伦理观：

一种是"主知论"。认为善恶的基础在于人有没有知识。有知识的人才是美的、善的，否则即是丑的、恶的。苏格拉底提出"知识就是美德"、"恶是出于无知"。这种看法自然有其合理性的一面，但它的缺陷也是显而易见的，因为它不能说明为什么有些有知识的人却作恶（如抗日战争时期的著名学者罗振玉等就是如此）。

另一种是"主情论"。以古希腊的伊壁鸠鲁为代表。主张伦理善恶的判别标准是人的情感。能给人带来快乐的是"善"、是美、是好的东西；反之，给人带来痛苦的东西则是恶、是丑、是坏的东西。当然这种看法也有它的合理性，但缺陷在于不能解释为什么有些好的东西，直接带给人的却是痛苦，比如"良药苦口利于病，忠言逆耳利于行"就是极好的例证。

意志主义否定两者，认为善恶的基础是人的生存或权力意志。判断是善是恶主要看它是否有助于人的生命发展、是否符合（强力或权力）意志的要求。如鸦片，虽能给人以暂时的快乐，却剥夺人的生命，因而不能是善，而只能是恶。这种观点在伦理学上被称作"主意论"。

三，认识论，以直觉为核心。认为世界万物的本质、本体不是理性的对象，人不能通过理性认识世界。世界本体只能是非理性的对象，只能依靠非理性的本能冲动即直觉来把握。至于以主、客对立为特征的认识形式，以及由这些形式而构成的概念、体系、理论不仅不能认识实在的世界，反而是认识世界本质的障碍。

四，历史观和人生观，以个人意志为评判是非的尺度，敌视社会、敌视群众，反对以理性为基础、以"自由、平等、博爱"为目标的传统人道主义，要求建立以个人的意志为出发点的新人道主义或人本主义，并以此为据对欧洲历史文化传统和现实社会进行批判，是典型的"反传统主义者"。

第二节 叔本华的生存意志论

一、生平与著作

叔本华（Arthur Schopenhauer 1788—1860）。他的一生可以用两个字加以概括，即"孤独"。哲学史上只有叔本华明确提出宇宙和人没有关系，宇宙中没有什么东西关注人的死活。他思想的着眼点就是揭示人类的孤独性，这一点和他的人生经历有关。

叔本华在一定意义上可以说"无国无家、无父无母、无妻无子、无朋无友"。他出生于但泽（现在波兰的格但斯克）。其父海因里希·弗洛伦斯虽然是一位商人，但却是信奉"没有自由就没有幸福的"自由共和派人士，宁愿损失自家的四分之一财产，也要迁往自由地生活。他的父亲一直希望儿子继承自己的事业，成长为一名商人，但叔本华却违背家庭的意愿，专攻文科，特别是哲学而不是从商。这即是"无父无母"的含义；他一生四处漂泊，一直到死，从没有对欧洲哪一个国家感到兴趣而长期居住下去，从这一点考虑，即是"无国"。再则终生未娶，因而"无家"，"无妻无子"。

叔本华生前不被人理解，喜欢一个人苦思冥想，可以说是"无朋无友"。1820 年在柏林大学获得讲师资格。为和黑格尔一较高低，专门选择黑格尔讲学时授课，据说听讲的学生从未超过三个人。30 岁时写成《作为意志和表象的世界》第一卷，不为世人重视。当时人们不理解他大致有两方面的原因：一是他宣称意志是世界的本体。人们提出说人有意志可以理解，而自然界中怎么会有意志呢？二是你把意志说得那么重要，甚至超过了理性，可意志究竟有什么作用呢？为了消除人们的疑虑，他辞去教职，埋头著述。1836 年发表《自然界中的意志》，1841 年出版了《伦理学的两个基本问题》，1843 年完成了《作为意志和表象的世界》的补充篇，即第二卷，1851 年又完成了《附加和补充》。这本书为叔本华赢得了广泛的声誉，表明他的思想直到晚年才被世人接受。他自称相信彼得拉克的名言：谁要是走了一整天，傍晚走到了，就是胜利了。以此表示直到晚年总算是与世人沟通了。

二、叔本华的哲学思想

(一) 世界的本质是意志

1. 意志是世界的"物自体"

叔本华追随康德把统一的世界区分为表象世界和意志世界,他说:"这世界的一面自始自终是表象,因为另一面自始至终是意志"(《作为意志和表象的世界》第23页)。同时他又提出:"世界是我的表象"。这里的"我"或"自我"不完全是生物性的自我,而主要是心理性的"自我",不是理性的自我,而是非理性的自我。他又说:意志是世界的物自体,是世界的内在内容,是世界的本质生命。而他心目中的"意志"是一种强烈的追求生存、追求活着的欲望冲动,也即生存意志。具体说来是获取食物以求生存、发展自身以求美好的生活,战胜他物以求延续生命。这种意志不仅是自我的本质,不仅是人的其他欲望的基础,而且是整个世界的基础。表象世界和意志世界相比,前者不过是后者的影子。世界万物的生命,自我的生命不可分割地伴随着意志,如影随形,有意志,就有生命,就有世界万物。

世界的本质就在于**它要(努力)成为的**那个样子,这和理性主义认为世界本质就是它现实的样子,或之所以成为那个样子的根据相对。后者是理性主义和逻辑论者的观点。前者一旦成为现实,便成为现象、"表象"。叔本华的这种看法是以意志反对神学观念、反对世界是被看作有规律的、被安排好的体系的观点。从神学或规律体系的观点来看,世界是被神或某种力量安排好的,是合情合理的,是经过精心设计的;从进化论的观点看,"物竞天择,适者生存",不适应环境的被淘汰,也把世界解释成合情合理的。而叔本华认为:世界不是按照什么道理应如何,而是看自己追求什么,能不能成为那个样子,will be 成为 be,不是由谁、由什么规律决定的,而是由自己追求什么决定的。从这种观点出发,就不难理解世界不是井然有序的东西,而是各种意志间的盲目冲突。每个生物都努力按自己的意志生存下去,由此不可避免地导致冲突和抗争。

说人有意志可以理解,为什么说其他生物、说自然界中的万事万物都有意志呢?叔本华坚持认为任何事物都有意志。像无机界本身也有意志。比如煤忍受高温高压、但仍然要燃烧,燃烧就是它生存意志的表现、本性的表现。

再比如，沙漠中的植物为了生存，保存水分免受蒸发，就脱去叶子而变成刺，这种冲动就是生存意志、生命意志内在作用的结果。

2. 意志的客体化

那么，从意志中如何推出现实的世界呢？叔本华提出具体途径是意志的客体化，或具体化。他认为在无机界中就存在着生命力即生命意志的冲动。从无机到有机更是意志客体化的具体表现。他甚至说生物、比如人的整个身体、各个器官都是生存意志客体化的表现，或者说都是外化、客体化了的意志。比如眼是看的意志的外化，耳是听的意志的外化，嘴是吃东西意志的外化等等。

叔本华反对黑格尔，认为黑格尔把绝对精神看作世界的本体是错的，是理性至上的表现，但他把世界万物看作是非理性的意志客体化的结果并不比黑格尔把自然界及人类看作是绝对观念发展到一定阶段的产物高明多少。本质上都是唯心论的表现，

3、客体化是分成不同等级的

叔本华认为意志的客体化有高低等级之分。他说："意志的客观化有许多确定的等级，通过它们意志的本质逐渐清晰而完备地表现于表象，就是说把自身表现为客体"（《叔本华选集》英文版第94页）。他还说人是意志客体化、是意志发展的最高等级。这有两方面的含义：（1）意志发展到人的阶段，便分化出自己的对立面——理智。理智当然属于理性，它虽然是意志发展到一定阶段的产物，但其本质仍然是意志。（2）意志里充分地表现出个性，越是低等生物，个性的差别越不明显。到了高级阶段，特别是到了人，个人的意志有可能违背种族意志。意志发展到这个阶段，基本上达到了客体化的最高阶段。有了人，有了理性意志，叔本华的本体论也就随之完成了。

（二）意志在认识中的作用

叔本华的认识论是为本体论服务的，中心是说明意志在认识中的作用。

1. "世界是我的表象"

叔本华提出：世界只为认识而存在，作为认识对象的世界，它只是我的表象。而这里的表象不是感性意义上的，而是理性意义上的（近似于柏拉图的"理念"和胡塞尔现象学中的"现象"）。为认识而存在的世界是表象的世界，为意志而存在的世界才是本体的世界。不难看出这和康德的思想一脉相

承。他还提出：我们认识到的世界只是一个规律系统，主、客体的区分是认识造成的，而不是本身自在的。任何一个表象都不是纯客体的，也不是纯主体的，而是二者的统一。这表明在他眼里根本没有一个能够离开人的认识而独立存在的客观世界。

2. 意志是理性整理感性的依据

以往，人们都认为理性能够认识事物的本质、本体，叔本华则认为不能。他说感性把握现象和理性把握本质的一致是以前哲学史上（理性主义）思维和存在一致观点的表现。他提出理性整理感性是不是和本质一致不能在认识范围内解决，用以整理感性材料的理性背后一定有一个制约理性的依据，即意志。如果仅仅把人设定为感觉和逻辑的结合，人永远把握不了本质。

3. 意志是认识的动力

叔本华提出：意志好比是瞎子，但具有强烈的冲动；理智好比是瘸子，却具有分辨事物的能力。人的认识实质上是二者构成的有机统一体。以往人们把认识的功劳通常只是归于理智，认为意志不仅和理智无关，而且是干扰理智进行正确认识的因素。叔本华认为这是理性主义的偏见。实际上第一，意志在认识中是动力因素；第二，意志起参照作用。所谓推理就是通过概念间的关系找到意志的作用，因为推理的方向要受意志的影响，逻辑只能决定对错，而推理的方向却只能以意志为参照。

4. 只有意志的参与，才能在最高的直觉中达到主客统一

叔本华指出"主、客的分离，在直觉中达到合一"。达到合一的状态后就感觉不到那是主体，那是客体。这种境界不是依靠感觉和逻辑能够达到的，必须在两者之上有一个直觉能力。在直觉中，人们虽然无法说出来，不能彼此交流，但却是理解力的最高点，这种状态是一种非理性状态。但这种主、客高度统一的状态虽然不可以言传，却是可以体验的。莱布尼茨认为"音乐是人们在形而上学中不自觉的练习，在练习中本人不知道自己是在搞哲学"。叔本华同意这一点，认为音乐比语言更接近事物的本体。逻辑和语言虽然能表达主、客体之间的关系，但直觉和它们相比，却能更内在地表达主、客体之间的关系。因为直觉受意志的影响，或者说只有意志参与认识，才能让全部精神力量赋予直觉，使自己完全沉浸在直觉中，并让自己的整个意识充满着对于当下的自然客体（不论它是一棵树、一座山、一幅风景、一座建筑物

或任何其他东西）的静观。在这种静观中主体"忘却了自己的个性……只作为纯粹的主体"，而客体也不再是具体的事物，"而是理念、永恒的形式，是意志在这个阶段上的直接客观化"（《叔本华选集》英文版，第95—96页）。

（三）意志主义的伦理观

叔本华很重视自己学说中的伦理思想。他说："人们在任何一个有连贯性的哲学探讨中，总要把其中有关行为的一部分看成整个内容的总结论。"他认为这一部分是他的实践哲学，前面两部分（本体论与认识论）是理论哲学，前者是为后者服务的。叔氏伦理观的核心可以概括为一个字，即"悲"，说详细点，是一种悲观主义的伦理观或人生观。

1. 人生的本质是痛苦

人是意志发展的最高产物，可人一旦有了理智和个性，人就处于意志和理智的矛盾中。意志的本质是生命意志，或生存意志，是一种盲目的欲望和强烈的、永不疲倦的冲动。人为了活得好，生存得好，才分化出理智，而理智一出现，马上就能意识到自己的意志难以实现，并迟早要破灭，这对人来说不能不是一种痛苦（动物则不然，因为动物没有这种自我意识，感觉不到痛苦）。这就构成了人生的悲剧，他说："如果我们对人生作整体的考察，如果我们只强调它的最基本的方面，那它实际上总是一场悲剧，只有在细节上才有喜剧意味"（《叔本华选集》英文版第239页）。当然，人在痛苦的同时，总还抱有某种希望，但是希望对于痛苦的缓解好像是投食于乞丐，暂时的麻醉之后，很快便陷入了新的痛苦。可是人生如果没有了痛苦，就又没有了支撑，希望实现了，反倒觉得无聊。由此，他提出人生好像是钟摆，在无聊和痛苦之间来回摆动。又说："任何人生彻底都是在欲求和达到欲求之间消逝的。愿望在其本性上便是痛苦。愿望达到又很快地产生饱和。目标只是如同虚设；占有一物便使一物失去刺激；于是愿望、需求又在新的姿态下卷土重来。要不然，寂寞、空虚、无聊又随之而起；而和这些作斗争，其痛苦并无减于和困乏作斗争"（《作为意志和表象的世界》商务印书馆1982年版，第429—430页）。另一种痛苦是个人意志间的冲突造成的。盲目的冲动导致冲突和争端，其结果必然带来痛苦。

既然人生的本质是痛苦，人们想方设法解除痛苦就构成了人生的主题，文化，文明就是解除各种痛苦的努力。但实际上，人类文化并不能解除人们的痛苦。比如，人一旦从某种艺术形式中回到现实，又要重新面对人生痛苦的主题。人虽然有理智可以理解痛苦，但并不能消除这种情感和意志，仍然还要痛苦。

2. 痛苦来自于对生命意志的肯定

叔本华认为人生的本质是痛苦，而这种痛苦来源于对生命、生存意志的肯定。而对意志的肯定有三个等级，与此相对应就有三种不同程度的痛苦。

（1）性的冲动，是最坚决、最强烈的对生命意志的肯定，是纯粹而不带有其他成分的冲动。性冲动的本质是宣告个体要死亡，而种族却要生存、延续下去。性的冲动是在种族的意义上肯定生命意志。不仅人类如此，在生物界，有些生物个体为了种群能够延续，也往往在交配之后即行死掉，像一些蜂类、鱼类等就是如此。

（2）人作为个人而存在的痛苦。对个人意志的肯定当然是利己的，而利己既来源于人的本性，又来源于人是认识的赋予者。从认识上看，人自然地、本能地把自己看成宇宙的中心。本来每一个个体在宇宙中都是渺小的，小到近于零，但每个个体却又把自己当作万事万物的中心。在考虑其他事物之前首先考虑的是个人生存的痛苦，由此就不难理解人为什么往往为了他自己这沧海一粟而不惜毁灭一切。而从人的本性上看，人往往又是自私的、利己的，而利己的实质就是要用他人的身体来为自己服务。每个人的身体为每个人的意志服务是合乎"义"的行为，而使他人的身体为自己的意志服务则是"不义"的行为。不义的典型表现是人吃人。每个人在没有外力阻碍的条件下都可能做出非义之举，这就是人性恶的方面。也正因为每个人的本性有恶的方面，因而国家就要有法。但是法虽然能够遏止恶的行为发生，但不能从根本上消除恶，从而也就不能从根本上消除痛苦。恶还不是肯定生命意志的最高形式，在它的上面还有恶演化成的恶毒和残忍。

（3）恶毒与残忍

与恶有区别，在恶中，作恶的目的是为了自己，而到了恶毒残忍的地步，损人不再是利己的手段，损人本身就是目的。毫无利己动机的损人是存在的，如因失恋而毁坏对方的容貌，并不能直接给自己带来什么利益。这时，作恶的人是为了直接欣赏、享受加在仇人身上的痛苦，这时肯定的是那种已经丧失理智和已经被破坏的意志。残忍恶毒在某种意义上更能体现人的意志，因为人来源于兽,和兽有共同的祖先,"人永远摆脱不了兽性",说的正是这种情形。特定情况下的兽性大发,实际上就是人的动物本能的大暴露,是对人的生存、生命意志一种最本能、最无遮掩的肯定。

从以上三者的关系上可以看出,对自己生命意志的肯定越强烈,他的痛苦就越大。叔本华断言,如果有比人生命意志更强烈的意志,也一定有更强烈的痛苦。

3. 解除痛苦是对生命意志的否定

这种否定不能通过"自杀"或患精神病达到,因为如果真的那样做了,只能得到更大的痛苦。解除痛苦真正可取的方式是"意志转向",即把自己的生存意志、强烈的求生欲望束之高阁,避免他们实际地接触任何东西,从而在内心达到对一切事物都能漠然处之的境界,或对事物采取一种冷漠的态度。

"意志转向"有三种方式:

第一,是从事哲学创造,借以和缓意志、镇静欲望,他把这种做法称为用"哲学洗涤意志",但只能减缓痛苦,而不能消灭痛苦;

第二,是从事艺术创造,使自我忘却物质利益,从欲望的奴役中解脱出来,达到主、客交融,自我与对象合一的"无我"境界,但这种方式只有少数"天才"人物才能采用。

第三,是信仰宗教,尤其是佛教,是最普遍最有效的方式。他认为印度人、东方人的思想比欧洲人的深刻,佛教比基督教深刻。他们不是以理智外化的方式剖析事物,而是凭直觉内在地融合事物,无欲无求,彻底摆脱痛苦。

与三种意志转向的方式相对应,对生命意志的否定可区分为三个等级:

(1) 自愿的,彻底的不近女色,是否定生命意志的第一步,像佛家有十戒,其中之一即戒淫。

(2) 自愿造成的贫穷。这种贫穷不是偶然产生的,贫穷自身就是目的。抱有这种态度的人将欣然地接受任何损失、任何羞辱、任何怒骂,即欣然地站到自己的意志、欲望的任何一个敌对的方面,这样个人之间的冲突就可以缓解,从而导致痛苦减少,程度降低。

(3) 最高的否定就是否定自己摄取营养的意志,近似于涅槃,涅槃不是自杀。自杀是有强烈的意志得不到实现,但又不肯放弃这个意志而是肯定这个意志,因此自杀是痛苦的。涅槃是主动地放弃自己意志的表现。他说:"随着自愿的否定、意志的放弃，则所有那些现象……都取消了"，"在彻底取消意志之后所剩下来的，对于那些通身还是意志的人们来说当然就是无。不过反过来看，对于那些意志已倒戈而否定了它自己的人们，则我们这个如此非常真实的世界，包括所有的恒星和银河系在内，也就是——无"（《作为意志和表象的世界》第 564 页）。这是说整个世界是意志的客体化，对生命意志的肯定就是对世界客体化的肯定。反之，对世界的否定也就是对意志的否定，因此留在我们面前的，无论怎么说也只剩下那个"无"了。至此不难看出叔本华思想中佛教的影响是多么的深。

叔本华作为人本主义的开创者，重要的不在于他提出了什么，而在于他破除了什么。十分明显的是他破除了以黑格尔为代表的理性主义的绝对统治，明确提出只有非理性的意志才是人的本质、万物的本质。这对于我们真实地把握人的精神结构具有一定意义；再则他敢于直面惨淡人生，虽过于悲观，却不失真诚。

他对意志的肯定直接为尼采所继承。

第三节　尼采的权力意志论

一、生平与著作

尼采（Friedrich wilhelm Nietzsche，1844——1900）是意志论中最有代表性的人物。他较早地指出了西方以基督教为支柱的文明注定要没落，这被后来的发展逐渐证实。在思想史上以反对传统观念著称。宣称哲学的任务是变革一切旧价值，创造新价值、新理想和新文化。尼采反叛性的学说和他的经历有关。5 岁丧父，幼弟夭折，后随母改嫁并在女性亲属的包围下长大。1864 年进入波恩大学，阅读了叔本华的《作为意志和表象的世界》，深受启发，说该书就像是专门为他写的一样，1869 年起任瑞士巴塞尔大学的语言学教授，1871 年因出版《悲剧的诞生》，同时受到热烈的赞扬和猛烈的谴责，1880 年因厌倦教授生涯和疾病缠身辞去教职，以后度过了 10 年漂泊生活，1888 年底患严重精神病，1900 年在魏玛辞世。

他从自己的经历、体验中，认为通向智慧有三个必经的阶段：1、合群时期，此时人们尊敬和顺从比自己强的人；2、沙漠时期，崇敬之心破碎，自由精神茁壮成长，一无牵挂，勇于进行新的体验；3、创造时期，是于否定之上、之后的重新肯定。他的一生也可以用这三点把握，转折点是《悲剧的诞生》。尼采生前不被人理解，死后30年才被人们逐渐接受，而首先接受他的是纳粹政权，特别是希特勒。

《悲剧的诞生》（1872年版），以神话方式隐喻人内在有两种精神。酒神精神和太阳神精神。前者狄奥尼索斯象征人类原始的本能和冲动；后者阿勃罗象征人类沉静的理性。人们惯常崇尚理性，压抑非理性。特别是自苏格拉底开始，柏拉图以后，极力推崇理性，贬低非理性，压抑酒神精神而张扬阿波罗精神，因而造成悲剧。

《查拉图斯特拉如是说》（1883——1885年），书中用超人的形象鼓舞人，主张冒险，认为人不仅区别于动物，也区别于超人。

《权力意志论》（1895年版），去世后经其妹妹整理出版，许多被纳粹利用的思想都出自这本书。

《嗟，这个人》（1888年版），是他的自传体著作。

二、尼采的哲学思想

（一）变生命意志为权力意志（本体论）

尼采反对自苏格拉底以来整个西方哲学的倾向。认为苏格拉底不是人类精神的象征，而是颓废的起点，原因在于从他开始，人类走上知（理）性主义邪路，从而导致人类的文明被优柔寡断所驾驭，因而他的哲学有害于人，不利于人类强大，其乐观主义也很浅薄。

他也不赞成叔本华的悲观主义。认为只有悲观主义之后的乐观主义才是理解人生忧患、肯定人生的乐观主义。所以他在接受叔本华思想的同时又改造了叔本华。具体说来就是把生命意志改变成权力意志（德文原文为："der wille zu Macht"）。这里的"Macht"为强大力量之意，因强大而有支配力、统治力、影响力。他说："哪里有生命，哪里就有意志，但不是生命意志，而是权力意志"，"权力意志分化为追求食物的意志，追求财产的意志，追求工具的意志，追求奴仆和成为主子的意志，这是以肉体为例"，"精神的功能就是陶铸的意志，同化的意志等等"（参阅《权力意志论》第286节）。生存意志的本质是要活，权力意志的本质是追求强力、权力、不断增长、扩充着的冲力。这样，追求仅仅生存，仅仅活着的世界观被动摇了。而为主要在于发展、在于强者支配、统治弱者的意志追求所代替。他认为这才是世界生生不息的精神和生活的本质。生命的意义不在于活得长久，而在于活得伟大、活得高贵、活得有气魄，他形象地解释道："最优良的都属于我们和我自己，不给我们，我们得去夺取：——夺取最优良的食物，最澄清的苍天，最刚强的思想，最美丽的女人"（《查拉图斯特拉如是说》，第324页）。

鲁迅作为封建社会的"逆子贰臣"，对叔本华特别是尼采思想颇为欣赏，他曾说过，人活着，一要生存，二要发展，谁要阻拦这些实现，不管什么样的权威，都要打倒它，显然和叔本华、尼采的思想有着密切的联系。

（二）伦理的基础不是同情而是超越（伦理观）

在权力意志是世界本体这种世界观的背景下，伦理基础发生了改变，不是同情，而是超越。

1、人生的目标不是生存，而是成为"超人"

尼采指出：人是应当被超越的。"因为一切生物至今为止都创造出某种超出自己的东西，而你们（人）甘愿成为这伟大潮流的落伍者吗？""人是系于动物和超人间的一根绳索，人的伟大之处在于他是一个桥梁而非一个目的。"因此，他给人确定的目标是成为"超人"，人要把自己作为超越自己达到超人的手段，超人才是人类崇拜和追求的目标。

整个近代哲学的方向是抬高人的地位，把人由手段抬高到目的，康德就曾明确表示过：人是目的而不是手段。矛头直指宗教神学和封建制度。尼采在这里反其道而行之，重新把人降低为手段，降低为达到超人的手段。直接看来好像是要让人们走回头路，重新对神或封建君主顶礼膜拜，而实际上却是让人们用对超人的追求代替对上帝的崇拜。

尼采和以前的哲学家不同，他不是简单地认为上帝不存在，而认为上帝虽然存在过，但现在"被我杀死了"。这表明他虽然在一定程度上肯定了上帝的功能，提出，人类在不成熟时，相信上帝是可以理解的，但在成熟时，如果再相信上帝就无法生存。"因为上帝明察一切和人类，所以他不能不死！这样一个见证人不死，是人类不能接受的"（《查拉图士特拉如是说》第318

页)。因此就要杀死上帝,这是一种充满罪恶感的行动,他自己也不否认这种罪恶。当然,这里的"杀死"不能理解为真的从肉体上把"上帝"消灭了,而是指的在思想上、在精神上否定上帝,从上帝权威、上帝迷信当中解放出来。因为只有"上帝死了",才能意味着从此以后人类行为不再受绝对信仰的束缚并且随着基督教信仰的崩溃,建立在这个基础上的传统道德观念、价值观念也必然随之崩溃,人即可获得生理上的、特别是心理上的自由,从而为自己的生活探索一种新价值、新意义。显然,在这里尼采是从功能上取消上帝,把人类目光引向大地,引向人类自身,认为人类自身才是自己意义的创造者。

在尼采眼里,超人不是神,也不是诗人的幻想。超人实际上也是人,而且是真正的人。每个人都有超人的成分,要真正做一个人,或者说做一个真正的人就必须发挥自身的超越性,力求超越自己,超越他人。同时也要允许别人超越自己。超越自己主要是超越现在所信奉的东西,打破现有的偶像、道德、风俗,和现时代的人观念上发生断裂,在生活中就要敢于"非人所是,是人所非"。

超人和上帝之间的另一不同点是:在上帝的启示中,一切都是真实的。因为万物都是上帝创造的。而在超人的眼中,一切都是虚假的,而且承认自己也是虚假的,所谓的"人类中心论"也是虚假的。因为"人类中心论"从自然角度看是假命题,茫茫宇宙,无边无涯,何来"中心"可言呢?但在人们的现实生活中不可缺少。原因在于人类如果不是自视甚高,那么人就会失去做人的勇气。这说明在人和自然的关系上,人类需要真理,但又不能放弃这一谎言。因为在人类的生活中,真、善、美三者中真并不具有绝对价值。人类追求假象、幻想、欺骗的意志甚至比追求真理的意志更顽强,更根本,人类不这样就无法生存。而当他们这样生活时,他们必须创造出一种东西,不是真理,而是生活的意义。超人要求于人的不是前提的"真",而是目的和意义的"真"。在这一点上超人和上帝不同。上帝是一个独断的推理体系,他的存在是想在一个亘古不变的前提中演绎出一个世界,证明一切都是上帝预先安排好的。而超人的世界观是一种活动的原则。要在奔流不息的意志中创造一切。世上的人想要获得生活的意义,不能向生活之外探求,要在生活本身之中探求。他批评"智者的智慧是无梦的安眠,他们不知道生活还有更好的意义"。他认为如果人一定要为人生找本体的意义,不应仅仅是求真,而应该用审美的方式追求生命的本体,不是把人生看成一个东西的展开,推论出应该做什么和不应该做什么。因为生命是假的,应该用审美的方式,把人看成艺术品,人就是人自己创造的,人的一生不能俯首贴耳,循规蹈矩地去求真,而是自我创造、自我纠正、自我欣赏。这样,人就能够有两种目光对待自己。一是人免不了求真的目光,当人用求真的目光审视自己,就觉得人生是无意义的。另一种是审美的目光,从这个角度,每个人都把自己当作最高的艺术品。人一生完成的最好的东西是完成他自己。既然人生是塑造自己,就应该用审美的眼光看待自己、看待一切。只有这样,人才能不断地超越自己,超越他人,超越一切传统的社会规范和信念。

显而易见,相比起来叔本华和尼采,一个是叙说做人的痛苦,一个是向往超人的快乐。一个是悲观主义的低鸣,一个是乐观主义的高唱。二者的异曲同工之处在于送走了神的世界,迎来了人的黎明。

2、超人的意志在痛苦中磨练

尼采认为,如果用审美的眼光看待人生,虽然痛苦,却没有理由悲观。除非正在患病和衰颓的民族。因为正常人的求生存、求发展的欲望十分强烈,不会被痛苦征服。

他把痛苦作为人类发展的标志,说:"我不再用斥责的手指责生存的罪恶和痛苦。反而怀着希望,因为生活会变得比向来更罪恶、更痛苦。"并借用莎士比亚戏剧中的人物李尔王的话"我一定要做那种事,是什么我还不知道,但它将成为全世界的恐怖"。罗素认为,李尔王的这段话是尼采哲学的缩影。

超人是人生的目标,人类无法摆脱超人的方向。但是,既然设定超人作为人生的目标不但不能给人带来快乐,而且在一定意义上还会加重痛苦。那就要对这种世界观视阈中痛苦的含义重新界定。按照尼采的想法,这种痛苦可以使人们产生超越的动机,向着超人努力。可尽管目标是崇高的,而要实现这个目标,历经各种各样的痛苦却是必然的,因而超人的意志是在痛苦中磨练出来的。

唯物史观肯定物质是世界存在和发展的主要因素。这种历史观的前提认为:痛苦的来源是物质的匮乏,因此人类的发展是社会走向幸福和物的积累的一致。意志主义却认为物的匮乏是表面的,痛苦的本质是意志和理性的冲突，或者是个体意志间的冲突。生产的发展一方面了增强了人的意志，但另一方面痛苦也就愈益加重，痛苦不会因物的增多而抵消。事实表明这些看法并不完全是胡说八道，当今发达国家的社会实践也并不完全否认这一点。

3、把伦理的价值放在超人的艺术上

以意志为基础，可以导出两种不同的价值规则。一种是否定式的，即压制意志，同情他人；另一种是肯定式的，即升华意志，超越他人。尼采主张后一种方式，并认为这是英雄道德，前一种是奴隶道德，叔本华主张的是前一种。叔本华认为非义之举是恶，尼采认为"何者为善？一切能增强人的权力感、权力意志、权力本身的东西，都是善。何者为恶？一切为软弱而生的东西，都是恶。何者为幸福？权力增长着的感觉，抵抗被压迫时的感觉，即是幸福。"字里行间，确实透露出一股"杀气"，一股所谓英雄的味道。尼采的结论是要充分肯定自我，寻找丢失的自我。这成了后来存在主义产生的思想资源之一。

尼采批评整个现代化倾向。他批评的对象在当时虽不严重，现实却表现出来了。他提出，人总是习惯尊重社会认可的价值观念。人是学会做人的，但学到的却是社会的价值观念，而在社会的价值观念中无疑浸透着他人的意识。比如"上帝"就是在众多他人的意识中酝酿出来的。人们迷失于"他人"的表现，就是在社会上屈从于现有的价值体系。社会越发展，规则越多，人们就很容易被淹没。人挺不起来的时候，只有靠衣服。最后仅仅成为一个衣服架子，丢失了自我，不由自主地把身份当成了自己。这样人就成了社会的工具。这些思想，显然为海德格尔后来的"沉沦"和"异化"观点奠定了基础。

4、反对民主和平等

尼采认为人人平等是不可能的。因为每个人权力意志不同，对自己的超越不同，不是平等的人。如果从纯生物的意义上讲，把人还原到生物性，在一定意义上可以说人人平等。而从超生物学的意义上考虑，平等则是不可能的，注定要分上等人和下等人。"一个人可以使千万年的历史生色。""一个伟大的人胜过无数残缺和渺小的人。上等人有权向下等人宣战。"他这里的上等人并不是社会流行的标准，即财富意义上或地位意义上的上等人，而是特指"真正的人"，有人性的人，既能超越自己又勇于超越他人的人，概而言之，也即权力意志强的人。他的意思是说：勇于超越的人，引导不肯超越的人，从而引起整个社会的超越。

此外，有意思的是，一百年前尼采就曾预言："社会主义"养活了一部分借革命来改变由于自己的懒惰和低级造成的从属地位的人，这些人将日益堕落，以后的事实证明确系如此。

三、权力意志论的真理观和价值观

1、没有普遍的真理

尼采认为以往的真理观是"符合说"的真理观，即与客观存在着的规律、道、理相符合的认识才是真理。这种真理观的前提是承认外界确有"理"（即道、规律）存在，整个世界是理性的对象。实际上世界不是理性的对象，也不存在理性设定的实体。他说："关于认识的空谈是最大的空谈。人们想弄清自在之物的来历。但是，看啊！根本就没有什么自在之物！不过，假如真有那么一个自在、一个绝对之物，那么它因而也就是无法认识的！"（转引自《二十世纪哲学经典文本·序卷》第228页，复旦大学出版社1999年版）同时他还提出：自然界没有目的，没有确定的目标，宇宙不关注人类的幸福和道德。从本体论上去看，宇宙也不具备帮助人的神圣力量。因此由人提出，作为普遍真理的命题是错误的。

从认识方面考虑，真理是人们信以为真的东西。"符合说"的毛病在于人必须借助理性认识看待外界，而事实上认识的实质是各种认识成分间的比较。认识与客观存在着的理是否符合，最终的裁判者是人。这样又由于人和人之间没有统一之处，势必产生各种各样的真理，从而也就没有公认的真理。他明确指出："有各式各样的眼睛。连斯芬克斯都有眼睛——。因此就有各式各样的'真理'。因此，也就没有什么真理"（同上书，第268页）。所以"真"并不是一种最普遍的东西，人不应为求真而牺牲。真只能做为价值领域的一部分而存在，"真"至高无上的地位应被价值取代。

对尼采的真理观进行分析可以明显看到，它带有鲜明的非理性特征。他认为尊重理性会迷失本身，灾难无穷，相信理性万能是谬误的根源。应当承认他在批判传统理性主义的局限和迷误方面确有独到之处。

如何克服理性主义迷误，唯物主义把人们引向实践，恩格斯对此有精彩的论述，而尼采却把人们导向实践中的一个因素，即意志。

尼采以他的方式否定存在着普遍性的绝对真理，认为一切都是假的，因为前提就是假的。所以，什么都可以做。这里既包含否认传统观念、传统价值的合理性一面，同时又内含有普遍怀疑，否认真理客观性的另一面。

2、超人是价值的创造者

尼采认为评价就是创造。评价本身是被评价之物的财富和珍宝。评价然后才有价值，没有评价，生存之果是空的。在评价中还没有人知道什么是善的，什么是恶的，除了创造者自己。创造者是创造人类目标并给大地以意义和未来的人，他首先创造了善和恶，创造了价值。

在这里，尼采再次强调超人的作用。他认为最后给普通人以价值的是超人。超人是价值的实际创造者和来源。他明确提出：价值在于前人没有意识到，人云亦云没有价值。真正的价值在创造时表现为"是人所非，非人所是"的状态。价值是观念上的价值，改变价值和改变人类的存在是一致的。哲学就是要创造新价值，扫除旧价值。真正的超人就是要改变现行的偶像和观念，即改变普遍流行的价值观。

在尼采的价值学说中，他特别看重"生成"的价值。他说："谈谈'生成'的价值。——假如世界的运动真有目的，那么想必是可以达到的。但唯一的基本事实告诉我们，这个运动根本**没有目的**。——生成，应予澄清，不可绕开这最终的意图。因为，生成要理直气壮，每时每刻无所不在——为此就要否定生成的总意识即'上帝'——因为上帝是无用的"（同上书，第258页）。这表明"生成"在尼采眼中具有无与伦比的崇高价值，是创造万事万物的总根源，是代替上帝而真实存在着的东西。而且他还把生成观看作被德国人发现的两种最伟大的哲学观点之一。他说："两种最伟大的（被德国人所发现的）哲学观点：a) **生成观，发展过程**；b) **生命价值观**（但首先必须克服德国悲观主义的可怜形式！）——这两者被我以决定性的方式搓合在一起。一切都在生成中永恒地回归"（同上书，第269页）。应当承认尼采把"生成"、"生命"作为自己哲学的核心范畴加以论述是很有见地的，它不仅与以往哲学划清了界限，而且赋予了自己的价值观以更多合理性的内容。

第二章 生命哲学（The Philosophy of Life）

叔本华和尼采虽然是意志哲学的代表者，但在一定意义上又被称作西方最早的生命哲学家，原因在于意志只是生命的一部分，由把生命组成部分的意志看作世界万物的本体，引申为把生命整体作为世界的本体原本就是非常自然的事，而且后来许多被看作生命哲学家的代表人物，他们的思想也都和唯意志论有着密切的联系。

生命哲学是19世纪末至20世纪上半叶在德、法等国兴起并在西欧、英美广泛流行的哲学思潮。它不是一个统一的哲学派别，各派之间存在着这样那样的分歧，但却存在着一些基本的共同点。

他们不赞同意志是世界的本体，而认为只有包括意志在内的生命整体才是世界万物的本原、本质即本体，世界上现存的各种各样的事物无非是生命的表现或者是生命冲力进化过程中不断创造的结果；生命的实质是"变易"，而"变易"又是不可分的、统一的、无限的、不停变化着的时间之流，即"绵延"；哲学与科学不同，后者的研究对象是无生命的物质，前者的关注点却是生命，尤其是人的生命；要把握生命，靠理性、理智是不行的，那样做只会使活生生的生命僵死、凝固，只有非理性、非理智的"直觉"才能堪当此任。

生命哲学的一些基本概念虽然早在18世纪就由德国哲学家施莱格尔（Fridrich Schlegel，1772——1828）在他的《关于生命哲学的三次讲演》中提出，但生命哲学最著名的代表却是德国的狄尔泰和法国的柏格森。

第一节 狄尔泰的生命哲学

一、生平与著作

狄尔泰（Wilhelm Dilthey，1833—1911），出生于德国的莱因省，和马克思同乡，是德国生命哲学的创始人，曾任巴塞尔、基尔、布累斯劳、柏林等大学的教授，对历史学、文艺学、哲学有着广泛的研究，被当代西方一些哲学家誉为"德国现代哲学鼻祖"，主要著作有《狄尔泰全集》。

二、基本观点

（一）"哲学是一种活动"

狄尔泰指出："我们正处于传统模式的形而上学的终结之时，同时又在思考我们要终结科学哲学本身，这就是生命哲学的兴起。每一次新的拓展都要抛开一些形而上学的成分，更加自由独立地去开拓。上一代人中有一股主导力量形成了，叔本华、瓦格纳、尼采、托尔斯泰、万斯金、梅特林克逐一对青年一代发生影响。——他们的方法是深切地去体验生活，否弃一切原则上的体系的假设，这种方法一开始就是直接指向人的生命过程，力图从中归纳出生命的普遍性特征"（转引自李小兵《资本主义的文化矛盾与危机》，中央党校出版社1991年版，第336页）。这就是说，传统哲学正走向灭亡，新哲学正在兴起，新哲学的研究对象是"人的生命过程"，而它的研究方法是"否定体系性的假设"，"深切地体验生活"。

狄尔泰把他所理解的新哲学称作为是一种活动。他说："哲学是那种人在其中观照自身同时又施影响于外的活动"，"哲学是一种活动，它源于个人精神的下述需要：对其行为的反思、行为的内部形态和稳定性以及与人类社会整体的更稳固的关系。同时，哲学也是一种植根于社会的结构之中而又为社会的完善所必需的功能"（转引自陈启伟主编《现代西方哲学论著选读》，北京大学出版社1992年版第83页）。概而言之，在狄氏眼里，新哲学不再像以往的形而上学那样，眼睛向外，"解决宇宙之谜"，而是转而指向人自身，以及由个人组成的人类社会,目的是破解"生命之谜"、"社会历史之谜"。

从上述观点出发,他认为"主体与世界的关系是哲学的稳固的出发点",而"在任何领域,普遍的自我认识,建立在这种认识之上的塑造和改进人格的力量以及哲学家头脑中的探本求源和建立联系的强烈倾向,都是哲学精神的特征"(同上书,第76、77页)。显然,无论是哲学的理论性质、研究对象、方式手段,还是它的功能作用在狄尔泰看来,与传统哲学相比都发生了根本改变。如果说以往的形而上学是围绕着宇宙旋转的话,那么哲学发展到今天,其中心就改变成人或"生命"了。用他的话来说就是:"系统地描述人类精神世界和生命之谜的关系",这是当今哲学"世界观理论的任务"(同上书,第76页)。

(二) 生命是世界的本体

那么,狄尔泰为什么要把"生命"作为新哲学旋转的轴心呢?他的理由是"生命是世界观的终极的根基,它散布于世界上无数个人的生命历程中,并在每一个体中反复经历","生命将自身客观化在它的表现中",人"周围的一切都被理解为客观化了的生命和精神","在每个个体中,生命都构成了自己的世界"(同上书,第87、88页)。这即是说生命是世界万物的本体、本原、本质,现存的一切无非是生命客观化的结果,这和黑格尔把世界看作"绝对精神"的外化如出一辙,不同的只是一个认定万事万物是生命客观化的表现,另一个则认定是"绝对精神"外化的结果。换句话说,前者认为生命是世界的本体,后者则认为"绝对精神"是世界的本体。

生命如此重要,占据如此显赫的位置,那它究竟是什么东西呢?狄尔泰回答到:"生命是人的系统中精神活动的内部关系""对于希望把握生命整体的人类精神来说,生命的面目总是以矛盾的形式从不断变化的生命经验中产生出来:生命充满了生气,却又有规律可寻;它既有理性,也有意志;它不断呈现出新的方面,因而某些方面可能是清楚的,而作为一个整体又是难以把握的。心灵试图将生命关系和建立在生命关系中的生命经验联结为一个整体,然而又无能为力"(同上书,第78、89页)。这即是说,生命不是实体而是一种"关系",而且,这种关系往往表现为处处对立的矛盾关系。正是这种具有矛盾性质的关系又使它表现出"活力",表现为一种不可遏止的、永恒不息的冲动,一种能动的创造力量。而这正是生命的真实内涵所在。

与生命概念相关联,狄尔泰还提出"生命经验"概念。他说:"生命经验是对生命的不断思考和反思","生命经验源于对生命的思考"(同上书,第78、88页)。"生命,作为相互影响的、时间上相继的事件,就是历史生活","生命以及生命的体验是对社会——历史世界理解生生不息永远流动的源泉;从生命出发,理解渗透着不断更新的深度,只有在对生命和社会的反应里,各种精神科学才能获得它们的最高意义,而且是不断增长着的意义"(《狄尔泰全集》第7卷1961年德文版,第261、138页)。这是说,人们经过对自己生命历程的思考、反思形成一定的结果,这些结果可以称作是"生命经验"或"生命体验",而这些经验或体验的具体内容在每一个个体那里虽然是不同的,但其间却存在着一些共同点:①时间性、历史性是生命的首要特征;②每个人的生命都不是孤立地、单独地进行的,都是在与周围的人或物结成这样那样的关系一起进行的,因而社会性自然是生命的固有特征之一;③以人为主参与、形成的历史事件之间的关系和自然物质之间的关系不尽相同。前者主要是意义关系,后者主要是因果关系;④对于因果关系可以采用自然科学普遍采用的认知、归纳、演绎、判断、推理的办法加以把握,而对于生命、精神、社会、历史现象、事件等的把握则必须采用新的办法、新的途径、新的范畴。

(三) 理解、说明、体验是把握生命的范畴

狄尔泰认为:"当人在社会和自然界中经验到不断的争斗,经验到一种生物被其他生物所吞噬,经验到支配着自然界的残酷时,生命的奇异便会增加。这奇异的矛盾暴露出来并越来越强烈地为生命经验所意识,然而又从未得到解决:普遍的暂时性和我们求稳定性的意志间的矛盾;自然界的力量与我们意志的独立自主间的矛盾;每一时空中事物的有限性和我们超越限制的能力的矛盾。这个谜在古代占据了埃及和巴比伦僧侣们的心灵;后来则占据了基督教的牧师、赫拉克利特和黑格尔的心灵;艾斯库罗斯的普罗米修斯和歌德的浮士德也为这个谜所困扰"(转引自陈启伟主编《现代西方哲学论著选读》,北京大学出版社1992年版第90页)。这就是说,人在思考、反思人生历程时常常会遇到一系列的矛盾与难解之谜。比如:人生存在的暂时性和人的本性中追求稳定、追求永恒的意志之间构成的矛盾;周围自然界对人的活动的压力、限制与人力求主宰自己、掌控自己命运之间的矛盾;存在于时间、空间中事物的有限性与人们力求超越这些限制之间的矛盾等等,形成了生命

之谜、人生之谜。努力解开这个谜便成了纵贯古今志士、贤人们的毕生追求。

对生命之谜的解答构成了人们对世界整体的看法，这也就是人们世界观的形成。而"世界观不是思想的产物。它不是起源于单纯的求知意志。对事实性的理解是世界观结构中的一个重要因素，但它只是一个因素。世界观产生于生命行为和生命经验，产生于我们精神整体的结构。在对事实性的认识、生命评价和意志活动中使生命达到自觉，这是一种漫长而艰难的工作，是人类在生命观的发展中完成的"（同上书，第95页）。言下之意，生命之谜的解答、世界观的形成是在对生命历程的思考、反思中产生的，而这种思考、反思又只能采取"理解"而不能采取对"物"的认知的办法。对物的认知通常采用计量、实验、分析、综合等方法，而对生命之谜的解答却不能。

"解决生命之谜——有一种方法起着特殊的作用，这个方法就是通过一个较清楚的事物来理解一个难以把握的所与物。于是，这个较清楚的事物就变成了理解和把握难以把握之物的中介和基础——对世界的这样一种阐明即通过一个简单物解释世界的多重本质已经开始于语言中并在隐喻、拟人和类比推理中得到了发展"（同上书，第91页）。这表明只有运用理解、解释、体验、领悟的方法才能破解生命之谜，正确把握人生历程。但是这种方法并不局限于仅仅只是解答生命、人生中的疑问，实际上它普遍适用于整个精神领域，正是在这个意义上狄尔泰才明确指出："理解和解释是贯穿整个人文科学的方法"（《狄尔泰全集》第7卷，1961年德文版，第205页）。显然，这些思想成了后来解释学的思想资源之一。

第二节　柏格森的生命哲学

一、生平与著作

柏格森（Henri Bergson，1859——1941）出生在一个犹太音乐家家庭。早年就读于巴黎高等师范学校，1889年因出版《意识的直接材料》（英译本名为《时间与自由》），而获巴黎大学哲学博士学位。毕业后一度在外省中学任教。1896年出版《物质与记忆：论身心关系》，该书使他一举成名。1898年回到母校任教，1900——1940年被任命为法国最高学府法兰西学院教授。1901年当选为法国道德与政治科学院院士，1914年当选为法国科学院院士。1928年获诺贝尔文学奖，曾获法国荣誉集团大十字勋章。主要著作除前述之外，还有《笑：论喜剧的意义》（1900），《形而上学导论》（1903），《创造进化论》（1907），《哲学的直觉》（1911），《精神的能量》（1919），《道德和宗教的两种起源》（1932）。1941年1月4日在巴黎去世，时年82岁。

二、基本观点

（一）哲学的对象是"生命"

柏格森鉴于科学与哲学的分化，明确提出：一旦科学、理智"承担起对生命之研究，它必然将活生生的当成死板的，以同样的形式运用于新的对象，将成功地运用于旧领域中的同一习惯输入新天地，并且这样做并无过错，因为仅仅以这种术语，生命为我们的活动提供的栖身之所才和惰性物质所提供的一样"，"哲学的责任应是积极地介入对生命的研究，不考虑任何实际的利用，并且不被严格地属于理智的各种形式和习惯所束缚。它自己特定的目标是深思，换言之是观察；它对待生命的态度不应像科学那样只着眼于行动，只能借助于惰性物质行动"（转引自《二十世纪哲学经典文本》，黄颂杰主编"欧洲大陆哲学卷"第103页，复旦大学出版社1999年版）。这里，柏氏对科学与哲学的研究对象、功能作用作了明确区分。前者的对象是"惰性物质"，后者的对象是"生命"；如果将科学误用于"生命"，就会使活生生的东西变成凝固、僵死的东西。

他还说："生命作为一个整体是一种进化，即一种不停息的改变，这是确定无疑的"（同上书，第109页），"生成本身即是实体，无须何物支撑。不复有惰性的状态，不复有僵死的事物，有的只是运动，生命的稳定性即由运动构成"（转引自陈启伟主编《现代西方哲学论著选读》，北京大学出版社1992年版第48页）。这是说生命、运动作为唯一的实体、作为唯一真实存在的东西，它的存在方式就是永不停息的运动、永不停息的改变，那么它们的进化状态、发展变化的具体情形又是怎样的呢？柏格森写到"如果生命就像大炮发射出来的炮弹一样只有单一的路线，那么进化活动就只有一种，并且我们可以很快确定它的方向。其实生命有如爆裂弹，炸成碎片后，碎片又各自炸裂，如此以致无穷"（转引自《二十世纪哲学经典文本》，黄颂杰主编"欧洲大陆哲学卷"第93页，复旦大学出版社1999年版）。他还说："生命是一种倾向，而倾向之本质是以成束成捆这种形式发展的，通过它们成长创造出各个分支方向"，"生命整体呈现为一个巨大的波浪，这一波浪从一个中心开始，向四周扩散"，"生命作为一个整体，从初始的冲力将它推进世界开始就呈现为一种上升的波浪"（同上，第94页，第117页，第119—120页）。不断碎裂的"爆裂弹"，向四周扩散的"波浪"、创造出各个分支的"倾向"，这些形象化的语言虽然说法各异，但表述的都是同一个意思，即进化、运动、变易的可能性是多种多样，而不是像人们以往所说的，只具有某种必然性的趋势或仅仅局限于某一种可能性。既然如此，也就意味着在多种可能性之间人们必须时时进行"选择"，不难看出，后来广泛传播的、萨特的存在主义在这里找到了思想源头。

生命既然是进化，同时也就意味着"创造"，正是在这个意义上柏格森又提出"生命的每一刻都是一种创造"，"对一个有意识的存在者而言，存在就是变化，变化就是成熟，成熟就是不停地创造自己"。"有意识的存在者"显然指的是"人"，而"我们的人格就这样不停地萌发、生长、成熟。每一时刻，总有新生事物累加在原有事物之上"（同上，第89、90、88页）。萨特说：人的一生创造的最好的作品，就是他自己。这个看法可以说与柏格森不谋而合，或者说萨氏的思想原本就来自柏氏。

（二）"生命"的本质是"变易"

哲学的对象是"生命"，而生命的本质是"变易"。柏格森在波伦亚哲学会议上发表演讲，明确指出："形而上学如今趋于化繁就简，更接近生活了"（转引自陈启伟主编《现代西方哲学论著选读》，北京大学出版社1992年版第32页，下引该书的只注页码，不再说明出处）。言下之意是说和注重体系化、理论化、思辨性的传统哲学相比，现代哲学更趋向于简单明了、更趋向于现实生活本身。它们的研究对象、方法手段、功能作用也发生了变化。具体说来"科学从事物的一种排列到另一种排列，从一个同时性走向另一个同时性。它必然会忽视其间歇中发生的一切。即使它注意了这一点，也只是为了考察其间更具有同时性的一些排列。凭借那种意在把握现成事物的方法，它一般并不能深入正在形成的东西，不能追踪运动的实在，不能表现作为事物生命的变易。这个任务属于哲学"（第46—47页）。这就是说：实证科学、具体科学主要是从静态，而哲学是从动态的角度进行考察的；前者研究的对象是"具有同时性"的、现实存在着的、当下已有的"现成事物"，而后者探求的却是"正在形成的东西"、"运动的实在"、"作为事物生命的变易"；两者相比，实证科学是浅层次的，难以把握也不能把握事物的本质，而哲学却是深层次的，它要把握的而且能够把握的是事物的本质、事物的生命即"变易"。

柏格森提出"我之所以选择变易这个问题来讲，是因为我认为这是一个根本问题，我认为如果我们相信变易的实在性并努力去把握它，那么一切都会变得简单了，被认为不可克服的哲学难题就会消失了。不仅哲学会因而得益，就是我们的日常生活（我是指事物给我们的印象和我们的理智、感性和意志对事物的反应）也或许会得到改变，为之改观。问题在于，我们经常对变易视而不见。我们虽谈论变易，但并不思考变易"（第50页）。在这里，柏氏明确表达了这样几点意思：变易问题是哲学的根本问题；变易是真实存在着的；已往我们只是谈论它而没有认真地思考它；一旦我们深入思考了变易，传统哲学一直争论的一些问题以及日常生活中争论的一些问题都会迎刃而解。

柏格森这样看重"变易"，原因在于他认为和世界万物相比，只有"变易乃是最实在、最持久之物。变易之为坚实无限地高于仅仅是诸活动间短暂安排的那种固定性"（第67页）。显然在这里，他是从本体论的高度把"变易"看作是万物的本原、本质、本体而提出上述观点的。他甚至强调指出"变易是有的，但是在变易的下面没有任何变易着的事物，变易不需要一个支撑者。运动是有的，但是并没有任何进行运动的惰性或恒定的对象，运动不意味着有一个可动的事物"（第63—64页）。这些话明白无误地告诉人们只有变易是真实的，而作为变易、运动的载体——事物却是虚假的、不真实的。这里显然既有承认、坚持辩证法的合理性一面，同时又包含着从承认"变易"的绝对性走向否认"变易"的相对性，从而滑向相对主义与唯心主义的危险。

（三）"生命"、"变易"即"绵延"

柏格森认为："生命是一种运动，物质性则是一相反的运动，这两种运动的每一种都是简单的，形成一个世界的物质是一束不可分的流，而贯穿其中的生命也不可分，生命在其中一路裁剪出各种生物体"（转引自《二十世纪哲学经典文本》，黄颂杰主编"欧洲大陆哲学卷"第113页，复旦大学出版社

1999年版)。这就是说无论是生命还是"惰性物质"都是一种运动，区别只在于前者的方向是向上的，后者的方向是向下的。虽然运动的方向不同，但都具有不可分性。他又说："一切变易、一切运动都是绝对不可分的"（转引自陈启伟主编《现代西方哲学论著选读》，北京大学出版社1992年版第60页）。无限运动、变化而又绝对不可分，对此，柏格森专门为它起了个名字，叫做"绵延"。

"什么是绵延？要精确地加以确定是不可能的，因为绵延是难以捉摸的"（同上书，第67页）。之所以如此是因为以往关于绵延的错误都来自于"人们通过空间化的时间这种习常的概念来应用我的真实绵延的概念"（同上书第64页"注释1"）。在这里柏格森承认严格界定绵延是困难的，以往的人们之所以不能正确把握绵延，关键是用"空间化的时间概念"来理解真实的绵延。那么什么是"空间的时间"概念呢？就是像把空间看作是间隔成无限多的、同时性的空间点的集合那样，把绵延也看作是同时性的、间隔成无限多的、静止的、互不相干的时间点的集合。其实，"真实的绵延意味着过去之持存于现在中和一种发展之不可分割的连续性"（同上书），"构成真正绵延的东西恰恰就是变易的这种不可分的连续性"（同上书，第66页）。而发展、变易的"不可分割的连续性"实际上就是时间，因此他说：绵延"是世界上最明白不过的东西，真实的绵延就是我们所说的时间"（同上书），"时间是构成自我绵延的真正质料"（转引自《二十世纪哲学经典文本》，黄颂杰主编"欧洲大陆哲学卷"第87页，复旦大学出版社1999年版）。显然，在柏格森看来绵延与时间是"一而二、二而一"的关系，二者完全相同，不分彼此。

为什么要提出绵延概念，或者说为什么要从绵延的角度思考问题，对此柏格森这样回答："真正的绵延啃噬着事物，并且在事物身上留下齿痕。如果每一事物都在时间里，每一事物都内在地变化着，则同样的具体实在不会重现。因而重复仅在抽象中可能：被重复的仅是我们感觉的某些方面，尤其是我们理智从实在中挑选出来的，只因为我们之一切努力所指向的行为只能在重复中前进。这样，理智专注于重复的事物，沉迷于焊接相同的东西，它就远离了对时间之洞察。它不喜欢流动的东西，并把所接触到的每样东西都固态化。我们不能思考真实的时间。但生存于其中，因为生命超越了理智"（同上书，第99页）。这就是说：生命、时间、绵延是属于同一序列的概念，三者虽叫法不同，但实质一致，都是要求人们要从发展的、变化的即辩证法的视角去看问题，而从理智的、静止的、重复的角度看问题实际上就是从形而上学的观点看问题，自然存在着重大区别。

他还说："在一种具体的绵延中，——必然决定的观念失掉了一切意义，因为在绵延中过去与现在变为同一而且继续与现在一起创造（只要根据它被附加于现在这个事实就可以了）某种崭新的事物"，"我们愈是习惯于从绵延的观点思考和知觉一切事物，我们就愈是浸沉于真实的绵延之中。而我们愈是沉浸于其中，我们就愈是返回本原的方面，虽然绵延是超验的，但是我们却分有它，它的永恒性不是静止的永恒性，而是生命的永恒性，否则，我们怎能生活和活动于其中呢？In ed vivimus et movemur et sumus（我们生活于其中，活动于其中，而且存在于其中）"（转引自陈启伟主编《现代西方哲学论著选读》，北京大学出版社 1992 年版，第 71、72 页）。前一段是说，站在绵延的立场上，必然性、决定论的观点就动摇了或者说不能成立了，这和机械决定论、目的论的观点划清了界线。后一段是说，越是从绵延的观点看问题，就越是生活、活动、存在于真实的绵延之中，越是感受到时间的珍贵，发展、变化、运动的迅速。反过来，越是沉浸于绵延、时间、变易之中，就越是觉得我们自身的生命、生活、活动、存在的真实、有价值、有意义。从这里我们不难理解后来的海德格尔、萨特为什么给自己的代表作起名为《存在与时间》、《存在与虚无》了。

（四）把握生命只有靠"直觉"

生命、变易、绵延是世界万物的本体，如何去把握它呢？柏格森的回答是只有借助于"直觉"。他说：直觉引导"我们进入生命之堂奥，"又说："理智把握本质，本能参悟生命"（转引自《二十世纪哲学经典文本》，黄颂杰主编"欧洲大陆哲学卷"第 96、97 页，复旦大学出版社 1999 年版）。那么，什么是直觉？为什么只有直觉才可以"引导我们进入生命的核心呢"？

柏格森指出，"何为直觉？——这是一种若隐若现，捉摸不定而又萦绕哲学家心灵的家影像，它像影子一样出入哲学家的脑海，如果它不是直觉本身的话，出于一种符号的必然性，它至少比概念性的表达式更切近于直觉为了提供'解释'所必须诉诸的事物"（转引自陈启伟主编《现代西方哲学论著选读》，北京大学出版社 1992 年版，第 34 页）。这就是说，"直觉"是"影像"、"影子"而不是"概念",和概念相比,具有明显的优越性。

"这一影像的第一个特征便是它具有的否定(negation)力量"(同上书)。而对于否定力量的具体内容,他说得并不明确。实际上,这里的否定是针对着概念而言的,因为在黑格尔、特别是后来的列宁看来,由于概念自身具有的"隔离性"、"僵死性"特征,往往只能表达事物相对静止、相对稳定方面的性质,而不能表达事物绝对运动方面的性质,因而往往扭曲了事物本来具有的整体面貌。否定掉概念的隔离性、僵死性特征,表明直觉、影像具有了因连续而具有的整体性、生动性特征,从而才能更好地把握、反映生命、变易、绵延。

影像的第二个特征是它具有的"简单性"特征。柏格森认为对于事物"只有两种表达手段:概念和影像。体系是在概念中展开的,当体系回溯到它由之出发的直觉时,则缩成一个影像。因此,如果人们想凌驾于影像之上以超越它,那他必然又陷入概念,陷入更模糊的甚至比他开始探寻直觉和影像时由之出发的那些概念更概括的概念。原始的直觉由于被还原为这种形式,一当泉涌而来就遭到抑制,因而会变得毫无生气,全无兴味,陈腐不堪"(同上书,第42页)。这是说理论、体系、学说、主义等往往是由概念结构而成的,或者说是在概念中展开的,概念之间还要经过判断、推理、演绎、归纳等一系列烦琐程序,而经过这样的思辨并不能真实、全面地把握、反映事物。相反,由于概念自身、思辨过程自身的局限性往往还扭曲了事物。相比之下,直觉、影像所具有的不可分性、连续性、整体性、生动性特征反到能够直接、简单、明白地把握、反映生命、变易、绵延的本质,因而柏格森看重直觉、贬低理智,虽说具有一定的合理性,但也不可由此推向极端而走向错误。

第三章　弗洛伊德主义

弗洛伊德主义有古典弗洛伊德主义和新弗洛伊德主义之分，可大致表示如下：

```
           ┌ 古典弗洛    ┌ 前期弗洛伊德主义 → 弗洛伊德本人的学说
           │ 伊德主义    │                  ┌ 阿德勒个体心理学
           │ (1930)     └ 后期弗洛伊德主义 ┤
弗洛伊德  ┤                               └ 荣格分析心理学
主义     │            ┌ 沙利尔人际关系弗洛伊德主义
           │            │ 弗洛姆心理因素社会因素相互作用论
           │ 新弗洛伊德 ┤ 霍尔妮基本焦虑说
           │ 主义       │ 艾里克森：自然心理学
           └            └ 赖希、马尔库塞：弗洛伊德主义的马克思主义
```

第一节　古典弗洛伊德主义的产生及影响

弗洛伊德主义一问世就引起学术界及社会舆论的热烈争论：有人说它是治疗精神病及社会危机的"灵丹妙药"，有人则贬低为三教九流、色情主义。影响波及各个学科、各个领域，内容庞杂，见解奇特。解放前我国学术界有所介绍，解放后一直成为禁区，近几年解冻，前几年还曾出现过弗洛伊德热。弗洛伊德主义虽然不是什么严密的科学真理，但也不是一无是处，应予以认真分析和对待。

一、什么是弗洛伊德主义（Frendism）

弗洛伊德主义有广狭二义之分。狭义的弗洛伊德主义是指弗洛伊德本人所创立的精神分析理论；广义的是指精神分析，或心理分析，是现代西方心理学和现代医学的主要流派之一，同时也是西方哲学中的一个重要流派，更是当代西方一种主要的社会思潮。产生在十九世纪末叶。开始是探讨关于神经症的病因和疗法，到上世纪二十年代，逐渐扩展到社会科学的各个流域，并且从一种无意识的心理学体系发展成为一种无所不包的人生哲学。具体说来：1、从精神病学的角度看，它是治疗神经病的方法，理论，属精神病医学范畴；2、从心理学的角度看，它是一种有关潜意识的学说，属于深蕴（度）心理学范畴；3、从哲学角度来看，它又是一种人生哲学，或者说是有关于人的世界观。4、弗洛伊德创立、使用的多种术语，比如"压抑"、"移情"、"恋母情结"、"恋父情节"、"内倾"、"外倾"、"升华"、"力必多"等在西方已广泛成为生活用语。因此而形成一种主要的社会思潮。

弗洛伊德学说是在治疗精神病的实践中产生的。弗洛伊德本人就是犹太血统的精神病学家，其信徒也主要是在医疗实践中培养的。他们治疗的对象主要是精神失常的人，是传统心理学忽视的变态行为。正像电影《爱德华大夫》中所刻划的。在病态中，发生人格转换，称为人格失常，心理也发生变态称为变态心理。弗氏把变态心理作为常态心理的对立面。在弗氏看来，他的实践不仅提供治疗精神病的方法、理论，还可以发现在正常人身上无法发现的心理活动线索，通过反常研究正常，借以揭示正常人有意识掩饰、打埋伏、封闭得很深的内心世界，揭示正常人心理活动奥秘。

从其研究内容来看，弗洛伊德学说不是侧重研究传统心理学课题（如认识活动、有意识的心理活动等），而是注重探讨人的无意识活动，突出人的生命活动中的主要推动力，属于无意识心理学范畴。在弗氏看来，这些远比有意识的心理活动更重要。根据这一点，有人又把弗氏学说称作：情绪、人格、动力心理学。

从研究方法上看，弗氏不是采取有控制的实验室实验法，而是采用临床观察法。根据这一点，又可以归属于临床医学范围。

二、为什么要重视研究弗洛伊德主义

（一）从非哲学的观点看

1、从心理学上看

（1）心理学自产生之日起，它的发展线索主要为行为主义心理学派，哥式塔心理学派，弗洛伊德主义学派，后者是应用心理学的理论支柱；

（2）弗氏学说是社会心理学理论基础的组成部分；

（3）和文艺心理学、美术心理学关系密切。弗洛伊德对莎士比亚戏剧的分析，1931年获歌德文学奖，学术界称"精神分析是欧洲浪漫主义顶峰"。1900年弗氏《梦的解析》（〈释梦〉）问世，被看成是心理学和文学发生正式联系的标志；现代西方文艺流派有十个，其中六个与弗洛伊德主义有关，诸如存在主义，象征主义、意识流、超现实主义、荒诞派等，它们主张：第一，真正的文艺创作是无意识书写或潜意识书写，认为梦境、本能是人的深层的东西；第二，认为创作是心理缺陷的补偿，是性欲本能被压抑的升华。明确提出"毋庸置疑，美的概念存在于性的冲动之中"。

当代新兴的管理心理学也以弗洛伊德主义为其理论基础之一（比如，男女搭配干活不累）。

2、从医学模式发展来看，过去是生物学医学模式，现在发展到社会心理生物医学模式，弗氏学说是其重要表现。

（二）从哲学的观点看

有助于揭示现代西方哲学、社会科学理论实质。现代西方哲学，社会科学几乎都打上弗洛伊德主义印记，是西方关于人性、人格、人的本质的一种有代表性的、有影响的学说。

1、学术界公认弗洛伊德主义是西方十个主要学派之一。（米特罗欣《二十世纪资产阶级哲学》其中第六个即弗洛伊德主义），它是把人作为自然人、生物学上的人去研究，作为社会对立物的人去研究。认为人的本性是反社会的。（谈男女之别，《阳物妒羡论》）是从生理区别进行考察，不是思辨学派，而是实证学派。但日益具有无所不包的哲学流派性质。它不仅研究个体人的本质，而且涉及到社会生活的广泛问题（例如历史、宗教、民族、教育、美学等等）总体上说属非理性主义范围。

2、是西方马克思主义,特别是法兰克福学派的理论来源之一。弗洛姆本人就是新弗洛伊德主义者。西方左翼激进青年,自由改良主义者,所谓反叛的知识界。法共、意共等宣称要实行人道主义的社会主义,其理论基础就是新弗洛伊德主义。

3、和西方社会学的关系。西方社会学历来分为两派,一派是社会学的社会学;另一派是社会心理学的社会学。两派都直接涉及到弗洛伊德主义中的有关内容。特别是和新弗洛伊德主义关系密切。新弗洛伊德主义又叫精神分析的文化派、社会学派。抛弃了古典弗洛伊德主义中的泛性论,把文化和社会条件、人际关系提到首位。实际上是美国社会学、人种学、文化人类学等融合的产物,主要研究原始文化和宗教、民众和领袖的心理、文化哲学、社会政治伦理思想等。

4、学术界存在着"犹太三伟人"的说法。一种说法是马克思、爱因斯坦、弗洛伊德;另一种说法是:达尔文、马克思、弗洛伊德,可见弗洛伊德影响之大。

马克思把人看作理性生物,弗洛伊德看作是非理性生物,两者都有片面性。前者过分强调政治、经济因素,应用弗洛伊德主义补充马克思主义。

三、弗洛伊德主义是怎样产生的?

(一)社会背景:弗洛伊德主义产生于19世纪末、20世纪初。当时的资本主义进入垄断时期,社会矛盾空前尖锐,终于爆发了第一次世界大战。战争中,什么理性、自由、平等、博爱等都成了泡影,弗氏从战争中看到的是破坏和屠杀,从而认为人的本能中存在着侵略和自我毁灭即死亡的本能。同时战争使人们精神苦闷,产生各种变态心理,精神失常的人大量存在,弗氏学说便应运而生。

(二)思想根源。远因和柏拉图、亚里士多德的学说有关。从近因来看,1、德国和奥地利是近邻。布伦塔诺的意动心理学(act)把心理生活看成是一种内在的能动力量,对弗氏影响很大;2、莱布尼茨的单子论第一个提出"无意识"的新观点。认为单子具有不同的发展层次,按照微觉、知觉、统觉发展,意识是从无意识演化而来的;3、赫尔巴特提出"意识阈"(门坎)概念,认为无意识和意识不是静止不变的,而是可以相互转化的。意识是在阈线之上，无意识是在阈线之下；4、叔本华的生命意志在性本能中很明显，如果得不到满足，就逃到梦中，构成无意识状态；5、尼采的超人哲学，权力意志观念对弗氏也有重要影响。弗氏学说中的一些概念都来自尼采哲学。除此以外，像康德、费希特有关人的灵感、创造活动是一种无意识的意识，以及非理性主义的精神能动性观点也都为弗氏所吸收、利用。

（三）医学背景，当时法国有两派，巴黎派和南锡派。前者的著名大师是沙可，后者的著名大师是伯恩海姆。前者认为神经症是功能症，是由精神创伤引起的精神衰竭、破产的表现，后者竭力强调性的因素在治病当中的作用，提出"精神病患者都有凹室的秘密"，弗氏充分吸收利用了两派观点中自己可利用的部分。

总之，弗洛伊德主义是企图解决资本主义病态现象的产物，是德国唯意志论、法国精神病学思想影响的结果。

第二节　弗洛伊德及其思想

一、生平与著作

弗洛伊德（Sigmud Freud 1856 – 1939）出生在奥地利摩拉唯亚的一个犹太商人家庭，其一生活动可分为六个时期。

（一）19世纪80年代以前可称为学习和准备时期。1873年（17岁）时进入维也纳大学医学院，有6年在布吕克生理研究所学习和工作，在此曾研究鳝鱼的睾丸，是神经原学说的开拓者，1881年获医学博士学位，之后在维也那综合医院工作，最后任神经科主任，这以后同布洛伊文联合开业，并两度去法国留学。

（二）19世纪90年代是弗氏尝试错误并初见成效时期，1895年与布氏合著《歇斯底里研究》出版，标志着精神分析理论正式奠基。在这本书中表明了两个基本观点；1、初步揭示出歇斯底里起源的思想：每一个人内心深处都蕴藏着必须释放的心理能量，屡受压抑即导致病态；2、在精神病的产生当中，性欲的阻碍和冲突占主导地位。任何被压抑的愿望的感性表现，在本质上都是由于性欲的产生。这一点可以追溯到儿童时期,男孩恋母恨父,女孩爱父恨母就是例证。

(三)20世纪最初10年是弗氏思想大见成效、开始成名时期,同时也是他声明狼籍、威望扫地时期。1900年出版《释梦》,(又译《梦的解析》);力图揭示人类心灵的奥秘(当时印了600本,卖了8年才卖出去),该书出版10年后才引起人们重视,先后印了8版,是精神分析学派体系形成时期的代表作。1901年出版《日常生活的心理分析》,用压抑论解释日常生活现象,认为无意识当中都是有意识在起作用,如"笔误","食言"等,1905年出版《性学三论》(又译《性欲理论三讲》。起因是1900年美国克拉克大学20周年校庆,弗氏应邀赴美,作了5次专题讲演,20年代我国"教育"杂志有译文)。

(四)上世纪第2个10年,是精神分析学派开始分裂时期。1911—1914年阿德勒和荣格由于不同意弗氏泛性论先后被逐出教门。弗氏的《图腾与禁忌》,《精神分析引论》先后于1912和1917年出版。

(五)上世纪20年代之后,是弗氏声誉日隆时期,1920年仅美国就出版了有关研究弗氏的200部著作。弗氏本人的《超越快乐原则》也在同年出版。这之后《群众心理学和自我分析》(又译《集体心理学和自我分析》,着重分析民众和领神的心理)、《自我与本我》(又译《自我与伊底》)先后于1921、1923年出版。从1913年以后弗氏本人越来越离开精神病学,重点转向更具普遍意义的哲学方面的研究。

(六)上世纪30年代,弗氏声誉到了登峰造极时期,可谓"誉满全球"。1936年庆祝八十寿辰,并出版了全集24卷。1933年纳粹在柏林开始焚烧弗氏著作,1938年被捕入狱,后在其学说拥护者的帮助下,以25万先令为代价被遣送出国,流亡到伦敦,次年于伦敦逝世。

二、弗洛伊德学说的主要内容

(一)弗氏治疗精神病患者的主要方法

1、催眠疗法。当患者处于高级神经中枢觉醒与睡眠之间的一种过渡状态中时,比如(1)昏迷,迷茫状态;(2)委靡,似睡非睡状态;(3)梦游状态,易受暗示影响。此时让他注目于卧室墙上挂着的一幅油画,然后对其实行单调弱刺激。经验表明：女性比男性容易催眠。但是催眠术有很大的局限性，一般多用于4—14岁的儿童，而且催眠术的疗效是暂时的，容易复发。

2、谈话疗法，又称导泄疗法、疏通法。是说在催眠状态下，引导患者把自己致病的不愉快的经历和事件尽情地吐露出来，目的在于消除病人内心积郁，使症状自行消失。但是一般病人多有心理抵抗，不愿意说出自己积聚多年的隐私，而实际上越拒绝谈，说明他（她）越有隐私，病人谈出来的看法往往和幼年经历有关，又遇偶因致病（比如女患者安娜的经历就充分证明了这一点），另外是多与性的问题有关。但是，事实证明，这种方法治标不治本。

3、自由联想法，是弗氏治疗精神病患者的主要方法，也是当今精神病院通用的治疗方法。是在患者觉醒的状态下，鼓励他把当时涌上心头的东西，不管是微不足道的、荒谬可笑的、有伤大雅的，都如实报告给大夫。这样做的好处是：（1）可以减轻病人的焦虑和罪恶感，使病人感到轻松；（2）可以提供医生诊断的一些资料。在与病人谈话的基础上，医生从深蕴心理学的角度仔细分析患者致病的原因，有针对性地进行疏导，并辅以药物治疗，使其病情得到控制或康复。

（二）弗氏哲学的主要内容

1、以无意识为基础的人格结构学说。弗氏认为人格由意识和无意识（潜意识、隐意识）构成，在此之间有前意识（先意识）。

什么是无意识？它是在否定意识的基础上形成的概念。弗氏力图说明无意识本身具有某种特征、能够给以定义。具体说来：（1）无意识意味着一种很活跃的东西，处于意识之外，是有强度、有能量，有效率的东西，是一个人内心的精神支柱；（2）意谓着一种心理系统，是一种原始冲动、本能、被压抑的欲望，是性欲、性力，它的活动原则是快乐、享受原则。它是人心理深层活动的基础，是人类活动的内趋力。（比如一个新娘的女朋友给她写信：我祝你健康和不愉快——，多写了一个"不"字，实际上是看到朋友幸福，而自己却没能拥有同样幸福的、深埋在心底的嫉妒感情的表现。再如，二战后期的一位德军排字员误把"向希特勒致敬！"排成"向希特勒治病"，也是心理深处不满意希特勒政策欲望的流露）。

前意识是无意识和意识之间的边缘部分，是意识可以招回的东西。起着检查官的作用。就好像意识是在前台活动。前意识是检查官，无意识是后台老板。无意识领域是整个心理活动的基础和源泉，但其中的内容能否转化为意识，必须先经过前意识的检查。弗氏认为无意识是人先天就有，与生俱来的一种独立的精神实体，是人们心理活动的主体，无意识和意识之间相互对立，不能直接转化，要转化，必须经过前意识阶段。

弗氏晚年又提出另一种三重人格结构学说：即人由本我、自我、超我构成。

本我，又称 Id（伊低、最初极、最根本的我、兽我、原我），包括原始冲动、情欲、性欲、本能的我，处在最原始、最难以接近的心理底层，其活动原则是遵循快乐原则，是人的心理活动的内趋力，一味追求个人欲望满足，并由此导致利己主义；

自我（ego），现实的我，处在 Id 和超我之间，按现实原则活动，作用是监督 Id，但亦应适当满足，充当本我行为能否进行的仲裁者；

超我，Super-ego，理想的我，处于人格最高层次，按照至善原则活动，指导自我，限制 Id，力求达到完善的我。

弗氏举例说：兽我说，我要那个女人，现时就要（这是从本能出发），自我劝告兽我：你这样不明白能行吗，应先交朋友谈恋爱；超我警告兽我，性欲是魔鬼，应当等待，直至结婚。否则不仅缺德，而且将被逮捕。

人格结构学说的积极意义在于：第一，把人格结构分成层次是可取的；第二，内含自我完善思想有合理因素。但它把人完全生物学化，自然化，贬低和否定人的社会性、夸大生物性一面却是错误的，恩格斯说过："人永远摆脱不了兽性"，但人的本质却是人的社会性。据此不难看出弗氏学说具有唯心主义片面性。

2、本能学说（人格动力学说）

弗氏认为人格发展动力——内趋力，是本能的力量，即性力：Libido 力必多。早期弗氏认为人有两种本能：（1）自卫；（2）生殖。后看到第一次世界大战中的侵略、破坏，便把前两种本能合二为一，称作生的本能，又提出一种新的本能，即破坏、自我毁灭、死的本能。生的本能与死的本能，进行着殊死搏斗，构成人的生命力。

"本能"是个生物学范畴，弗氏主张本能决定论，实际上是宣扬"生物决定论",抹煞人的社会本性。比如他说"拿破仑发动战争是性欲没有得到满足,并升华的结果",不管弗氏主观上怎么想,客观上是在为拿破仑辩护。

3、焦虑说。焦虑是本我的需求和超我控制之间所引起的一种不安宁的情绪和感觉。

解除焦虑,求得心理上安宁的方法有(1)文饰,自我解嘲;(2)自我陶醉;(3)投射(分内投、外投);(4)反向行为;(5)升华:是指使被压抑的欲望转移到高尚的文化活动中(如达芬奇等艺术大师,之所以能创作出天才作品,是性欲得不到满足而升华的结果,也即现实上得不到满足,精神上得到补偿)。

4、泛性论及人格发展阶段说

弗氏把一切人的行为动机都归结为性本能、性力的冲动,一个人从初生到衰老,一切行为无不带有性欲色彩、性本能特征,尤其在精神病的成因中更是起着重大作用,推而广之,甚至对人类社会也有巨大作用。许多禁忌、习尚、宗教教条、道德规范、法律条款最初都是针对着人的性欲要求而产生、制订出来的。

他肯定人格在发展过程中要经过一系列心理性欲的发展阶段,并把人格发展过程等同于性组织的发展过程,认为在每一个阶段里,都有一个特殊的身体区域是力必多兴奋和满足的区域。并把这个区域称为动欲区。而且相比之下女性比男性动欲区高、性感带多。他提出性欲和性组织按力必多的发展趋势,可分为五个阶段:(1)口腔期,0—1.5岁,动欲区在口腔;(2)肛门期:1.5-3.4岁,动欲区在肛门,(大便后的快感,即性欲的满足,变态者被称为肛门人格);(3)阴茎期,4-5岁,动欲区在生殖器,变态者崇拜阳物;(4)性潜伏期5-12岁,动欲区在同伴,变态者为同性恋;(5)思春期,13岁以后,动欲区是异性,变态者为性变态人格。(关于性意识的发展,现在为多数认可的观点是a. 疏远异性期;b. 积极接近期;c. 恋爱期。)

对于泛性论应肯定两点;(1)在当时社会历史条件下,是对禁欲主义的反抗;(2)性的问题确是导致精神病的重要原因,弗氏见解具有创新意义。再则把性的问题作为研究对象也是一个大胆尝试。用其成果对青年进行性生理、性心理,性道德教育具有一定作用。

但它的错误也是明显的:第一,人的性欲并不是决定一切的因素,人是一个富有理性的、高级的社会动物，即使就纯生物学意义来讲，美国进行的一个实验表明：人的性需要和饮食相比也只占第二位；第二，不符合事实。鲁迅讲：婴儿转头不是为了接吻，而是为了吃食；第三，泛性论的传播对于西方宣扬的性解放，性自由具有推波助澜作用。

5、梦的研究：弗氏认为梦是一种有价值的精神现象。它实质上是一种被压抑对象的变相的、象征性的满足。由于梦是经过化装的心理，因此应释梦。梦分显象和隐义两部分。前者像谜面，后者像谜底。应从谜面开始，经过分析，揭示出谜底所在。梦有五种化装方式：（1）浓缩；（外显的梦比内隐的梦内容上要少得多）因此，梦是一种简略译本。花：代表美丽的教授夫人；（2）转换：在梦的显现当中隐藏着的隐义有时发生转移（我回去取手杖，实义是回头再看一眼女主人的模样，受"一看是君子，再看是小人"观念束缚所致）；（3）戏剧化，把抽象的东西变成具体的东西（比如梦见塔尖—男性）；（4）加工改造（使无条理的东西改造成有条理的东西）；（5）仿同（发音相同，引起联系：恨姓牛的，就梦见打牛）。

应当肯定弗氏对梦进行心理分析确是一个首创。（巴甫洛夫是从生理机制分析，弗氏则从心理机制分析）；此外对梦的研究、分析对于了解患者病因和治疗疾病具有一定的参考价值。

问题在于（1）把梦看成仅仅是对被压抑的性的满足未免失之偏颇。（应该说心有所思，夜有所梦；再则寝于冰者梦溺；寝于薪者被焚，这表明做梦和外界环境也有关。而且人不仅有美梦，还有苦梦；真正甜蜜的梦不多，只占20%，苦梦却占58%）；（2）带有推测性，没有实验做为根据。

五、对弗氏学说的简单评价

贡献在于，（一）打破了理性主义的一统天下，肯定了非理性因素（诸如无意识，性本能等）在人的行为中的作用，开辟了无意识心理研究的新领域，这是一个创造性的贡献与历史功绩。弗氏明确看到人的意识具有虚假性，说出来的并不是心里想的，看到人在失去理智情况下所表现的那种疯狂心理，开辟这一领域的研究有助于全面研究人的心理生活，具有重大的理论意义和实践意义。萨特指出："只有弗洛伊德的精神分析学才能告诉我们一个成年人的全部心理生活"，弗氏学说的出现显然是对唯理主义的一个反动。

弗氏学说的实践意义表现在：文艺上用无意识心理描写手法，扩大题材，深入刻划人的心理，意识流的表现手法即是其中一例；在教育上调动人的无意识活动的精神能动性，提高学习效率（1979年联合国教科文组织在索菲亚进行英语教学试验证明了这一点）；在司法审判实践上对于分析犯人犯罪动机，案情审理也有重要作用。

（二）把需要、欲望、动机、人格的研究提到重要的日程上来，反对机械的外因论，强调心理动机是行为动力。承认人们内心矛盾、冲突、发展的作用，强调心理发展的连续性和阶段性，有辩证法的因素。说明弗氏不是停留在表面，而是要深入研究人的心理活动。

（三）弗氏创立了一套治疗精神病的理论和方法，把心理治疗提到首位，是树立现代医学模式的先驱。在医学思想发展史上是个新的里程碑和创举。

弗氏学说的错误主要在于：

第一，其理论基础是唯心主义。只承认人的生物性，否认人的社会性，不是从物质生产中去研究人的本质，必然陷入唯心论。弗氏把人的东西自然化；把社会东西心理化；把心理的东西生物化，（比如认为女人生理上的缺陷，决定心理的东西，差那块肉！指阳物）不是用社会历史去说明心理；而是相反；

第二，非理性主义：1、贬低意识，夸大无意识作用；2、轻视理智作用，鼓吹泛性论（精神分析招惹了全世界）；

第三，神秘主义。弗氏学说中的有些东西令人费解，比如提出"社会潜意识"概念，（释梦"42618"盼望三姐五哥死亡，其思想发展轨迹是从非理性主义—神秘主义）。

弗氏自认为是发动了一次"革命"。

哥白尼革命，是宇宙学革命；

达尔文革命，是生物学革命；

弗氏学革命，是心理学革命；

究竟是否成立，有待进一步研究。

第四章　存在主义

存在主义是现代西方哲学中流行很广、影响巨大的一个流派，是西方人本主义思潮中最大的一股思潮。认真分析它的基本倾向，吸收其合理因素，剔除其糟粕，无论在理论上还是在实践上都具有重要意义。

第一节　存在主义概况

一、存在主义产生的根源

（一）社会历史根源

存在主义作为西方资本主义发展特定历史阶段的产物，深深地烙上了现代西方社会政治、经济和思想文化的痕迹。要深入了解和正确认识它所提出和研究的那些问题，首先要从它得以产生的社会历史根源讲起。

1. 两次世界大战的影响

20世纪上半期，先后于1914——1918年及1939——1945年爆发了两次世界大战。它给人类社会造成的破坏和危害是前所未有的，给人类心灵造成的震撼和影响也是空前的。在战争中，人似乎失去了理性。人类尊严和价值、前途与命运都成了战争狂人任意践踏的对象。在疯狂的屠杀面前，什么理性王国，什么人道、自由、平等、博爱等都统统成了泡影。在这样的条件下，人是什么，人生的意义何在，便成了人们普遍关心的问题。而对于两次战争的发动者和失败者德国来说，对于长期为侵略者占领的法国来说，这些问题尤其显得尖锐。战争的破坏造成的社会各层中种种复杂的思想情绪，便成了存在主义得以产生的良好土壤；

2. 战后生产、科技发展，加剧了人们的精神危机

战后，为缓和内、外矛盾，各资本主义国家都大力发展科学技术和生产力。随着资本主义现代化的发展，人的异化问题日益加深。一方面，人们的劳动创造了巨大的财富，另一方面，这些东西却成了奴役人，与人敌对的异己力量。像西方现代派作品中所描述的那样，由于人的创造性劳动，使物质文明高度发展，但与此同时，包括经济、政治、法律、道德、宗教等都被抽象化了，并转化为一种异己的力量，变成了主宰人类命运的至高无上的权威，像神那样威压着人。以至于商品拜物教、金钱拜物教、权力拜物教等像无数条锁链束缚着人、勒系着人。这样一来，虽然个人在有限的活动范围内好像是自觉的，自主的，但在整个社会中却是盲目的，被动的。仿佛整个世界都非理性化了，动荡不定，不可捉摸，无法认识。人们普遍感到一切他人都同自己作对，处处感到受压抑。由此就萌发了一种反机械控制，反现代化，要求自由、要求"回归自然"的情绪，在一定意义上存在主义正是这种情绪的理性表现，是适应着人们摆脱异化、渴望自由的要求应运而生的。

（二）理论思想根源

但是存在主义作为一种哲学思潮，毕竟又有其思想理论上的原因，具体说来：

1. 是从古至今西方非理性主义发展的继续。

（1）古代希伯莱文化和希腊文化中的非理性因素；

（2）教皇奥古斯丁关于信仰高于理性的说教；

（3）笛卡尔"我思故我在"的主观主义原则；

（4）康德：人为自然界立法；

（5）唯意志主义，特别是尼采哲学，生命哲学（柏格森）的直觉主义对其影响重大。

2. 胡塞尔现象学是其产生的直接根源。

3. 克尔凯郭尔是其思想先驱。

二、存在主义的基本特征

存在主义学派内部虽然观点各异，但在以下几个方面，却是基本一致的：

（一）以"存在"作为它的基本问题。此处"存在"不是泛指一般性的"存在"，而主要是指个人存在；

（二）从揭示人的本真的存在出发揭示存在者的存在结构；

（三）既反对传统的本体论，又反对现代实证主义；

（四）在本体论上，他们认为哲学研究的对象是"人"或"人的存在"。因为，只有人才能意识到自己的存在，人之外的万物都不能意识到自己的"存在"，因而也就无所谓存在，只能是虚无。他们还认为，人是个别的存在和活动的存在，人的存在的情态是烦恼、冒险和死亡等。只有从这种情态出发，才能揭示人生的特点、价值和意义。基于这种看法，他们认为以往哲学的最大缺陷就是忽视了"人的存在"，贬低了人，不尊重人；因此，他们主张"提高人类"，关心人的价值，给人以尊严，给人以自由；

（五）在认识论上，从"人的存在"出发，否认客观世界及其规律的独立存在，认为主观的纯粹意识是最可靠的存在，除此以外，世界上的一切都是不确定的，杂乱无章的，偶然出现的东西。因此，在他们看来，支配世界一切的不是理性，更不是科学的力量，而是纯粹的意识；

（六）在社会历史观上，由于把"人"看作是脱离社会、历史而存在的单个人，即纯粹生物学上的人，势必导致历史唯心主义。

三、存在主义的影响和传播

作为一种有影响的哲学流派，存在主义产生于第一次世界大战后的德国，其标志是1927年海德格尔《存在与时间》的问世。另外，雅斯贝尔斯也是德国存在主义的主要代表（海氏是无神论的存在主义、雅氏是有神论的存在主义）。存在主义的产生适应了德国社会精神上的需要，一段时间内成了最引人注目的理论。纳粹势力上台后，情况发生了变化。存在主义的中心由德国转移到了法国。二战中和二战后，在法国形成了以萨特为代表，包括马塞尔（G. Marcel 1889—1973）、加谬（A. Camus 1913—1960）、梅洛-庞蒂（Merleau-Ponty 1908—1961）等为代表的法国存在主义。这些人不但是哲学家，而且还是作家，戏剧家或政治家，善于用文艺或通俗的形式来表达哲学观点，使存在主义不仅在思想界，也在广大知识分子中广泛传播开来。

上世纪50年代到60年代，存在主义思潮席卷西欧，波及东欧，以致在美国，日本，拉美等地也流行起来。

在美国的传播主要通过巴雷特、怀尔德和蒂利希等人。巴氏最早把克尔凯郭尔的思想传入美国，企图把存在主义和美国的传统哲学结合起来，以便更有效地思考人的存在价值。怀尔德力图把存在主义作为他的实在论的补充，用以和马克思主义抗衡；蒂氏认为人在资本主义世界正经历着"异化"，人要追求真正的存在是不可能的，于是不得不转向上帝。海德格尔的存在主义成了他神学存在主义的理论基础。

在东方，日本是传播存在主义并受存在主义影响最早、最深的国家。早在19世纪20年代，如西田几多郎、三木清、田边元等就把存在主义介绍到日本，并和东方佛教相给合，建立了"日本型的存在主义"。二战后，由于失败带来的灾难、危机、失业、罪恶等问题，使日本各阶层人们从不同立场考虑人的生存和意义问题。存在主义、特别是萨特的存在主义更加适合日本知识界的心理，很快就在日本流传开来，并在知识分子和青年学生中掀起了一股"萨特热"。当时在日本创立了存在主义协会，出版了《存在主义》杂志，翻译了大量存在主义论著，60年代后期，才逐渐减弱。

在中国，存在主义及其文艺表现早在50—60年代已输入进来，萨特本人1955年还访问过我国，但当时没有产生大的影响。70年代末—80年代初，存在主义在中国广泛传播，在部分青年中尤其受到关注，掀起阵阵"萨特热"，这有其广阔深远的背景原因，值得我们深思。

第二节 海德格尔的存在主义

一、生平与著作

海德格尔（Martin Heidegger，1889—1976）是存在主义的创始人和主要代表之一。1889年9月26日生于德国西南部巴登邦弗赖堡市附近的梅斯基尔希。早年于弗赖堡大学先是研究神学后来是哲学、人文科学和自然科学。并对胡塞尔现象学产生浓厚兴趣。1913年在李凯尔特指导下完成论文《心理主义的判断理论：对逻辑学的批判的积极贡献》，取得博士学位。1915年又在李凯尔特主持下通过考试取得讲师资格，入弗赖堡大学执教。跟随胡塞尔参加《哲学和现象学研究年鉴》的编辑工作。1923年起任马堡大学哲学副教授。1928年胡塞尔退休，在其推荐下，海氏回到弗赖堡大学接任哲学讲座教授。在这之前即1927年他的最主要著作《存在与时间》在《年鉴》第8期上首次发表。这本书奠定了他一生哲学活动的基础，被视为开辟了现象学运动的一个新方向，并被奉为存在主义的创始人。30年代后，和胡塞尔之间的关系日趋冷淡并最终破裂。1933年希特勒上台，海德格尔被选任为校长，其就职演说《德国大学的自我宣言》是亲纳粹主义的。1934年辞去校长职务。战后因这段历史受到审查并被禁止授课。1951年恢复讲课，1959年退休，1976年5月26日辞世。

海氏一生著述甚丰，除《存在与时间》外，主要著作还有《康德和形而上学问题》（1929）；《论根据的本质》（1929）；《柏拉图的真理学说——附关于"人道主义"的信》（1942）；《论真理的本质》（1943）；《林中路》（1950）；《形而上学导论》（1953）；《哲学——这是什么？》（1956）；《同一与差异》（1957）；《走向说的途中》（1959）；《技术学与转向》（1962）；《路标》（1967）；《走向思的事业》（1969）；《现象学和神学》（1970）；《现象学的基本问题》（1975）等。

二、存在主义思想

海德格尔在《存在与时间》中指出，"存在"的问题自古希腊柏拉图以来就无人真懂，甚至没有人真正思考过，全部西方哲学史都把"存在"的问题作为"存在者"的问题处理，从而导致"存在"的失落或遗忘。而在海氏看来，"存在者"是由于"存在"才得以成为"存在者"。换言之"存在者"要以"存在"为前提。因此在他之前的、名义上以"存在"，实际上以"存在者"为核心的本体论都是盲目的，舍本逐末的，"无根的本体论"。他自称也是本体论哲学家，但他要建立的却是真正以"存在"为本、以"存在"为根的基本本体论。其主要内容可以概括为这样几个方面。

（一）"存在"与"存在者"

"存在"是海氏全部哲学的核心范畴。在西方，虽然自巴门尼德以来，它被作为最高的和最基本的哲学范畴进行过研究，但结果如何呢？海氏借用柏拉图的话说："当你用'存在着'这个词的时候，显然你们已经早就熟悉这究竟是什么意思，不过，虽然我们也曾相信领会了它，现在却茫然失措了"（《存在与时间》第1页）。这表明，在海氏看来，传统哲学有一个根本性的错误，即都是在没有真正了解"存在"的意义之前就肯定了它的存在，尽管对"存在"各有各的看法，但都把无论是物的存在还是精神的存在当成现成已有的、具有规定性的东西，即"存在者"了。因此海德格尔追问道："'存在者'这个词究竟意指什么？我们今天对这个问题有答案了吗？不。所以现在要重新提出存在的意义。我们今天之所以盲然失措仅仅是因为不领会'存在'这个词吗？不。所以现在首先要重新唤醒对这个问题的意义之领悟"（同上书）。这表明，海氏关心的是：存在者怎样存在，存在的意义如何，对一个"存在者"为什么说它是存在，而不是非存在呢？他认为在他之前的哲学对此没能作出令人信服的说明，因而他给自己的哲学规定的具体目标"就是要具体地探讨'存在'意义的问题"（同上书）。

1、"存在"的含义

"存在"，德文原文为 Sein，海氏自己对这个概念也没有作过明确的规定。但从他的著作中可以看到他是把它看作是一切存在物的基础，用它来表示抽象的、一般性的"存在者"。也就是说，它没有具体的规定性，只表示事物存在的可能性。另外，他也把它看作"显现"、"在世"、"在起来"的过程。认为一切事物都是在显现的过程中显现出来的，都是在"在起来"的过程中存在的。

2、存在的意义离不开自我

人们通常把存在了解为一种属性，是由存在者发出，后于存在者的一种属性。海氏认为这不对，存在不是一种属性，它的意义要从人、从自我确定，如何理解？海德格尔谈的不是某一特定物质性实体的存在与否，而是谈的一般性存在的意义。是意义就离不开主体，是意义就因主体的在与不在而变化。

3、"存在者"的含义

"存在者"德语原文为 Das Seinde，意指现在已有的，显现为现实的存在物，以及仅仅作为观念中的事物、现象。用我们现在的话来说，就是现实存在者的客观事物，无论是精神性的，还是物质性的，只要存在着，就都是"存在者"。

4、"存在"和"存在者"的关系

在海氏看来,"存在"是确定"存在者"作为"存在者"的东西,是一切"存在者"得以可能的基础和先决条件,是使"存在者"显示其为"存在者"的活动、过程。一切"存在者"首先必须存在,才能成为现实的、确定的"存在者",没有"存在"就没有"存在者",因此,"存在"较之"存在者"具有优先地位,这里主要是指逻辑上的优先,而不是时间上的优先。因此,不能把"存在"看作是"存在者"的最高概括,因为它不是某种抽象的或绝对的存在。海氏认为存在总是存在者的存在,即存在者的存在方式。这种方式可以从两个方面理解:第一,不是指现成已有的、静态的存在方式,而是指可能的、动态的存在方式,不是空间上的存在方式,而是时间上的存在方式。第二,这种方式在本质上就是它的时间性,它没有现实的本质,不能给它下定义。它仅仅是"在起来",因此,不能问"存在"是什么,只能问"存在者"怎样存在,为什么存在。而这便是通过"存在者"追问"存在"的意义。特别是通过"自我",通过"人",也即后边讲的"此在"去追问"存在"的意义。

但是,过去的哲学把它们混淆起来了,使之在本体论的研究中,只是探求"存在者"是什么的问题,而没有涉及"存在"本身的问题。而海氏认为,无论把"存在者"说成是什么,总会有一个更深层次的问题要回答,即"存在者"为什么"存在"?怎样"存在"?为什么会成为这种形式的"存在者"?因此,他提出只有把"存在"从"存在者"中烘托出来,才有可能澄清和求得"存在"的意义,从而建立起"有根的"即基本的本体论。

为此,海德格尔改造胡塞尔的现象学方法,使之成为所谓解释学的现象学,用来把人自己所意识到的种种"存在"的状况、状态解释出来,也即由自我出发,来澄明、澄清在的意义。

(二)"存在"与"此在"

上文谈到澄明、揭示"存在"的意义,必须通过追问"存在者",可是"我们应当在哪种存在者身上被解存在的意义?我们应当把哪种存在者作为出发点,好让存在展示出来?出发点是随意的吗?"(《存在与时间》第9页)海德格尔回答:出发点不是随意的,作为出发点的存在者只能是"此在"。

1、"此在"的含义

"此在"的德语原文是：Dasein，类似于黑格尔《逻辑学》中的"定在"、"限有"。在《逻辑学》中，黑格尔的"定在"，"限有"是指一种特定的，具有一定规定性，一定限制的"特殊的存在"、"特定的有"，它既可以指特定的人，也可以指特定的"物"。而海氏的"此在"则专指人的存在。不过，这种人是具体的、有血有肉的、有理性的存在，是作为"存在"意义的提出者和追问者的人的存在。"Dasein"这个词从字面上说，本来就是指"这一个（da）存在"。这里的"这一个"是指意识到自己当下存在着的个人。"Dasein"不是海德格尔的首创，但他赋予它和以往不同的含义：在外延上，它专门用来指人，在内涵上，它是无规定性的。因为他认为这种存在没有现成的本质，它不被任何现成的东西规定，它是自己在"存在"的过程中，才获得自身的特定本质的。正是根据人的这种存在方式，海德格尔才用"此在"来称呼它。这种"人"实际上是把现实的人加以抽象化、本体论化的结果。

2、从"此在"揭示"存在"意义的理由

海德格尔之所以确定通过人，通过"此在"去揭示、澄明"在的意义"，是因为在他看来："此在"与其他的"存在者"不一样，它是一种特殊的存在者，能够成为"存在"问题的提出者和追问者，能够领悟其自身"存在"的存在者。因此，只有它才能揭示出"存在者"存在的意义来。具体说来：第一，因为每个人都是领会、意识到自己存在的存在者，即使不使用语言，每个人也都能意识到自己是"我"，"我存在着"。而且，这种对"我"的存在的领会，早在把存在当作孤立的概念理解前就有了。因而这种对自我当下存在的领会就为人们理解、表达和探索"存在"意义的问题提供了可能。第二、自我不是独自存在，而是存在于周围世界的人和物之中。与周围世界中的人与物接触、打交道就是人的存在方式；人不仅仅根据这些存在方式把自己领会成一个存在者，而且还从这种存在的过程中获得了对他人和他物是怎样的一些存在者、他们是如何存在着的理解。可见追问此在，不仅是领悟自己怎样"存在"，而且也是揭示其他存在者如何存在的前提与基础。正是人、"此在"，这种存在者的这些特点或优越性，才使得它在一切存在者中占有特殊的地位。

3、"此在"和其他存在者

"此在"也是"存在者",不过在海氏哲学中,它是专指人这种"存在者",那么人这种意义上的"存在者",也就是"此在"和其他存在者比较起来有哪些不同呢?

第一,"存在者"状态上的优先地位;"此在"的规定性就是它的存在本身,它不是现成的东西,只是一种可能性;

第二,本体论上的优先地位;"此在"是能够追问自己如何存在的存在者,这种追问本身就是它作为存在者的存在意义;

第三,"此在"不仅包括了对自身存在的领会,也包括了对一切其他存在者的存在的领会,它打通了一条通往其他一切存在者存在的门户,是从本体论上研究其他存在者的基础。

正是"此在"具有这些其他存在者不具有的优越性,因此在本体论上首先加以追问的就是其他"存在者"之前的"此在"。就是说,哲学本体论所要追问的本原,首先应该到"此在"中去寻求。于是,询问一般存在意义的问题便成了询问"此在"的存在意义问题。

以上表明,海德格尔是把"此在"、"我的在"作为第一性的东西和作为本体论要追求的本原,这显然是他的基本本体论的出发点。

(三)"此在"与"在世"

1、"在世"的含义

"在世"的德语原文是"In der welt sein",是海德格尔自己生造的一个复合词,意思是"在世界之中",简缩为"在世"。要注意的是"在世"的"世"即世界既不是先于、也不是后于"此在"而独立存在,而是与此在同时出现,同时存在,是此在最基本的存在状态,所谓此在的存在实际上就是指"此在在世",在这个意义上"在世"可以说是此在的先验规定性,是此在与生俱来的。

2、此在与在世融为一体

海德格尔认为在世意义上的世界同人们通常所说的客观世界,作为离开意识而存在并作为意识对象的自然界不同。因为作为存在者总体、总和的客观世界,自然界不能觉察、领悟、揭示自身,它只能在与此在的联系中由此在领悟和揭示。没有此在在世就没有任何其他存在者提出、追问客观世界存在与否、如何存在的问题,因而离开"此在"、离开"人",谈论是否存在着一个世界以及它如何存在的问题就是一个无意义的问题。对此海氏明确提出:离开了"此在","到底有没有一个世界以及这个世界的存在能否证明?这是一个毫无意义的问题。因为这个问题是由在世的此在提出来的。除了此在还有谁提这个问题呢?"(《存在与时间》第246—247页)。这表明海德格尔把客观世界是否独立存在的问题排除于自己的哲学以外,而他心目中的世界是与此在密不可分、浑然一体的。"在世"只能是此在的存在状态。如果没有此在存在,也就没有世界在此。这固然与否定此在之外存在着外物与他人的观点有别,但同时也与承认客观世界是不依人的意识为转移而存在着的唯物论观点有着本质的区别。

3、在世与烦

海德格尔认为此在的存在即"在世",而在世的基本结构是"烦"。

"烦"的德语原文是 Sorge,含焦虑、烦恼、关切、担忧、操心等意。海氏提出"只要此在是'在世的在'它就彻头彻尾地被烦所支配,'在世'打上了烦的印章,这烦与此在是一而二二而一的"(《存在与时间》第243页)。

烦有"烦心"与"烦神"之分。前者是指此在与他物发生关系的存在状态,后者是指此在与他人发生关系的存在状态。烦心中的"他物"不是指与此在发生某种关系的他种事物,而主要是指此在借以与他物发生某种关系的"用具"。某种用具(工具)存在以它们为此在所用这种活动为前提。此在使用用具既揭示了此在本身的在,也揭示了用具的在。而用具也不是孤立的,它总有其来源,以此类推,通过用具的使用就揭示了与此在有关的其他存在者以及整个世界的存在,而这种存在的意义正是在烦心这种活动中由此在赋予其他存在者即整个世界的。

烦神是烦心活动的进一步引伸。在烦心中此在不仅与用具打交道,还要与相关的他人打交道。如读书就要与写书的人、卖书的人、印书的人打交道,吃饭就要与种粮的人、做饭的人打交道等。因此,此在的在世不是孤独的个人在世,而是与他人一道在世,即共同存在、共同在世。但这种他人的在世、存在的含义同用具的在世、存在一样,也是由此在的在世赋予和揭示的。不过他人的存在和用具的存在不同的是"他人倒是我们本身多半与之无别,我们也在其中的哪些人"(《存在与时间》第154页)。因此,烦神在世活动中的此在是共同此在。

海德格尔把"此在"的在世归结为"烦",在一定程度上反映了资本主义社会中人际关系的真实状况,但他不去揭示人之所以烦的社会历史根源,却把它归结为个人的先天结构,这就既歪曲了人的本质,也掩盖了个人和社会一切问题的真实根源。

4、在世的时间性结构

海氏认为此在在世、存在主要不是指的像桌子在房间里摆着、张三和李四都在教室里坐着那样的空间形式,而主要是指一种"在起来"的动态过程,是一种时间形式。既然在世的结构是"烦",因此烦也是一种过程,也有其历时性环节。

烦的时间性结构包括三个环节:先行于自身的在;已经在世界之中的在;依附于世界内其他存在者的在。三者构成一个统一的完整结构,分别为此在的将来时态、过去时态、现在时态,而烦从始至终贯穿在三个环结之中。因此从一定意义上说"时间性自行表明即为本真的烦的意义"(《存在与时间》第374页),言下之意,烦是与时间同步的,有烦就有时间,有时间就有烦,而烦又是此在的基本存在状态,因此时间又与此在共存亡,这样的时间概念和物理的、客观的时间有着根本的区别。在三个环节之中,海德格尔特别强调先行于自身的时间,即此在的将来时态。因为在海氏看来,"此在"的存在不是静态的,而是动态的,这种动态所趋向的目标、未来此在的存在状态规定着、制约着此在的过去和现在,从这种意义上来看,海德格尔的时间不是从过去流向现在和将来,而是从将来流向过去和现在。以此为契机,海德格尔就以"此在"将来的样态为尺度、为标准来衡量此在过去、现在的本真存在状态和非本真存在状态。

(四)此在的"本真存在"和"非本真存在"

"此在"存在的基本结构是"烦",此在存在的具体形态是"非本真存在"和"本真存在"。

1、非本真存在:"沉沦"和"异化"

所谓"非本真存在",是指此在失去自己独特个性,不是独立自主地存在,而是为其他存在者(包括物与人,即自然环境和社会环境)所约束、控制的一种存在方式。海德格尔指出"相互共在完全把本己的此在消融在'他人的'在的方式中。而这些他人在各种不同的，却又明显的情况下越来越消失不见了。在这不引人注意而又不确定的情况下，'常人'展开了对他的真正的'独裁'。'常人'怎样享乐，我们就怎样享乐，'常人'对文艺怎样阅读和怎样评判，我们就怎样阅读和怎样评判；'常人'怎样从'大众'中抽身回来，我们也就怎样抽身回来；'常人'对什么东西愤怒，我们就对什么东西'愤怒'。这个'常人'不是任何确定的人，而一切人（不是作为总和）又都是这个'常人'，就是这个'常人'规定着日常生活之在的方式"（《存在与时间》第164页）。

"此在"既然为"常人"所支配，个人不需要也不可能对任何事物作出自己的判断，更不需要、也不可能对自己的行为作出选择，一切依"公共意见"、"公共舆论"为准绳，其结果必然使此在失去了自己本真的在，所谓"沉沦"正是指此在的这种"在的"状况。海氏还特别谈到在日常生活中，人们常常为闲谈、好奇、两可等习尚所支配而处于沉沦的状况。他说："闲谈、好奇、两可，这些就是此在日常用以在'此'，用以开展出在世的方式的特性……在这些特性中以及在这些特性的……联系中，就暴露出日常生活中在的一个基本样式，'我们把它称之为此在的沉沦'"（《存在与时间》第219页）。可见沉沦与我们日常说的"从众"，"随大流"有类似意蕴。

异化是沉沦的表现特征之一。它也是指此在存在的一种样态。主要是指此在在沉沦中离开自己本真的、本己的"在"，或者说自己的本真的在被掩盖起来的状态。它的实质仍然是沉沦，但相比之下，它比一般沉沦的程度更重、更深。

要说明的是无论是沉沦还是异化，都不是指道德上的堕落，也不是此在的偶然特征、偶然属性，而是此在内在的先天结构。因为此在在世不是离群索居孤零零的独自一人，总是要与其他存在者打交道，就必然处于一定的自然和社会环境中，也就必然受到体现"常人"统治的社会政治制度、社会舆论、法令法规、道德规范、风俗习惯的约束，这就意味着此在的沉沦与异化带有必然性。

2、本真存在："畏"与"死"

如果说此在的非本真状态是指"此在"丧失自我、丧失本己、总是处于一种沉沦、异化状态之中的话，那么本真状态则是指"此在"保持自我、本己，处于一种畏的情绪之中。

"畏"的德语原文为"Angst"。海德格尔认为"此在"在世的基本结构是"烦"，而"烦"的现身以及自我对烦的领会都要通过"畏"来实现。因为烦中必有畏，揭示了畏，才能进一步窥探烦的整体性结构。

在海德格尔看来，畏和"怕"（Furcht）不同。因为怕有确定的对象，或者怕某物，或者怕某人，总之担心对象会给自己造成某种伤害。怕所表现的只是此在在日常生活中的当下状态，而不是此在的"存在"本身。畏与怕不同的是，不知道畏什么。海德格尔指出"畏之所畏说明的是：进行威胁者什么也不是。畏'不知'其所畏者是什么。但'什么也不'并不意味着无，而是在'什么也不'中已为本质性的、空间意义的、在中的在有了整个境界，有了整个世界之开展状态"（《存在与时间》第231页）。这就是说畏的对象是"什么也不是"，但这种什么也不是并不是虚无，并不是没有，而是一种可能性的在世，正是这种"什么也不是"才使得此在的在的具体形式展开成为可能，也就是"在"本身。正是在这个意义上海氏说："畏所畏者就是在世的在本身"（《存在与时间》第232页），说得通俗一点，就是畏的对象不是现成的、实体性的此在，而是"此在"在起来的过程本身，即"在本身"。既然只要有"此在"在，就有"此在"的"存在"在，也就有对它的"畏"在，因此"畏"作为此在的基本情绪是先天固有的，是与此在共始终的，因此是"此在"的本真存在状态。换句话说，只有在畏这种情绪中，作为此在的个人才能超脱日常生活中的种种制约，摆脱沉沦和异化状态。在此，个人不是作为确定的在者存在，而是作为在的可能性存在。正是畏的情绪展现了作为此在的个人的在的可能性，使个人得以自己自由地选择自己，领会到自己的本真的在。就此，海氏明确指出："畏在此在中显示出成为最本己的能在的在，也就是说，显示出为自己本身选择与掌握的自由所需要的自由的在"（同上书）。"自由的在"正是不受约束的在、本真的在，这种在只有在畏中才能领会、体验到。

畏是此在从非本真存在到本真存在的重要途径，而畏死则是畏的极端表现，人正是在对死的领会中才使人真正由非本真的存在走向本真的存在。

海德格尔心目中的死和生理、心理或经验上的死不同，他赋予死的涵义是：

第一、死是"此在"的终结,然而它不是现实的,只是此在存在的一种可能性;

第二、这种可能性是本己的,任何人的死都是他自己的死,是其他任何人无法替代的,在这个意义上可以说是此在最本真的在的一种具体表现;

第三、这种可能性是无关涉的,就是说,死既然是个人自己的死,那么它与他人和世界无甚关联;

第四、这种可能性是不可超越的,任何人都无法逃避死的命运;

第五、这种可能性是不确定的,死随时都有可能发生,但究竟什么时候发生则是不确定的。

死既是一种可能性而不是一种现实,因此在死以前,在此在真正领会了死的意义以后,人就能毫无牵挂地、自由地去开展出自己最本己的能在,积极地自我设计、自行选择、以便实现最能体现自己特点的存在的各种可能性。换言之,即能最本真地生,最本真地存在。这表明只有揭示了死的本体论意义,才能真正领会生,即此在的本真的在的意义,用海德格尔的话说即是:"本真的存在之本体论的结构,须待把先行到死中去之具体结构找出来了才弄得明白"(《存在与时间》第307页)。

三、简短的评价

对海德格尔基本本体论可作如下简要评价:

(一)在否定传统本体论的基础上,通过对"存在"意义的追问,建立了一种新的、有根的本体论,开辟了"存在—此在(人)—自由"的存在主义思路。在这条思路中以人为中心,始终关心人,并力图从人的存在出发来解释一切,这和西方哲学史上的人文主义一脉相承,又是现代西方人本主义的重要组成部分;

(二)在对"此在"在世即人的非本真存在状态的分析中,暴露了资本主义社会对人性的压抑,使人在盲目的、外在力量的控制、约束下完全丧失了个性,成为物的附庸和他人用来达到自己目的的工具,真实地表达了不甘于沉沦和异化的知识分子的心声,对认识资本主义具有重要价值;

(三)海氏把"烦"、"畏"等看作是此在存在的基本结构,看作是人先天固有本性,掩盖了人之所以沉沦、异化的社会经济根源,势必走向唯心史观；再则他所指出的从畏中、从死中直面存在，以求返本归真、摆脱社会的制约与控制，达到所谓本真的存在也是不现实的，行不通的。

第三节 萨特的存在主义

萨特（Jean-Paul Sartre，1905—1980），法国存在主义的主要代表，同时又是作家、诗人、戏剧家、文艺评论家，卓越的社会活动家。

一、生平和著作

1905年6月21日生于巴黎一个海军军官家庭，幼年丧父，随母在外祖父家长大。开始时喜好文学，后来为探求真理而转向研究哲学。中学时代就开始接触叔本华、尼采、柏格森等人的著作，这对他哲学思想的形成和发展发生了深远影响。

1924年考进巴黎高等师范学校，1929年获中学哲学教师学衔。1933—1935年进德国柏林法兰西学院进修哲学，受教于胡塞尔门下，研读海德格尔等人的著作。二战爆发后被征入伍，1940年在前线被俘，在集中营度过了10个月，使他的思想发生了重大变化。他原来生活很孤独，远离政治，在个人小天地里进行哲学思考，而"这一下，社会的意识印入了我的头脑，我突然明白，自己是一个社会动物。战争向我披露了我自己和世界的某些面貌，比如说，我是在战争中才体会到被囚禁这一深刻的异化。我也是在战争中才体会到人与人的关系，体会到敌人"。

1943年出版了《存在与虚无》，自称是历经十年研究，两年写作才完成的。明确表示"我的哲学是关于存在的哲学，存在主义是什么，我不知道"。1945年发表"存在主义是一种人道主义"，宣称："人家管我们叫存在主义者，我们接受了这个称呼"。次年，他进一步解释说："我们所理解的存在主义是一种怎样使人的生活过得去的学说，人是其存在先于本质的一种生物，一个人不是别的，只是自我设计，只存在于自我实现的过程中，除了全部行动，除了生命，就一无所有"。1955年来华访问，前后共待了45天。1964年获诺贝尔文学奖，但拒绝接受，并坚称："我一向谢绝来自官方的荣誉"。

20世纪60年代末,许多国家发生了学潮和工潮,1968年五六月间法国发生了"五月风暴",萨特积极支持学生运动,认为"存在主义本身就是一种行动的学说,目的就是要介入生活"。宣称50年代是探索阶段,60年代是行动阶段,明确指出:"大学生和大学只有一种关系,砸掉大学,——上街游行"。为此,曾先后5次受控告,并被警方拘禁、受质询。后来,学生运动逐渐趋冷,萨特仍然认为革命在发达社会内部进行是可能的。

1980年4月15日去世,出殡时,数万群众自发为其送葬,世界舆论表示哀悼。其哲学著作除《存在与虚无》外,还有《存在主义是一种人道主义》(1946);《辩证理性批判》(1960);文学著作有《恶心》、《苍蝇》(1942);《禁闭》(1944)、《被侮辱与被损害的》、《肮脏的手》等。

二、萨特的存在论

(一)存在主义把存在放在首位

1、"存在先于本质"

存在主义不是在存在和思维的关系上突出存在,而是在本质和存在的关系中强调存在。存在主义诞生后,许多学派被称为本质主义。存在主义认为宗教哲学、康德、黑格尔哲学等理性哲学都应被称为本质主义。本质主义就是认为本质先于存在,(如裁纸刀的本质先于裁纸刀的存在),而"存在主义就是把存在放在本质之上的一种学说"(库恩语)。本质主义被存在主义者看成是一种工匠的世界观,即在属人或人化世界的范围内,一切事物都是作为可以为人利用的手段而出现,人可根据其功用、质料、加工方式等本质性的特点把它再造出来,因而它的本质先于它的存在。上升到世界观,就把整个世界也看成是一种被上帝造成的事物。用人造物的观点看待人周围的事物,就成了传统世界观的思考方式,先设定本质,再思考存在。同样,用这种工匠主义的世界观看待人,也认为人是本质先于存在的存在物,人生的任务就是领会本质,实现本质。

本质主义和存在主义的争论是世界观的争论,对于"人"来说,其冲突更为明显。本质主义认为:人的本质先于经验中所遭遇的历史存在,存在主义则认为人所遭遇的历史存在是人的本质的出发点,人的本质是在存在的过程中形成的。二者都把人生看作舞台。对本质主义来说,本质如果完全先定,那么人的存在就是虚假的；存在主义者认为人是被无缘无故地抛到人生这个舞台上来的，没有什么预定的脚本，是自己决定自己演什么。人来到舞台上本身是荒谬的。人们可以设想它是合理的，但不要设想本质决定存在，人唯一真实的就是存在。通过存在、行动、可以塑造出自己特定的本质。他说："就人而言，如果上帝不存在，那么至少有一个存在者的存在是先于他的本质，这一个存在者在他能被他的任何概念规定以前就已经存在了，这个存在者就是人，是人的实在性。"他还说："如果有上帝的话，那就是人。""人不是别的什么东西，人只是他自己使自己成为的那个东西，这是存在主义的第一原理。"

2、把存在区分为"自在的存在"和"自为的存在"

"自在的存在"指不能考虑、不能领会、意识、体验到自己存在意义的哪种存在；即"物"与"自然的存在"。这种存在不能追寻存在的意义（相当于海德格尔的 Sendier）。

"自为的存在"是能创造、能意识到自己存在意义的存在。这种存在实际上指的是"人"（相当于海德格尔的 Dasein，即"此在"）

按照分析哲学或实证主义的观点来看，存在主义和本质主义的争论是没有意义、形而上学的。霍尔巴赫说："我们的生命是我们应当按照自然的命令在地球表面上划出的一条线，我们一刻也不能离开这条线。"这是典型的旧唯物主义决定论的观点。萨特"存在主义"中的自由是向这种决定论的挑战。他认为旧唯物主义反对宗教不彻底，因为它虽然认为上帝不存在，但却承认上帝的代替品、承认决定论，"决定论即是上帝的代名词、是不是上帝的上帝"。而彻底的无神论世界观所描绘的世界图景必须是：既没有"天意"，也没有各种天意的代替品，即既不允许有上帝，也不允许有上帝的代替品。彻底的无神论必然导致存在主义。

纯粹自然的存在、"自在的存在"是无原因、无目的、纯属偶然和荒谬，是一片混沌的巨大虚无，这种自在的存在本身是非理性的，如果把不合理的东西当成合理的东西来考虑，这种行为本身就显得更为荒谬。与此相反，人的存在是"自为的存在"，只有自为的存在才会追溯自己存在的意义，努力把自己变成一个合于理性的东西。

区分两种存在，萨特的目的是为了把人和物区分开，排斥人的问题上的决定论。

在萨特看来,"自在的存在"原本是"全",而"自为的存在"、有"意识的存在"作为"无"进入这个"全",实际上是一种起着"消解""全"的作用。但是由于"意识"为"无",所以它的"消解"作用,本不影响"自在存在"这个"全",而只能起到表明"意识存在"是与"自在存在"不同的一种存在,这大概就是萨特为自己的书取名《存在与虚无》的原因。

(二) 萨特存在主义产生的历史背景

萨特酝酿、创立自己的存在主义的时候,正值法国处于被占领状态,处于危难边缘。如何理解这种现实?它是合理的还是不合理的?当时盛行一种"欧洲易主"的思想。原来,自法国大革命后,法国一直处于欧洲政治生活的中心,希特勒纳粹上台后,竭力宣扬应由德国取代法国而居于欧洲中心的地位,因而就有不少人宣扬新秩序,让人们承认历史的新主人,从而把法国被占领的事实看成一种必然,认为除了服从,法国别无出路,并认为一切反抗都是毫无意义、毫无价值的牺牲,(很有些我国抗日战争时期"亡国论"者的味道),并打出"一切需要都是客观需要"的旗号。

在人与历史的关系中,存在主义不是强调人应盲目服从历史,而是要勇于将自己的存在袒露出来,作为存在的主体,人应有袒露的勇气。当时投降主义认为人应该顺从历史,"抵抗"被认为是冒失的行为。萨特认为只有"冒失"才展示了自我存在的情绪,来自人直接的心理情绪。这种没有受到理性"压制"的情绪,是"存在的节日"。非冒失的人是压制和掩盖自己,这样的人只是社会的成员而不是社会的主人。人如果都是按照被社会同化的样式要求自己,就会成为完全被社会异化的附属物。而服从、非冒失实际上就是一种对社会的冒犯。"冒失"是一种非反思的意识,它来自对周围事态直接知觉的情绪准备,它可以解除我们对绝对东西的渴求之情。个人的最高道德义务就是应该把这种非反思意识的流露当做一种毕生目标的指示,"不只是偶尔地听从感情的支配,而是使这种冒失的行为方式成为自己存在的原则"。如果自在的理论可以看成是对当时投降理论的破坏的话,那么自为理论就是对当时所谓"冒失"而自发的抗战行为的一种赞许。这表明:人既是自为的存在,又包含着自在的存在,即人不仅以人而存在,也作为物而存在,但标明人的本性的却是人的自为的存在。

(三) 自为的存在意味着自由

萨特的存在论是其自由论的本体论基础。他认为"自为的存在"就意味着自由。

自在的存在受他物限制，自为的存在以自身为理由，不需要从其他事物加以解释。"自为和自在是由一种综合的联系结合起来的，这种联系不是别的，就是自为本身。""自为事实上无非就是自在的纯粹虚无化，它是作为一个纯有的空穴包含在纯有之中。"自为的存在是特殊的自在的存在的虚无化。通过宣称自己不是什么而宣告自己是什么，所以人对自身也是一种否定。物的存在的基本形式是从"原因—结果"，即物的过去制约物的现在，而人的存在的基本形式是从"目的—结果"，即人设定的未来存在制约人现在的存在。从物的角度讲，未来是虚无，所以在它看来，人受制于虚无。马克思在资本主义条件下，分析资本的生产仍然是物制约人，过去决定现在。而理想的社会应当是未来决定现在。"所谓自由，就是这样一种人的存在，他在分泌他自己的虚无时，使自己的过去失去作用。"物的自在存在与人的自为存在观点，是从本体论上论述人是一种特殊的存在。

三、萨特的自由观

萨特的自由观是他思想的核心，本体论只不过是一种抽象的论述，是其自由观的本体论基础。学术界因此也有人把萨特的存在主义称作"现代自由学说"，用以区别于传统的自由观。其内容包括：对自由内涵的考虑；自由和决定；选择和自由；通过选择达到自由。

1、自由的含义

萨特的自由观是相对于本质主义的自由观提出来的。所谓"本质主义自由观"是建立在对事物本质的认识上，本质间的联系表现为确定不移的规律，这就暗含着受命运的支配，摆脱不了上帝决定论、宿命论。这种情况下的自由只能是对必然的限制，自由只是表面的，在各种自由背后，还有许多决定者，所以人都是傀儡，按这种观念，自由只是表面的东西。存在主义自由观认为自由首先不是有待争取的目标，而是一种自为存在的起点，即人生来就是自由的，并且是无法摆脱的，萨特说："人生来就是自由的囚徒"。自由是人先天固有的本性，自由具体表现为人必须每时每刻不断选择，即使不选择也是一种选择,是"选择了不选择",这对于人来说,是真正的苦役,在一定的意义上,人的烦恼正是由此而产生的。

本质主义的自由观和存在主义自由观的区别主要在于担负的道德责任不同,前者既然是有条件的自由,在道德上也必然是有条件的承担,而存在主义则是无条件的承担,因为它所具有的自由是无条件的自由。这就使人的行为没有任何借口与依托,必须由自己完全承担起自由选择而来的责任,具体说来:

(1)人与物。存在主义自由观以否定决定论为前提。萨特认为如果有上帝存在,无论上帝给人多少自由,这种自由都是被给予的,是受制约的,既然是这样,这种自由实际上就仍然是不自由。承认上帝意味着承认"一切先定",因此,上帝赐予的自由仍是表面的。历史规律是后于人的行动而不是决定人的行动,物对人的自由似乎是限制,但这只是一种幻象,物不会对人做什么。

(2)人与人的关系。萨特认为人常受人的制约和人的支配。

其一、人和自己的关系(即人与自己的过去之间的关系)。最容易使人就范的就是人的过去。在这个意义上人应是一种能力,分泌虚无,使过去失去作用。实际上是让人要不断地超越、否定自己的过去。人跳不出自己往往是做茧自缚。"所谓存在先于本质,就是首先人存在、露面出场,后来才说明自身,此间并没有人类本性,因为世界上并没有设定人类本性的上帝,人不仅就是他自己所设想的人,而且还是他投入存在以后自己所自愿变成的人。""假如存在确实先于本质,那么就无法用一个定型的现成的人性来说明人的行动",换言之,不容许有决定论,人是自由的,人就是自由。

2、自由表现于选择

萨特认为,人生下来并没有先定的本质,人的活动包含了各种选择,自由包含于选择之中,正是在选择和行动中造就了人的特定本质。

(1)选择是无时不在、无处不在,同时又是不可更改的。不可更改指的是人的一切行为都转化、造就为本质,但由它并不能决定未来如何,这是选择的第一个难点;

(2)选择没有先验的标准。"验"是选择之后的体验,但为时已晚,是投入存在之后才有了存在感,在选择之前找不出适当的价值标准;

（3）伦理规则也可以自由选择。非存在主义、先验主义伦理学家是先规定出伦理的公理，然后照此确定伦理的行为。萨特认为伦理规则也可以自由选择，因为所有伦理规则都是自相矛盾的；

（4）请别人代为决定实际上也是自觉行为，因为事前就已猜出别人的意见。"如果上帝不存在，也就没有什么价值和命令使我们的行为合法化。这样，在光辉的价值领域里，无论在我们以前或以后就都没有什么可做辩护的或可以借口的东西了。我们孤零零地无可辩解地存在着。当我说人是被宣判为自由的时候，我的自由就是这种选择的自由。"萨特强调选择自由的背后，落实的是要承担的责任。

3、选择的责任

康德曾提出：没有自由意志就没有任何道德可言，没有自由就没有道德。自由就意味着承担责任。萨特指出："人，由于命定是自由，把整个世界的重量担在肩上：他对作为存在方式的世界和他本身是有责任的"（转引自《二十世纪哲学经典文本，欧洲大陆哲学卷》第674页，复旦大学出版社1999年版）。而责任就意味着烦恼，这种烦恼来自自我承担。一个人选择自己的同时也就是选择了世界，选择的标准是认为人人都应如此。因此在做出每一项选择时就宣告一个人人都必须遵从的标准，也就选择了世界是什么样子，任何对不选择的解释都是自欺欺人。海德格尔认为，人类的悲剧在于自我沉浸在、沉沦于他人之中，社会使之失去了自我的力量，因而他则要千方百计地挖掘自我，把自我从他人中提升出来。

萨特认为每个自我在完成自我时也在完成着他人，完成的行为意味着在塑造着一种特定的人格，塑造着他心目中的上帝。在责任上他强调"入世的承担"。萨特使人意识到选择既然是自我选择，那么责任就应该是责无旁贷的。这种道德责任不是先天给予的，也不是从人的本性中引伸出来的，而是由于人的选择所应担负的。每个人在选择自己时也就选择了人类，因此，每个人担负的不仅是自己的烦恼，同时也是人类的烦恼。这样，每个人既要为自己也要为他人、为世界负责。他说"人肩负着世界的全部重担，他在为世界负责，也为作为一方存在方式的自己本人负责，因此，生活中没有偶然性，任何一个突然发生并吸引我的社会世界都不是来自外部的，如果我被动员去打仗，这就是我的战争，我因战争而犯了罪，也就该受战争的报应。我之所以该受战争的报应,首先是因为我本来可以逃避它,开小差或自杀,既然我我没有这样做,就是说我选择了战争,成了战争的从犯,那就理应受到报应"。

萨特指出,选择本身没有痛苦,但对其后果的考虑使人谨慎、困难。萨特思想中的烦恼不同于海氏讲的做人本身的烦恼,萨特讲的是入世承担责任的烦恼。有人批评存在主义,认为这种承担太苛刻,难以接受。萨特认为他们这样做是害怕担负责任。他说:"人只是他自己的行为的总合,这样就不难理解为什么有些人对我们的学说感到万分惊骇,因为许多人在不幸中的唯一慰藉就是这样想:是环境和我作对,我本来应该得到比实际取得的更大的成就,我承认我没有过伟大的爱情或伟大的友谊,但这是因为我没有遇到过配受这种伟大的爱情或友情的男人或女人,如果我没有写过好书,这是因为我没功夫写,……但是对于存在主义者来说,离开爱情的行为就没有爱情,除了表现于艺术品中的天才以外,就没有天才。毫无疑问,这种思想对于那些一生无所成就的人是没有安慰的。"

这里面涉及一种现象学的方法。非现象学往往把人产生某种感情的原因归于外物,即机遇。而存在主义者由于受意向性理论启发,比如萨特则认为爱情是自我的感情辐射到对象的结果。人在其他事情上的行为也是这样,强调的是自我的努力而不是把责任推给对方。这里,萨特思想难以理解的是:何以在选择自己时就选择了人类?其实,这一点并不难理解,我们把萨特与海德格尔做个对比,就能想通。海德格尔强调的是如何把"自我"从沉迷于"他人"中唤醒,近代从尼采到海德格尔走的是人本化方向,而萨特突出强调的却是"自我的他人性",意思是说自我不仅作为自我,只要有行动,自我就应考虑自我行为的应然性,即应考虑我的行为所遵循的原则是否能成为诸如"康德的普遍性原则"那样的东西。因为,每个自我一旦行动,实际上都是在影响着他人、在塑造自己的同时也在塑造着他人。海德格尔心目中的"他人"是做人的模子,人适应于此,便沉醉于他人状态。而萨特则认为每个人自己如何做人实际上也是给他人、给世界塑造模子。选择难就难在塑造自己的同时也在塑造他人。这种观点和康德的"绝对命令"相似。因此,当一个人说"并不是每个人都像我一样",这实际上他正是在为自己的不道德行为辩护,是在自欺欺人。这表明萨特与康德一样,都把普遍性标准看成是一种伦理原则。这样，萨特就把人的全部责任放在了自己的行为上。他指出："如果说存在确实先于本质，那么人对他的本性是要负责任的"，"把行为解释为机遇、外在对象、就是为自己开脱"。换句话说，如果我们把人的行为看成是一种自由选择，不容宽恕、不容仰视，那么每一位替他的情欲寻求开脱的人，每一位企图建立决定论的人，都是不老实的人"，杀死上帝，就意味着要承担上帝所承担的责任，这表明了人类的勇气和成熟。萨特认为人应为人的本性负责，而不是让人的本性为人负责，这才是人类的希望。

萨特的自由观实际上是对西方文明由于上帝观念动摇而寻找的一个新的基础，他把它建立在人的选择行为上。特点是：（1）在自由的基础上，这种自由观同早期资本主义的自由观不同，不是建立在本质，而是建立在存在上，不是用神和人的本性解释自由，而是建立在非决定论基础上。（2）在自由的性质上，是针对西方文明的衰落所做的一种抗争。它诞生于消极背景，但却是积极的探索和抗争。

四、萨特的人学辩证法

萨特思想的核心始终是对人类命运的关注，他把整个存在主义哲学看成"人学"。一再表明"存在主义是关于人怎么过得去的学问"。他认为应把存在主义补充到马克思主义中去，用人学辩证法代替唯物辩证法，用历史辩证法代替自然辩证法，创造一种存在主义的马克思主义。

萨特接触马克思主义是在大学学习时期。二战期间和战后与共产党人有联系。50年代先后到苏联和中国游历，这之后对马克思主义的反思更加深沉。

1、用存在主义补充马克思主义

（1）萨特认为马克思主义在当代是不可能被超越的，尽管马克思主义有许多问题，但不能被超越，这是由社会发展状况决定的，整个社会发展问题没有解决，马克思就不能被超越。他认为从17世纪—20世纪，可以区分为三个哲学时代：A、笛卡尔、洛克时代；B、康德、黑格尔时代；C、马克思时代。他认为存在主义是在马克思主义旁边发展起来的，"等到马克思主义的研究把人的因素当做人类知识的基础之日，存在主义就没有存在的理由了"。意在说明，虽然马克思主义是不完善的，但还谈不到"超越"，因为它基于社会发展所提出的问题并没有完全解决。

（2）马克思主义有待制作和补充。萨特认为：马克思主义虽然在基本目标和原则上正确，但在当代缺乏活力。只知守卫原则而不能灵活运用和发展。他说："马克思主义有待制作，马克思主义应冲锋陷阵。而不是分兵防守，应以辩证的合理性代替实证，不被实证腐蚀。指出辩证的真理和实践应当是什么。可是这些工作一样也没有做，连试都没有试一下。"他认为辩证法、真理观、实践论中都涉及人的问题，都应以人为理论基石。但目前的马克思主义中没有，缺乏人的环节。这种状况是如何造成的？马克思主义创立时还有人，但恩格斯和斯大林给马克思主义洗了一个硫酸澡，把人消融了。马克思主义谈人，但不是具体的人，是一种非人的人学，患了贫血症。他不满意马克思主义把人看成经济制度的产物，他说："马克思主义把人解释为经济制度的产物，这不符合我们的信念。我认为个人是自由存在的，它必然形成真正革命的基础。"把人解释为经济制度的产物，许多人将此看成是马克思的功绩和新视角，萨特却认为它窒息了马克思主义中活的东西，成为官僚主义的理论工具。因为经济制度是以集团和社会而不是以个人为基础。"党的领导者们热衷于把集团的整体性发展到极端，他们害怕真理的自由发展连同它们所包含的一切争论和矛盾会破坏斗争的统一性。他们给自己保留了决定路线和解释形势的权力。此外，他们又害怕经验会带来它特有的革命性，会使人怀疑他们的某些指导思想并削弱'思想斗争'。另一方面，由一群不愿承认错误的官僚主义者所强制执行的计划变成了一种强加于现实的暴力。他们先验地使人和物服从思想。经验如果没有证明他们的预见，那么它只能是错误的。"这样，在现有的马克思主义内部就出现了一块空白，即"人学空场"，存在主义对人的研究正是填补了这个空白，是马克思主义的一块飞地。

2、辩证法应该是人学辩证法

萨特确认：首先，辩证法不应是自然的，自然本身无所谓辩证和非辩证之分。自然辩证法实际上是人运用辩证法发现的一些自然景观，辩证法只能存在于人的社会构成中。当恩格斯把它所具有的社会属性变成了自然属性，就把它变成了一种神秘的形而上学宿命论。这种辩证法是通过非辩证的方法如比较、类比、分析、归纳得出的自然界的辩证规律。他还指出："恩格思引过三条规律，说有三条辩证法规律，老实说，我认为他错了。辩证法的规律没有三条也没有十条，而只有一个，那就是自我决定的辩证法。"这种自我决定是先验的总体化过程，或整体化过程。

其次，他认为：辩证法是先验的总体性、或总体化过程。"先验"是有待反思的、先于经验的。以前的辩证法停留于经验界，萨特反对辩证法的经验化、分析化、实证化。在他看来，上、下、生、死的矛盾是经验矛盾，不是辩证法的矛盾。辩证法的谜不在对象中而在于人，把种种神秘性带入世界的是人的存在。当人运用意识去把握对象时，由于意识本身具有超越性结构，是事物本质和意义的辐射者，当它赋予事物以特定的本质或意义时，就有可能产生辩证的或形而上学之分，因此辩证法只能是人学辩证法。

这儿的总体性和康德的总体性接近，它所针对的是个别现象、个别实例。康德的总体性是超越现象之外的总体性，接近个别之中所包含的普遍性。现象界中的事物是有限的（西语中的"限"是规定，不同于汉语。有限、无限不是量，而是质的问题）。总体性是个别事物之中的普遍性，因而是"无限"。物自体和现象的矛盾（二律背反）是真实的辩证法的矛盾。康德认为在知性范围内、在形式逻辑范围内，如果思想陷入矛盾，说明理性出了问题，它和辩证法所说的矛盾不能同等看待。

3、人的总体化构成

萨特强调具体和个体的人是他讨论人的起点。"存在主义的对象是社会领域内的个人，是存在于集体对象和阶级中的个别人，是由劳动分工、剥削而被异化、物化、神秘化而又用各种手段和工具同异化斗争的个人"，这样的人是如何出现的呢？他认为这是在个人发展的总体化过程中出现的。

（1）个人的总体化，是人的总体化的第一个环节。指人由生物学意义上的人成为有社会需要的人。个人总体化的第一个环节是存在。这种存在产生了人的特殊需要。正是由于这种需要，才产生了"缺元"（稀有），"缺元"可能使许多人面对一个共同缺元，这就上升到"群"的概念，即人所以成群，不是动物简单的群，而是共同缺元导致的。群的特点是内部没有组织，没有分化，彼此松散地结合，这个组织随时都可能瓦解，在群的基础上产生了集团。集团区别于群，集团内部有分工。集团的目标可能超越个人的目标，从个人到群，再到集团完成了个人的总体化，超越了个人形成集团。

（2）集团的总体化：第一个环节是无定型集团，仍带有群的性质。没有组织、纲领，只是有共同的需要和目标。为了巩固，形成誓愿集团。这时，如果退出或逃离集团就会受到惩罚。为了维持誓愿就需要领导者、制度、纲领，内部分化，这样就形成组织集团或制度集团。这种集团中首先要有一部分人对付自己人，负责清理背叛者。它的目标就改变了，集团中可能形成一个领导层，用于内耗，这时最可怕的是出现异化现象。此时的领导者完全背叛了当初的誓愿。集团和领导层不是靠目标而是靠确定的制度维持。这时集团发展到了顶点。个人无法反抗而只能听任异化。个人的选择只有逃离和分化，从而组成新的集团，这就是集团总体化的辩证法。

第五章 法兰克福学派

法兰克福学派是西方马克思主义中影响最大、最具有代表性的一个学派。"西方马克思主义"与"西方马克思学"是两个不同的概念。后者一般是指西方资产阶级学者对马克思的思想、著作进行研究而形成的一门学科,这些人并不是或并不自称是马克思主义者。而前者往往是共产党或社会革命党人,他们大都信仰马克思主义,或自称是马克思主义者,但又往往依据变化了的情况,提出要变革、革新、改造马克思主义。早期的西方马克思主义代表人物有匈牙利共产党的卢卡奇(G..Lukacs,1855~1971年),德国共产党的柯尔施(K. Korsch,1886~1961年),意大利共产党的葛兰西(A. Gramsci,1891~1937年),以及德国的布洛赫(E. Bloch,1855~1977年)等。到了20世纪20年代后期,西方马克思主义除了法兰克福学派之外,还有以萨特为代表的存在主义的马克思主义,以阿尔都塞为代表的结构主义的马克思主义,以德拉—沃尔佩和科莱蒂为代表的新实证主义的马克思主义,但其中影响最大的却是法兰克福学派。

上世纪"一批志同道合者于20年代后期会聚在法兰克福——从那时起便以法兰克福学派而著称于世"(《思想家:当代哲学的创造者们》,北京,三联书店,1987年版,第54页)。这表明这个学派的形成与法兰克福大学密切相关。法兰克福大学社会研究所成立于1923年。它的第一任所长格林贝格,第二任所长霍克海默,第三任所长霍克海默和阿多诺都共同致力于新形势下马克思主义的研究,在回答时代提出的问题、从事理论活动时普遍遵循两条基本原则:即当他们发现马克思的理论存在着缺陷或认为不能回答现实问题时,他们做出的选择:一是用当代其他学者的理论"充实"和"完善"马克思主义,二是找出马克思著作中潜在的东西来重新解释马克思主义,个别的走得更远，甚或提出"马克思主义已经过时"，必须另辟蹊径，走出一条新的道路来，其主要代表除上面说到的以外，还有马尔库塞和哈贝马斯、施米特等人。

第一节 霍克海默、阿多诺的"辩证法"

一、生平与著作

马克斯·霍克海默（Max Hokheimer 1895～1973年），法兰克福学派创始人，德国哲学家、社会学家。出生在一个工厂主家庭。先后于慕尼黑、弗莱堡和法兰克福大学学习，并于1922年以论文《康德判断力批判》获哲学博士学位，后在法兰克福大学任教，1930年接任法兰克福社会研究所所长，直到1953年退休为止。其主要著作有：《黑格尔与形而上学问题》（1932年），《真理问题》（1935年），《传统理论和批判理论》（1937年），《工具理性批判》（1967年），《批判理论》（1968年），《社会哲学研究》（1972年），以及与阿多诺合著的《启蒙辩证法》（1947年）等。

西奥多·维森格隆特，阿多诺（Theodor Wiesengrund Adorno，1903～1969年)），德国哲学家、社会学家、音乐理论家，法兰克福学派重要成员。出生于犹太酒商家庭。1923年参加法兰克福社会研究所。希特勒执政时流亡法英等国研究音乐、美学。1938年应邀赴美，1956年接任所长，1969年因反对参加造反行动的学生而受到激进派的指责，不久在抑郁中辞世。其主要著作有《新音乐的哲学》（1949年）、《黑格尔研究三讲》（1963年）、《否定的辩证法》（1966年）、《社会批判论集》（1967年）以及与霍克海默合著的《启蒙辩证法》等》

二、霍克海默的"启蒙辩证法"

《启蒙辩证法》是霍克海默与阿多诺1940—1944年合著的一部著作，出版于1947年。虽然它是由松散的，内容不系统、不连贯的哲学片断构成，但在法兰克福学派的发展史上却是里程碑式的著作，首创对自由资本主义发展到垄断资本主义时期的研究，奠定了法兰克福学派社会批判理论的思想基础。

该著认为：原本使人们从恐惧、迷信中解放出来的进步思想、启蒙理性，由于自身具有的普遍性、强制性，从而形成的统治性特点，按照自身发展的内在逻辑转化成了自己的反面，由原本追求的对自然的征服和控制观念，反过来成为奴役与束缚人的绳索，成为要人们服从的"秩序"与"权威"，原本使人获得自由的东西反而使人丧失了自由，这正是"启蒙"辩证发展的过程与结果。

霍克海默写到："从进步思想最广泛的意义来看，历来启蒙的目的都是使人们摆脱恐惧，成为主人。但是完全受到启蒙的世界却充满着巨大的不幸。过去启蒙的纲领曾经使世界清醒。启蒙想消除神话，用知识代替想象——今天，我们只是在思想中掌握了自然界，而实际上却不得不服从自然界的束缚"（转引自陈学明主编，《二十世纪哲学经典文本，西方马克思主义卷》，复旦大学出版社，1999年版，第145页）。这就是他给出的"启蒙的概念"。显然，这里的"启蒙"并不是专指18世纪在西欧兴起的启蒙运动，而是泛指把人们的思想从迷信、愚昧、盲目崇拜当中解放出来。

那么，为什么原先进步的、解放人们的思想却反转过来成了束缚、桎梏人们的绳索了呢？《启蒙辩证法》的作者们认为无论是"启蒙精神"还是"启蒙理性"，它们的本质特征都是把自然界和人设定为对抗性的主体——客体关系，从而确立人同自然、自我和他人之间是"征服和被征服"、"统治和被统治"的关系。在这种观念的指导下，原来帮助人们摆脱迷信、愚昧的理性、知识都逐渐演变为人们控制、征服自然、他人的工具，此时的"启蒙"无疑走向了自己的反面，由解放思想、追求自由、开启人们智慧的武器转变成控制、蒙蔽人们的枷锁。

再则，人们通过精神、理性作用于自然界或是他人，往往是借助于思维，而思维又是多半运用概念、推理、判断进行的。贯穿推理、判断全部过程的依然离不开概念的运行，因而概念在整个思维体系的结构中、在思维过程的运行中起着举足轻重的作用，而概念又固有着隔离性、僵死性特征，这也就很容易使人们在思维逻辑的统治中实现人对自然、对他人的统治。启蒙一旦由解放人的东西变成统治人的东西，它的功能、性质自然发生了逆转。

再次，借助于理性、启蒙、知识、科技，人们征服、统治自然、他人的力量必然越来越大。人制造机器原本为了征服、改造自然，可发展到最后，人反倒成了机器的一部分，或机器整体中的一个零部件，从而导致人异化、外化为"物"。正如史帝文森所说："我们不再有成为奴隶的危险，可是，我们却有变成机器人的隐忧"（转引自弗洛姆《理性的挣扎》，台北，志文出版社1975年版第142页）而人之所以外化为物，基本原因正在于启蒙精神、启蒙理性的根本性质发生了变化。

三、阿多诺的"否定辩证法"

阿多诺出版于1966年的《否定辩证法》是其一生最重要的著作，与马尔库塞《单向度的人》一起被看作是法兰克福学派最具代表性的两部著作。该著的宗旨是倡导"否定"与"批判"，极具反体系性、非同一性、绝对否定性特征。出于反体系、批逻辑的需要，该书文风艰涩、形式混乱、故意使论点模糊，其目的是以晦涩艰深的哲理为左翼派别的全面批判和彻底否定的政治理论、"大拒绝"的斗争策略提供哲学论证。

阿多诺明确指出"变化着的实践需要批判的思想"，"辩证法的名称就意味着客体不会一点不落地完全进入客体的概念中，——概念不能穷尽被表达的事物"（陈学明主编，《二十世纪哲学经典文本，西方马克思主义卷》，复旦大学出版社，1999年版，第182、184页）。这就是说，实践和在实践基础上形成的思想之间，客体和把握客体的概念之间，概念和概念所表达的事物之间并不是完全同一的，因而要使思想随着变化了的实践而变化，要使概念能够完全表达被表达的事物，就必须要"批判"原有的思想，要"否定"过时了的概念，显而易见，这些论述正是"否定辩证法"得以确立的思想前提。

他还说："在历史的高度，哲学真正感兴趣的东西是黑格尔按照传统而表现出的他不感兴趣的东西——非概念性、个别性和特殊性"，"任何哲学，甚至极端的经验主义都不能对残酷的事实牵强附会，像解剖学或物理学上的实验那样展现它们；任何哲学都不能把个别粘贴在文本中，虚构出诱人的图画。但它的论证却以其形式的一般性采取了一种完全拜物教的概念观，好像概念在它自身的领域中朴实地解释了自身：不论在那一种情况下，概念都被当作一种自给自足的总体，哲学思想没有支配它的权力。实际上，一切概念，甚至哲学的概念都涉及到非概念物。因为概念本身是现实的要素，现实为了支配自然而需要概念的形态。对沉思概念的人来说,概念化表面上来自内部——它的领域的优势,无此便什么也不能认识,——但不应该被误解为是自在的。自在的存在这种外表给了概念一种动机,使它免除套在它身上的现实性"(同上书,第187、190页)。阿多诺的叙述虽然很冗长,也很晦涩,但意思还是清楚的,他强调的重点是反传统、反概念体系性。因为传统哲学重一般轻个别、重普遍轻特殊、重概念轻现实、重理论轻事实。他虽然承认,为了认识必须借助于概念、为了"支配自然"不能没有概念,但概念作为一般性、普遍性的东西并不是自给自足的总体,也不是来自概念体系的内部,它的根源在于"非概念物",也即"现实",既然如此,个别性、特殊性、现实性的东西变了,再固守着传统哲学,即便是极端的经验主义也是错的,也应该对其进行批判与否定。

与此相联系,他还以讽刺的口吻谈到黑格尔:"这位非朴素的思想家知道他同他的思维对象的距离有多么远,然而他谈起来却总像是他完全占有了他的思维对象"(同上书,第193页),意思是说,即使像黑格尔这样优秀的思想家虽然自认为依靠自己的思维、自己的理论即可"完全"认识、占有思维对象,而实际上思维和对象之间却始终存在着距离,并不能完全地认识、把握事物。

关于概念,阿多诺还说:"概念——既是思维的推理法,又是思维和被思维物之间的城墙——否定这种渴望。哲学既不能绕开这种否定,也不能屈服于它。它必须靠概念极力超越概念"(同上书,第194页)。言下之意,概念具有二重性特点,人的思维不能离开概念、必须运用概念进行推理、概括,同时一旦某种事物被用概念概括、确定下来,又容易使它同其他事物的联系被割断,原本运动的事物被僵化,这样一来,概念反而成了思维和被思维物之间的城墙即成为人们认识事物的障碍,而要推倒这堵城墙,消除这种障碍,唯一的办法是以新概念去否定、批判以往的、过时的旧概念,也即"靠概念极力超越概念"。

对于概念如此,对于由概念构成的思想、理论体系也应如此。阿多诺指出:"根据尼采的批判,体系只能证明学者们胸襟狭窄,靠在概念上构造他们对存在物的管理权威来补偿政治上的无能","黑格尔曾对认识论提出异议,认为一个人只有靠打铁,靠实际地认识与认识相对的事物、即非理论的事物才能成为一个铁匠。这里我们必须相信他的话:别的任何东西都不会给哲学带回黑格尔叫做'通向对象的自由'的东西——哲学在'自由'概念、即主体感觉确定的自主性的符咒下已经丧失的东西。但破除不可解决之物大门的思辨力量是否定的力量,体系的趋势只能生存在否定之中"(同上书,第199、206页)。这就是说,就像铁匠用锤不断地打击铁块从而打造出有用的器物一样,人们也要不断地进行认识,才能获得关于对象本质、规律性的认识,达到自由境界,形成关于所认识事物的思想、理论体系。但与此同时必须明确的是即使获得了这种体系性的东西,也不可就此停步,因为任何体系的生命只存在于对自身的不断否定,即批判、更新之中。如果学者们满足于自己完成的体系,或者说一味地企求仅仅是构造什么体系,那只不过是他们目光短浅、心胸狭窄的表现,是用概念构造体系借以掩饰自己政治上无能的表现。这充分表明了他的反体系性立场。同样的意思他还说道:"一种理论越不装扮成确定的和无所不包的,对思想家来说,它就越不成为对象化之物。随着体系的强制力悄悄溜走,思想家将自由地、更坦率地信赖自己的意识和经验,而不是听命于那种崇高的主体性,因为这种主体性的抽象胜利是以放弃它的内容为代价的(同上书,第219页)。这表明不建构理论体系不行,但把已经建构成的体系僵硬地"对象化"、"固定化"也不行,否则,它必将成为束缚思想家的绳索。

阿多诺的上述观点是根植于他对辩证法的看法之上的,因为在他看来"辩证法是同相对主义严格对立的,同时也是同绝对主义严格对立的。但辩证法并不是在相对主义和绝对主义之间寻找一个中间地带,而是通过这两个极端本身、靠它们自身的观念来证明它们的非真理性"(同上书,第213页)。在这里他不仅使辩证法和相对主义、绝对主义明确地对立起来,划清了三者之间的界限,而且还把辩证法和折中主义对立起来,划清了它们之间的界限,并且突出强调的是辩证法否定、批判的根本特性。对此,还可从这样的论断中得到印证,他说:"正是在把存在物理解为它的生成的主题时,唯心主义辩证法和唯物主义辩证法才相接近"(同上书,第229页)。可见,无论是唯心主义辩证法还是唯物主义辩证法都一致同意把"生成"看作辩证法的核心或实质,而生成正意味着要批判、要否定。否则旧的不去,新的不来,何以能称为"生成"。毫无疑义,这清楚地标明了阿多诺的一贯立场和他关于辩证法性质、功能的根本想法。

第二节 马尔库塞多形态的马克思主义

一、生平与著作

赫伯特．马尔库塞（Hertbert Marcuse，1898—1979）。美籍德裔哲学家，社会学家。出生在一个犹太人家庭，受过典型的德国式文化教育，特别是在哲学和历史学方面。1917年，应征入伍。次年德国爆发革命，对他影响很大，并因此参加社会民主党，后因卢森堡被害，不满该党的背叛而退出。战后跟随海德格尔学习哲学，1929年以《黑格尔的本体论和历史理论基础》为题目的论文获博士学位。1933年到法兰克福社会研究所工作，成为该所中心人物。二战中随迁美国，任华盛顿战略服务局研究员，战后在哈佛的俄国研究中心和哥伦比亚大学等多所高校工作，1979年去世。

马尔库塞以"革新"马克思主义和激烈批判发达工业社会著称，正是通过他的理论与实践，法兰克福学派对权威主义、官僚主义、西方社会和当代文化的批判才广为人知，并因而在西方马克思主义中影响最大，被誉为60年代末青年学生造反运动的精神领袖和导师。其主要著作有《理性与革命》（1941年），《爱欲与文明》（1955年），《苏联的马克思主义》（1958年），《单向度的人》（1964年），《论解放》（1969年），《反革命与造反》（1972年）等。

二、黑格尔主义的马克思主义

马尔库塞一生的研究中心和学术观点多次发生转折，早年在重新研究黑格尔原著及其意义的基础上，力图揭示马克思主义哲学与黑格尔哲学之间的内在联系，提出一种"黑格尔主义的马克思主义"理论。

他说："我们触及到了马克思主义辩证法的起源。对于马克思来说，如同对待黑格尔一样，辩证法注重于这一事实：内在的否定实际上就是'运动和创造的原则'，辩证法就是'否定的辩证法'。每一个事实不仅是一个事实；

它又是一个否定和对真正可能性的限制。有酬劳动是一个事实，但同时它又是对可能满足人类需要的自由劳动的束缚。私有财产是一个事实，但同时它又是对人类对自然的集体占有的否定"（《理性和革命》，转引自陈学明主编，《二十世纪哲学经典文本，西方马克思主义卷》，复旦大学出版社，1999年版，第245页）。这里一则是说马克思的辩证法从根源讲起是来源于黑格尔，二则是说，无论是黑格尔还是马克思，他们辩证法的核心，突出的都是否定性、批判性和创造性，二者有着内在的一致：在肯定某个事物的事实性存在之外，同时又对它内在包含着的否定自身的因素作了肯定。而正是这种事物内在的否定性因素的存在，就构成了事物之所以能够运动、发展、创造出新事物的依据。同样的意思他还说过："马克思关于现实的辩证思想受黑格尔对这一思想论述的影响，即受现实的否定特征的影响。在社会领域中，否定性继续了阶级社会的矛盾，因而保存了社会过程的动力。每一个简单事实和条件都被带入这一过程，以使只有在它所属的整体中被发现时才可能把握它。对于马克思来说，如同对于黑格尔一样，'真理仅存在于整体中，存在于否定的整体中'"（同上书，第269页）。这里除了把辩证法引进社会历史领域而且引进认识论，说明只有把否定辩证法作为一个整体对待，才能够获得关于社会阶级矛盾、社会发展过程动力的真理性认识，从而才能够完整地把握社会。

不仅在总体上马克思的辩证法与黑格尔的辩证法之间存在着密切的联系，而且在一些重要范畴的运用上，二者之间也密切相关。马尔库塞特别谈到"异化"，他说："马克思在1844年至1846年间的著作认为，现代社会的劳动形式形成了人类的完全'异化'。异化范畴的运用把马克思的经济分析同黑格尔哲学的一个基本范畴联系了起来。"在对马克思如何分析资本主义条件下工人的劳动产品、劳动过程如何发生异化的情况作了具体考察（同上书，第237、239页）之后，他接着说道："所有的这些论述与黑格尔的理性概念有着明显的相似之处。马克思甚至依据思维和存在之间的统一来描述人类的自我实现。"而对于马克思与黑格尔之间的区别，马尔库塞也时时提醒："然而，整个问题不再完全是一个哲学问题，因为人类的自我实现现在需要现存劳动方式的废除，而哲学并不能做到这一点"（同上书）。不难看出，早年的马尔库塞基本上是从黑格尔的哲学观点出发去理解、诠释马克思的社会经济理论的，对此马克思本人也是明确承认的。无论是马克思早期的《德意志意识形态》、《经济学哲学手稿》，还是成熟时期的《资本论》都有这方面的说明。显然，确认马尔库塞早年的马克思主义是"黑格尔主义的马克思主义"并不是完全没有根据的。这从下面的一些相关论述中也能清楚地看出来。

他说："一旦它们（异化劳动——引者注）的神秘特性被揭穿，经济条件则表现为对人性的完全否定。劳动方式扭曲了人类的一切创造力，财富的积累加剧了贫困，技术的进步导致了'死的事物对人类的统治'。客观事实的产生是对社会的起诉。经济事实展示其自身的内在否定"，"人类的社会实践具体化了否定性以及否定性的克服。资本主义社会的否定存在于资本主义社会的劳动异化之中；否定性的否定将随着异化劳动的废除而产生。异化在私有制条件下，已呈现出它的最普遍的形式；惟有私有制的废除才能使异化得到克服"（同上书，第244—245页）。从文字上看，这是在论述马克思的劳动异化、社会发展理论，而透过表面上的文字，即可清楚地看到黑格尔思想的影响。

再如，他在谈到个体与社会、个体与整体之间的辩证关系时指出："马克思完全把私有制的废除视为是异化劳动废除的方法，而不是目的本身。生产方式的社会化本身仅是一个经济事实，正像其他经济制度一样，它对一个新的社会秩序的开始要求依赖于生产的社会化方式。如果这一切不是服务于自由个体的发展和满足，那么，对于一个受压抑的个体要实现其普遍性来说，它们将仅成为一个新的形式。私有财产的废除将从根本上创造一个新的社会制度，只要自由个体，而不是'社会'，成为生产社会化方式的主人。马克思很明确地反对另一种社会的具体化形式：任何人必须避免把'社会'建成反对个体的一个抽象对立物。个体是社会的实体（das geseilschaftliche wesen）.个体生活的表现因此就是社会生活的表现和证明"（同上书，第245页）。这表明在马尔库塞看来，马克思主张无论是异化劳动的废除，还是私有制的废除，都要服务于自由个体的发展和满足，即使是以整个社会的名义，也不能损害个体的利益。否则，这个抽象的个体将成为一个新的、与自由个体相对立、压抑个体、与个体敌对的东西。因为马克思坚持认为只有个体才是社会的实体，只有个体才是生产社会化方式的主人。所以"严格地说，人类的真正历史将是自由个体的历史，因而整体利益将存在于每个个体的存在中。在一切以往的社会形式中，整体利益存在于一个分裂的社会和政治的状况中，这种分裂的状况往往代表了社会的权利反对个体的权利。私有制的废除将最终地废除这一切，因为它表明了'人类从家庭、宗教、国家等向他的人性，也就是社会的存在的回归"，而且"共产主义，由于它：积极地废除了私有制，因此它的真正本性乃是个人主义的新形式，不仅是一个新的不同的经济制度，而且是不同的生活制度。共产主义就是'人类通过而且为人真正地拥有自己的本质，因而，它是人类的全部意识——回归到了作为社会存在的自身，那就是说，回归到人类'。它是'人类与自然和人类自身矛盾的真正解决'。存在于黑格尔哲学和所有传统哲学内部的矛盾，将在这个新的社会形式中得到解决，因为这些矛盾都是根源于阶级社会对立的历史矛盾"，"马克思于是称共产主义革命是一个'占有'活动（Aneignug），这意味着，随着私有制的废除，人们将获得统治一切至今仍与其相异化的事物的真正关系"（同上书，第245—246、248、250页）。这些论述清楚表明，在马尔库塞心目中马克思的社会革命理论与黑格尔哲学之间有着千丝万缕的联系，因此"黑格尔主义的马克思主义"的提出完全是天经地义的。

当然在看到马克思与黑格尔之间密切联系的同时也应看到二者之间的差别。对此，马尔库塞也作了明确的揭示，他说："对于黑格尔来说，整体就是理性整体，一个封闭的观念体系，最终与历史的理性体系相一致，黑格尔的辩证过程因而就是一个普遍的观念过程，在这个过程中，历史被存在的形而上学过程所限定。另一方面，马克思从观念的基础中获得了辩证法。在他的著作中，现实的否定变成了一个历史条件，一个不能被作为形而上学关系状态的而具体化的历史条件。换句话说，它变成了一个与社会的特定历史形式相联系的社会条件。马克思辩证法所涉及的整体就是阶级社会的整体，所涉及的形成其辩证法的否定性和限定其内容的否定性就是阶级关系的否定。辩证法的整体也包括自然，但仅涉及进入社会再生产的历史过程的自然和成为社会再生产的历史条件的自然。在阶级社会的进步中，再生产在其发展的不同水平上表现出了各种各样的形式，导致所有辩证法的基本结构的形成"（同上书，第271页）。这就清楚地表明：第一，黑格尔的辩证法是"理性整体"、"普遍观念"的辩证法，辩证运动的主体是精神性的而非物质性的，辩证运动的过程也是普遍观念即精神性的过程而非物质性的过程，因而他的辩证法是唯心主义的而非唯物主义的；马克思的辩证法是客观存在着的社会整体的辩证法。辨证运动的主体是阶级社会,辨证运动的过程是在一定的历史条件下"阶级关系的否定",因而他的辩证法首先是唯物主义的而非唯心主义的;第二,在黑格尔看来是理性的辩证法决定历史的辩证法,而在马克思看来恰恰相反,是历史的辩证法决定理性的辩证法。

三、弗洛伊德主义的马克思主义

二战结束后,马尔库塞在 1950 至 1951 年间在华盛顿精神病学院作过多次讲演,后对讲稿略加整理,于 1955 年以《爱欲与文明》为名出版。全书分为上、下两篇。前者主要批判文明社会对人的爱欲的压抑,论证人类的文明发展史实际上是人的爱欲被压抑的历史;后者论证应将性欲转变为爱欲,建立一个爱欲解放了的文明社会的可能性。明确地把马克思的剩余价值学说、异化劳动理论、人的解放思想、社会革命观点与弗洛伊德的爱欲论、压抑论、文明论及现实原则"综合"在一起,提出了"剩余压抑"、"爱欲的解放"、"非压抑文明"、"操作原则"等思想,从而融合成一种所谓的"弗洛伊德主义的马克思主义"。

马尔库塞指出:"弗洛伊德的文明理论产生于他的心理学理论,例如,该理论对历史过程的见解就来源于对作为历史的生命实体的个体心灵机制所作的分析","本能的变迁也就是历史的变迁,人类得以发展的历史条件解放并组织了经常出现的原动力,后者推动了爱欲本能与死亡本能的斗争,推动了对文化的建设和破坏,推动了压抑和被压抑物的回归","弗洛伊德理论的元心理学意义还不限于社会学领域,主要的本能是生命本能和死亡本能,因而属于有机物本身,而且它们把有机物向后与无机物相联系,向前与有机物的更高的心理表现相结合,换言之,弗洛伊德理论包含了对某些主要存在方式的结构的假定,因而具有本体论意义"(同上书,第 277、278 页)。从这里可以明显地看出,这是把马克思的社会革命理论同弗洛伊德的本能决定论、压抑论融合在一起的结果:在马克思那里,阶级社会的进步是由于特定历史条件下阶级斗争推动的,而在弗洛伊德这里却是人的生命本能或爱欲本能与死亡本能斗争、是压抑与反压抑斗争的结果。从一定意义上看,弗氏的"本能决定论"似乎比马克思的社会发展理论更根本,更具有"本体论意义",因为他所说的人更具有普遍性,而马克思笔下的人只是特定历史条件下活动着的人，后者只是前者的一个特例，而实际上，剥离掉社会属性的、抽象的人的本能、本性是不存在的。从表面上看，这样做是综合了二者的合理因素，实际上却是把马克思关于人类社会独特发展的规律降低到动物甚至万事万物（既包括有机物又包括无机物）发展的水平上去，表面上是更具有了普遍性，而实际上却抹杀了或遮蔽了人类社会，特别是阶级社会发展的特点。

　　他还说："爱欲在与死亡本能的斗争中创造了文化，它努力要在更大、更丰富的规模上保存存在，以满足生活本能，使之免受不能实现、甚至被灭绝的威胁"，同时他还指出："正是爱欲的失败，在生活中的不能实现，提高了死亡本能的价值。形形色色的倒退，都是对过度的文明所作的无意识的反抗。有机体有一种最深层的倾向，它妨碍支配文明的原则，坚持要求摆脱异化。死亡本能的派生物与爱欲的各种神经症的反常表现一起参与了这一反抗。弗洛伊德的文明理论一再指出了这些逆流，虽然在既存文化看来，这些逆流具有破坏性，但它们恰恰证明了它们所要破坏的东西即压抑才是破坏性的，它们的目的不只是反对现实原则，实现虚无，而且要超越现实原则，达到另一种存在。它们表明了现实原则的历史性、有效性和必要性的限度"（同上书，第279页）。透过这些晦涩的言辞，我们不难看到，马尔库塞认为：弗洛伊德一方面看到了爱欲对文化、对人类生存所具有的重大意义，另一方面又主张爱欲与死亡的斗争虽然创造了文化，而文明、文化的产生与发展又对人的本能构成了压抑，使人的生活发生了形形色色的异化，因而必须反对、超越这种现实状况、现实原则。正是在这种超越、反对现实的过程中，"达到"了"另一种存在"，实现了社会的进步与发展。显而易见，这里一方面渗透有马克思关于爱欲的发展导致人的本能异化的辩证法思想，同时又背离了马克思关于从社会基本矛盾运动去考察社会发展的观点，从而表明马尔库塞力图融合马克思主义与弗洛伊德主义的努力并不是很成功的。

　　关于自然与人之间的关系，马尔库塞更是综合了马克思和弗洛伊德的观点作了这样的论述，他说："对人类和自然环境进行理性改造的自我表明，它自身本质上是一个攻击性的、好战的主体，它的思想和行动都是为了控制客体。它是与客体相对抗的主体。这种先天的对抗性经验既规定了我思也规定了我做。自然（自我本身及其外部世界），作为某种斗争、征服，甚至侵犯的对象而被'赋予'自我，因此它是自我保存和自我发展的前提"，"这场斗争一开始是要从内部永远地征服个体的'低级'机器即性欲和食欲机能。征服这些机能的任务至少自柏拉图以来一直被看作是人类理性的一个组成部分。因此，人类理性从其功能上说乃是压抑性的，而这场斗争的最后结果则是征服外部自然。为了满足人类需要，必须永远进攻、控制和开发外部自然"（同上书，第279—280页）。这里，贯穿着马克思关于人和自然之间既是对手，同时自然又是人及人类社会得以生存、发展条件、前提的思想，而这种思想是借用弗洛伊德主义的语言加以表述的。因为他说人类理性的功能在于压抑人的性欲本能和食欲本能，而人要满足自身的需要，又不得不借助于理性，这明显的是弗洛伊德观点的翻版，是马尔库塞把马克思的观点融合进弗洛伊德思想的结果。

马尔库塞还说："对对象世界的攻击态度，对自然的统治，最终的目标乃是人对人的统治。这是对其他主体的攻击。因为自我的满足是以对另一个自我的'否定关系'为条件的"，人和人之间"所以要以命相赌，并不是因为自由要摆脱奴役，而是因为人类自由的内容本身就受与他人建立的相互的'否定关系'所规定。由于这种否定关系影响到整个生命，自由就只能以生命本身相赌才能得到'检验'。死亡和焦虑'不是作为在某一特定时间对某一特定因素的恐惧，而是作为对人的'整个存在'的恐惧，它们是人类自由和满足的重要条件。从自我意识的否定性结构中，产生了主人和奴隶的关系，统治和奴役的关系"（同上书，第282—283页）。毫无疑义，这里既有黑格尔哲学的痕迹，又有弗洛伊德、海德格尔思想的烙印，自然也渗透有马克思阶级斗争的思想，是马尔库塞将它们糅合在一起，重新加以炮制的结果。

四、变革形态的马克思主义

马尔库塞作为一个哲学家对哲学家自身的作用有着独到的看法，他说："哲学家不是医生，他的职业不是治疗个人，而是理解个人生活在其中的世界，根据世界已为人做的事情和能为人做的事情来理解它"（《单向度的人》，转引自陈学明主编，《二十世纪哲学经典文本，西方马克思主义卷》，复旦大学出版社，1999年版，第303页）。那么，他是如何理解他自己所生活于其中的世界的呢？一言以蔽之，他认为现实世界、当代社会是一个新型的极权主义社会，由于它成功地压制了这个社会中的反对派和反对意见，削弱或消除了人们心中对现实的否定性、批判性和超越性的向度，从而使这个世界成了失去批判性、否定性的世界，使这个社会成了单向度的社会。自然，生活在这个世界、这个社会中的人也就成了单向度的人。

为什么说当代社会是一个单向度的社会呢？对此，马尔库塞回答道：因为在这个社会中，"以技术为媒介，文化、政治和经济合并为一种无所不在的制度，这种制度吞没了或排斥了所有的选择"（马尔库塞：《单向度的人》，波士顿，英文版，第16页）。"吞没或排斥所有的选择"，意味着整个社会以及生活在这个社会中的人，只能有一种声音、一种思想、一种向度，呈现出中国古人所说的"万马齐喑"局面，而这正是典型的极权主义的表现。那么造成这种状况的原因又是什么呢，按照马尔库塞的解释是"以技术为媒介"、即主要依靠现代科学技术的推动而使社会发展的结果。这就提出了如何看待当代社会，如何看待科技进步，科技进步在当代社会的经济、政治、文化的发展中究竟扮演着什么角色、起着什么样作用的问题。

马尔库塞明确指出："发达工业社会的技术成就，对精神和物质生产力的有效操纵，已经造成了神秘化的地点的转移"，"发达工业社会中劳动阶级的现实使马克思的'无产阶级'成了一个神话的概念；当代社会主义的现实使马克思的观念成为一种梦想。这种倒转是由理论和事实之间的矛盾造成的"（《单向度的人》，转引自陈学明主编，《二十世纪哲学经典文本，西方马克思主义卷》，复旦大学出版社，1999年版，第307页）。这即是说：由于科技进步、由于"发达工业社会的技术成就"，当代社会的生产力与生产关系发生了马克思原有理论没有预计到的变化，具体表现在技术的发展与其成果的大量运用，极大地改变了工人的劳动条件，在迅速提高生产力的同时，不仅没有加大劳动强度，反而降低了体力的支出，资本有机构成发生很大变化，剩余价值的创造在很大程度上不再是依靠"蓝领工人"体力的支出，而是依靠"白领阶层"及其所使用的先进机器，因此使得原先的"无产阶级"成了和原先的"资产阶级"地位逐渐接近、生活水平距离不断缩小的新兴阶层。这样，原来的"无产阶级"自然"成了一个神话的概念"。而诸如前苏联、罗马尼亚的社会主义现实也自然使得马克思原先设想的在工人阶级夺取政权之后，劳动人民即能很快当家做主，人民生活幸福的观念"成为一种梦想"。应当承认，这种批判是深刻的，值得我们认真反思。因为事实上，在高度集权的情况下，经济生活名义上是计划经济，而实际上却是命令经济，经济活动主体"唯上"、"唯令"，一切听从上面的安排，自己的创造性难以得到充分发挥；政治生活奉行的是"一言堂"，个人独断，少有不同看法，重则治罪，轻则挨批，何来自由可言，这种情况确实是只有一种向度，一种观点，称之为"单向度"，应该说是恰如其分。

此外，马尔库塞还指出了另外一种情况：技术进步、高度发达的科技成就，不仅极大地提高了生产力，而且还使得它具有了"意识形态"性质。这是因为诸如广播、电视、电子产品、新闻媒体大量使用由高科技转化而来的新型设备，从早到晚不停点地对人展开宣传舆论攻势，"正是物质和精神机器的总动员，从事着这种工作，并确立了它对社会的神秘权力。它使个人看不到机器'背后'的那些使用机器的人，那些从中渔利的人和那些为之付出代价的人"（《单向度的人》，转引自陈学明主编，《二十世纪哲学经典文本，西方马克思主义卷》，复旦大学出版社，1999年版，第307页）。这表明宣传舆论的力量具有双重特性：它既可以成为思想解放、组织群众的工具，也可以成为禁锢人们思想、扼杀人们创造力的帮凶，其结果必然是桎梏人的思想，封闭人的观念，使其套上重重枷锁、丧失生命活力，一个个地成了"单向度"的人。

马尔库塞虽然强烈地感觉到马克思主义原有的社会历史理论的一些基本观点不再适合于变化了的实践，必须进行变革，而且对前苏联型号的社会主义、马克思主义提出了尖锐的批评。但不管怎样，他仍然坚称自己属于马克思主义派别，这和后来的哈贝马斯不同，因为后者公开站在马克思主义的对立面，公开反对马克思的"社会批判理论"。基于此，我们把晚期马尔库塞的马克思主义理论称为"变革形态的马克思主义"，应当说是可以说得通的。

第三节　弗罗姆的"人道主义的马克思主义"

一、生平与著作

埃里希·弗罗姆（Erich Fromm，1900—1980）美籍德裔哲学家、心理学家、社会学家。出生于法兰克福的犹太商人家庭。1922年获海德堡大学哲学博士学位。早年受弗洛伊德影响,从事精神分析理论研究。后受霍克海默邀请,参加法兰克福学派,成为该学派著名代表。1934年移居美国,曾在哥伦比亚大学和耶鲁大学执教。40年代以后,力图把马克思主义与弗洛伊德主义结合在一起,创建"新弗洛伊德主义",成为弗洛伊德马克思主义的重要代表。

弗氏著述甚丰,仅专著就有20多部,主要有《基督的教条》、《逃避自由》(1941年),《为自己的人》(1947年),《心理分析与宗教》、《健全的社会》(1956年),《爱的艺术》(1956年),《马克思关于人的概念》(1961年),《精神分析与禅宗》,《在幻想锁链的彼岸》(1963年),《弗洛伊德的发现之伟大与局限》、《生命之爱》等。

二、保卫马克思

弗罗姆对于一些人曲解马克思深恶痛绝,他写道:"在有些人看来,仿佛马克思认为人的最主要的心理动机是希望获得金钱与享受,这种为获得最大利润而作出的努力,构成个人生活和人类生活中的主要动力。作为对这种观念的补充的是下述这个同样广泛流传的看法:马克思没有看到人的重要作用;马克思对人的精神需要既不重视,也不了解;马克思的'理想人物'是那种吃得好、穿得好然而'没有灵魂的'人。他们把马克思对宗教的批判看作是马克思否认一切精神价值"(《马克思关于人的概念》,转引自陈学明主编,《二十世纪哲学经典文本,西方马克思主义卷》,复旦大学出版社,1999年版,第319—320页)。这让人想起当年恩格斯在《费尔巴哈论》中对德国庸人的批判,那时的德国庸人同样把唯物主义者看作是追求物质享受而没有精神需求的人。

"对马克思的这种看法进一步把马克思的社会主义天堂描绘成这样一种情景:成千上万的人听命于一个拥有至高无上权力的国家官僚机构,这些人即使可能争取到平等地位,可是牺牲了他们的自由;这些在物质方面得到满足的'个人'失去了他们的个性,而被变为成千上万个同一规格的机器人和自动机器,领导他们的则是一小撮吃得更好的上层人物"(《马克思关于人的概念》,转引自陈学明主编,《二十世纪哲学经典文本,西方马克思主义卷》,复旦大学出版社，1999年版，第319—320页）。

弗罗姆明确指出：这种"流行的看法是完全错误的"，"马克思的目标是使人在精神上得到解放，使人摆脱经济决定论的枷锁，使人的完整的人性得到恢复，使人与其伙伴以及与自然界处于统一而且和谐的关系之中，用世俗的、无神论的语言来说，马克思的哲学是朝着预言式的救世主义传统重新迈出一大步；它的目标是使个人主义得到充分体现，正是这个目标指引着西方的思想，从文艺复兴、宗教改革运动一直到19世纪"（同上书，第320页）。同样的意思他还说过多次，比如："马克思的学说并不认为人的主要动机就是获得物质财富；不仅如此，马克思的目标恰恰是使人从经济需要的压迫下解脱出来，以便他能够成为具有充分人性的人；马克思主要关心的事情是使人作为个人得到解放，克服异化，恢复人使他自己与别人以及与自然界密切联系的能力"，"马克思的目标就是社会主义，它是建立在他关于人的学说之上的；用19世纪的语言来说，这种社会主义基本上是一种预言式的救世主义"。（同上书，第321页）。

在指出资产阶级学者对马克思的种种曲解、攻击之后，他还具体分析了"马克思的哲学"之所以"会遭到如此严重的误解而被歪曲得面目全非"的原因："头一个最明显的原因就是无知"，他们"每个人都觉得自己有资格谈论马克思，而不需要阅读马克思的著作，至少不需要阅读足够多的著作，以便对马克思的非常错综复杂而又精细微妙的思想体系有所了解"，"另一个原因是：俄国共产党人把马克思的学说据为己有，并且试图使全世界相信他们的实践和理论都是以马克思的思想为准绳的。尽管实际情况恰恰相反，西方仍然接受了他们的宣传，把马克思的观点跟俄国人的行动等同起来"，还有一个原因是"许多反共产主义的和改良主义的社会主义者，同样也把马克思看作是经济主义的和享乐主义的唯物主义的倡导者。出现这种情况的原因是不难看出的。虽然马克思的学说是对资本主义的批判，然而他的许多信徒如此地深受资本主义精神的感染，以致他们用目前资本主义社会中流行的经济主义范畴和唯物主义范畴来解释马克思的思想"（同上书，第321—322页）。应当承认，这些对歪曲马克思思想的批驳是深刻的，对于曲解原因的分析也是较为全面的，特别是对由于俄国共产党人的理论与实践所造成的恶劣影响，以及对打着"社会主义"招牌而反对共产主义、主张改良主义的信徒歪曲马克思主义精神实质的揭露是值得认真思考的。

弗罗姆对于马克思的捍卫还特别突出地表现在对马克思的历史唯物主义观点的理解上。他说:"为了正确理解马克思的哲学,应当扫除的第一个障碍就是对唯物主义和历史唯物主义概念的曲解。有些人主张,历史唯物主义应该是这样一种哲学,这种哲学主张人的物质利益、人对不断增加自己的物质福利和使生活日益舒适的愿望是他的主要动力。但他们忘记了这样一个简单的事实:即马克思和所有其他哲学家所使用的'唯心主义'和'唯物主义'这个词和较高的精神水平的心理活动没有任何关系,与较低的、较卑鄙的心理动机也没有任何关系。在哲学的术语中,'唯物主义'(或者'自然主义')是指一种认为运动着的物质是宇宙基本成分的哲学观点——相反,他们把唯心主义理解为那样一种哲学,它认为构成实在的不是不断变化着的感性世界,而是非物质的本质或者观念"(同上书,第323—324页)。这就把哲学意义上的"唯物主义"与"唯心主义"的对立同心理学意义上的追求高尚动机与仅仅追求物质享受的低俗目标严格区分开来。同时,在唯物主义内部,他还把马克思的历史唯物主义同"认为脑子分泌思想就像肾脏分泌尿一样"的"庸俗唯物主义"、同"那种排除历史过程的、抽象的自然科学的唯物主义"区别开来,并多次引用马克思的有关论述,说明马克思的唯物主义是"彻底的自然主义或人本主义",它"既有别于唯心主义,也有别于唯物主义,同时是把它们二者统一起来的真理"(同上书,第324页)。

三、新人性论

弗罗姆的人性论是建立在对马克思和弗洛伊德有关思想研究、综合基础之上的,在一定意义上可以称做"弗洛伊德马克思主义"的人性理论。

弗氏首先确认:"马克思与许多当代的社会学家和心理学家不一样,他不相信不存在像人的本性那样的东西,也不相信人生来就是一张白纸,任由教养在这张白纸上留下它的烙印。马克思跟这种社会学的相对主义正好相反,他以下述思想为出发点:人作为人是一个可认识、可确定的实体;人不仅能够依据生物学、解剖学和生理学来加以规定,而且能够按照心理学来加以规定"(同上书,第332页)。这就是说,在弗罗姆眼里,第一,马克思认为人是一个可以认识、可以界定的对象;第二,人性是客观存在着的;第三,规定人性的手段、方法多种多样，既可以是生物学、解剖学的，也可以是心理学的。

弗氏认为：马克思区分了人的两种类型的倾向和欲望，一种是不变的或固定的，诸如食欲和性欲，这是人的本性的组成部分，它们只能在不同的文化中所采取的形式上和方向上有所改变；另一种是"相对的"欲望，这不是人的本性的组成部分，"它们的起源应归于一定的生产和交换的条件"。显然，前者是从生物学、生理学的角度对人作出的规定，后者是从社会学、历史学对人作出的规定。既然"一定的生产和交换条件"是指在特定的时空中，人们具体地、使用特定的工具、结成特定的关系、以特定的方式所进行的特定形式的生产或交换，因而在这种特定历史条件下生成的人自然也是特定历史的产物，所以"人的本质并不是单个人所固有的抽象物，在其现实性上，它是一切社会关系的总和"。社会关系内涵丰富，包括许多方面。政治关系、经济关系、亲情关系、伦理关系等等。而其中具有决定意义的是经济关系，它是决定其他各种形式关系的基础。在这个意义上可以说：人是特定的经济关系的产物。显然，马克思关于人的本质的论述是对以往人对自己认识的重大贡献，而弗罗姆却认为马克思从社会性的角度规定人虽有一定道理，但把人主要看作经济关系的产物、认为经济条件是决定人的本性、人的发展的首要条件的看法是片面的，必须从弗洛伊德理论出发对其加以补充。

他说："弗洛伊德把人看作是受两种力量——自我保护的驱动力和性的驱动力——驱使的封闭体系"（弗罗姆：《精神分析的危机》国际文化出版公司1998年版，第34页）。易言之，弗洛伊德是从生物学、生理学、心理学的角度去规定人的，应该把这种分析与马克思的分析结合起来，从社会生物学的视角去观察、界定人的本性。由此他提出了"人的本质就是人的生存所固有的矛盾的观点"（《弗罗姆：〈人的心灵〉，纽约，1964年英文版第76页》）。这些矛盾表现在人从自然万物中分化出来，但又生活于自然之中；"人一半是天使，一半是野兽"，即既具有神性又具有兽性；人既是无限的又是有限的；人既有生又有死；人既以个体形式存在，又必须与他人结成一定的关系等等，从一定意义上讲，人的本质正是由人这些无可避免的矛盾决定的。如果我们从马克思确定的、"现实的"、"实际生活中的人"出发，不把人的社会属性同它的自然属性、理性属性绝对地割裂开并对立起来，就应当承认弗氏观点是具有一定的合理性的。

四、人的异化与人的解放

弗罗姆关于人的异化思想深受马克思的影响，在他看来"异化概念"无论是在著述《1844年经济学哲学手稿》时的马克思，还是撰写《资本论》时的马克思的心目中都占据着中心地位，并列举两段论述予以证明：工人的"劳动所生产的对象，即劳动产品，作为异己的东西，作为不依赖于生产者的独立力量，是同劳动对立的。劳动产品是固定在对象中的、物化为对象的劳动，是劳动的对象化。劳动的现实就是劳动的对象化。在国民经济学以之为前提的那种状态下，劳动的这种现实化表现为劳动者的非现实化，对象化表现为对象的丧失和为对象所奴役，占有表现为异化、外化"（马克思《1844年经济学哲学手稿》人民出版社1979年版，第44页），"在资本主义体系内部，增进劳动社会生产力的一切方法，是以个别劳动者为牺牲来实行的，生产发展的一切手段，都转化为对于生产者的支配手段和剥削手段，把劳动者残废为一个部分的人，把他贬为机器的附属物，破坏劳动的内容，使其成为苦工，并比例于科学当作独立力量被合并于劳动过程的程度，从他那里，夺去劳动过程的灵性力"（《资本论》第1卷，人民出版社，第812—813页）。

经过对马克思著述的深入研究，弗罗姆确信："在马克思看来，人类的历史就是人不断发展同时又不断异化的历史"，"异化（或'疏远化）意味着人在把握世界的时候并没有觉得自己是发生作用的行动者，而是觉得世界（自然界、别人和他自己）对他来说依然是陌生的。它们作为客体站在他之上，与他相对立，即使它们可能是他自己创造出来的对象。异化主要是人作为与客体相分离的主体被动地、接受地体验世界和他自身"（《马克思关于人的概念》，转引自陈学明主编，《二十世纪哲学经典文本，西方马克思主义卷》，复旦大学出版社，1999年版，第348页）。

与此同时，弗罗姆还从西方"偶像崇拜"思想中吸取营养，借以形成自己的异化观点，他说："'偶像崇拜'的实质在于，偶像是人自己的双手做成的东西，它们是物，而人却向物跪拜，对物尊敬，崇拜他自己创造的东西。人在这样做时便使他自己变形为物。他把自己的生命特质赋予他所创造的物；他不是觉得自己是有创造能力的人，而是只有通过对偶像的崇拜才与他自身相接触。他已经变成为与他自己的生命力相疏远,与他自己的潜在财富相疏远,并且只有通过对凝结在偶像中的生命屈服顺从这种间接的方法,才能与他自身相接触"(同上书,第348页)。这就是说"偶像"本来是人造的,而人却反过来对自己制造的偶像顶礼膜拜,并受其支配,弗罗姆正是在这个意义建立、提出、使用"人的异化"概念的。

同样,关于人如何克服异化,如何从异化中解放出来的思想,弗罗姆也是在广泛吸收马克思观点的基础上形成自己的看法的。他说:"与许多存在主义者思想一样,马克思的哲学代表一种抗议,抗议人的异化,抗议人失去他自身,抗议人变为物。这是一股反对西方工业化过程中人失去人性而变成机器这种现象的潮流","马克思的哲学是一种抗议;这种抗议中充满着对人的信念,相信人能够自己解放自己,使自己的潜在才能得到实现这种信念,是马克思思想的一个特征"(《马克思关于人的概念》,转引自《哲学译丛》1979年第6期,第23页)。

弗罗姆认为:马克思基于对资本主义异化的分析,明确提出"社会主义的目的就是人的解放,而人的解放同人的自我实现一样处在人跟自然的生产性的相关联、相统一的过程之中。社会主义的目的是使个人的个性得到发展",马克思的"社会主义概念就是从异化中解放出来,就是人回归到他自身,就是人的自我实现"(《马克思关于人的概念》,转引自陈学明主编,《二十世纪哲学经典文本,西方马克思主义卷》,复旦大学出版社,1999年版,第343、348页)。这里的"人跟自然的生产性的相关联、相统一的过程"正是指的人的本质,即以劳动为主要形式的、人的"自由、自觉的活动";而"人回归到自身"、"人的自我实现"、"人的个性得到发展"、"人的解放"都是指的人从资本主义、私有制条件下单一的、畸形的、片面形式下的劳动中摆脱出来,转变为自觉自愿的、符合自己本性的、自己喜爱的、多种多样的活动,真正感受到"劳动就是享受"。

基于这种想法,弗罗姆还批驳了马克思人的解放思想仅仅是让劳动者更多分得劳动成果的论点。他严正指出:"像苏联那样作为一个资本家的国家,对马克思来说丝毫也不比私人资本家更受欢迎。他主要不是关心收入的平等。他所关心的是使人从那种毁灭人的个性,使人变形为物,使人成为物的奴隶的劳动中解放出来。正如克尔凯郭尔关怀个人的得到拯救一样,马克思也是如此；而他对资本主义社会的批判，不是针对收入的分配方法，而是针对它的生产方式、它的毁灭个性以及它使人沦为奴隶。而人之所以沦为奴隶，不是被资本家所奴役，而是人（包括工人和资本家）被他们自己创造的物和环境所奴役"，"马克思的目的不是仅限于工人阶级的解放，而是通过恢复一切人的未被异化的、从而是自由的能动性，使人获得解放，并达到那样一个社会，在那里，目的是人而不是产品，人不是'畸形'的，变成了充分发展的人"（同上书，第352、353页）。这些论述表明，在弗罗姆看来，马克思的中心思想是要使异化的、无意义的劳动变成生产的、自由的劳动，而不是使异化的劳动从私有的或"抽象的"国家资本主义那里获得更好的报酬。

弗罗姆在继承马克思异化思想的基础上，又把它用于分析当代社会现实，明确指出：现在"不仅物的世界变成人的统治者，人所创造的社会政治环境也变成了他的主人。'社会活动的这种固定化，我们本身的产物聚合为一种统治我们的、不受我们控制的、与我们愿望背道而驰的并抹杀我们的打算的物质力量，这是过去历史发展的主要因素之一。'异化了的人相信他已经成为自然界的主人，然而却变成物和环境的奴隶，变成世界的软弱无力的附属品，而这个世界同时却又是他自己的力量的集中表现"（同上书，第355页）。但他也不是完全赞同马克思的观点，而是按照新的情况作出新的判断，他说："我们自己创造出的物和环境在多大程度上变成了我们的主人，这是马克思所未能预见到的；可是没有下述事实更加突出地证明了他的预见了：在今天，全人类都成了它自己创造出的核武器的囚犯，成了同样是它自己创造出的政治制度的囚犯，心惊胆战的人类正焦急地盼望知道是否它能从自己所创造的物的力量的统治中挽救出来，从它所任命的官吏的盲目行动中拯救出来"（同上书，第359页）。这就是说，生活在当代的人们，面临着自己本质对象化、异化后的双重威胁：一是"人造的无机物"的威胁，如原子弹、氢弹的威胁；另一个则是通过各种形式、诸如任命、"选举"出来的各级官僚的威胁。毫无疑义，这些论述闪烁着真理性的光辉。

对于如何具体地克服异化，使人获得前所未有的解放，弗罗姆提出了自己的一系列想法，尽管不是非常科学，而且带有空想色彩，但还是十分宝贵的，这些想法主要有：解除军备、广泛交往、建立世界性政府、彻底消灭战争；企业工作人员共同参与管理、废除中央集权、使人的工作与生活完全符合人性；恢复镇民大会、组织众多小型团体在此基础上成立新的"众议院"；进行文化的复兴与再生、把各种形式的教育与通俗艺术融合在一起等等。

第四节 哈贝马斯反叛传统的马克思主义

继弗罗姆之后，当代最有影响的西方马克思主义者应是哈贝马斯，而他之所以出名，并不是他把马克思的原有理论加以发扬广大，而是公开站在马克思主义的对立面，反叛传统的马克思主义。

一、生平与著作

尤尔根－哈贝马斯（Jürgen Habermas 1929—）1929 年 6 月 18 日生于德国杜塞多夫。1949 年起先后在哥廷根、苏黎士、波恩攻读哲学、历史学、心理学、德国文学及经济学。1954 年以《历史中的绝对》为题获波恩大学博士学位。1956 年进入法兰克福社会研究所，成为阿多诺的助手。1961 年—1971 年，任海德堡大学副教授、法兰克福大学教授，同时参加法兰克福学派的研究工作。60 年代后期与该学派左翼思想家发生分歧，反叛传统的社会批判理论，提出发达或晚期资本主义理论，并公然宣称历史唯物主义的一些基本观点已经过时，应以"交往行动理论"取而代之。

哈氏学识渊博，著作等身，主要著作有：《认识与人类兴趣》（1968 年），《作为'意识形态'的技术与科学》（1968 年），《晚期资本主义的合法性问题》（1973 年），《重建历史唯物主义》（1976 年），《交往行动理论》（1981 年），《对于交往行动理论的准备与补充》（1987 年）等。

二、认识与兴趣

《认识与人类兴趣》原是哈氏上世纪 60 年代任大学教授时的讲稿，后经整理出版，集中反映了哈贝马斯的认识论观点。该书通过对康德、黑格尔、皮尔士为代表的实用主义，以及现代解释学与马克思认识论的比较研究，系统地阐明了兴趣与认识的关系。在认识论上独辟蹊径，备受西方哲学界关注。

"兴趣"原本是人们经常使用、耳熟能详的概念，但如何从哲学上去界定它，却意见不一。哈氏明确指出："引导认识的兴趣唯独可以被定义为，已经由实存本身的文化形式解决的、客观形成的维持生活的问题，劳动和相互作用就本性而言包括学习和达到相互理解的过程"，"我把兴趣称为基本志向，它植根于人类可能的再生产和自我构造——即劳动和相互作用的特定的基本条件之中"，(陈学明主编，《二十世纪哲学经典文本，西方马克思主义卷》，复旦大学出版社，1999年版，第369页)。这就是说在哈氏看来：第一，"兴趣"是人们着意追求的一种基本"志向"；第二，这种志向是由人的生存条件、文化形式、和其他人相互作用的具体方式决定的；第三，兴趣与认识之间的关系是前者引导后者，对认识对象的确定、认识过程的建构、认识结果的形成有着不可或缺的作用；第四，由兴趣引导的认识，其内容应主要是人们现实生活中的问题。不难看出，这些观点在基本趋势上还是和马克思主义一致的。

从上述观点出发，他进一步提出"兴趣的目的在于实存，因为它表达兴趣的对象与我们欲望机能的关系。兴趣或者以需要为前提，或者它产生一种需要"(同上书，第371页)。这种看法源于康德，而和康德不同的是康德把兴趣一般区分为"理性兴趣"和"行动兴趣"两种，因为它们分别受"理论理性"和"实践理性"制约，而哈贝马斯却把兴趣区分为"经验的兴趣"与"纯粹的兴趣"，并引用康德的论述说明二者的区别："前者意指对行动的实践的兴趣，后者意指对行动对象的生理学的兴趣。前者仅展现意志对自在的理性原则的依赖，后者为了爱好的需要依赖理性原则，因为关于如何满足爱好的需要只提供实践原则。在第一种情况里，我对行动感兴趣，在第二种情况里，我对行动的对象感兴趣（就它给我快乐而言）"（同上书）。这就表明，兴趣与人的需要、欲望密不可分，它源于人的现实生活、人的实际存在。而按照人们着意追求的对象不同，行动兴趣、经验兴趣的直接指向是认识、实践的对象，而理性兴趣、纯粹兴趣直接指向的目标却是行动、实践过程本身。

既然兴趣源于生活，源于每个人不同的实存样式、实践方式，因而必须对自己的、别人的由兴趣引导的认识进行科学的、系统的"反思"即对认识进行再认识，并把反思的过程、反思的结果上升为更高一级的理论成果、社会理论。因为"认识既不是有机体适应变化着的环境的单纯的工具，也不是在沉思中与生活背景脱离的理性存在者的行为","在自我反思中,认识由于认识的缘故逐渐与自主性和责任的兴趣相符合,因为反思追求自知是解放运动。理性同时也服从对理性的兴趣,我们可以说,它服从旨在追求反思的解放的认识兴趣"(同上书,第370页)。应当承认:这种由兴趣而认识,由认识而反思,由反思而到人的解放的认识理论在人的认识史上是非常独特而极具价值的思想。

三、反叛"传统批判理论"和"历史唯物论",提出"晚期资本主义理论"

上世纪60年代后期,随着左翼学生"造反运动"的逐渐沉寂,法兰克福学派内部发生严重思想分歧。在哈贝马斯看来,第一代法兰克福学派学者奉行的实际上是"左倾激进主义",他们所建立的传统社会批判理论存在着明显的不足:片面继承黑格尔的抽象真理观,简单否弃康德的道德实践和美学批判,对现实社会的考察局限于空洞的、纯粹形而上学的研究,而没有经验的、实证的、科学性的分析,和实际生活脱节,不能解决现实问题;对当下存在着的资本主义持虚无主义态度,完全否定资产阶级民主,对未来社会的憧憬也是不切实际的,归根结底是一种"单向度"思维。

哈氏秉承马尔库塞的遗愿,确认"在先进的工业资本主义社会中,统治正失去其剥削和压迫的性质,并且变为'合理的'——统治的合理性主要在于它能维护这样一种制度,这种制度允许把同科学技术的进步联系在一起的生产力的提高作为自身的合法性基础"(同上书,第410页)。这表明,在哈氏眼中现实存在着的资本主义是不能像他的前辈理论家所认为的那样予以简单的否定的,当代资本主义的存在与发展是有其自身的合理、合法性的,尽管这种制度在大力促进生产力高度发展的同时对人的自由、人的无拘无束的生活构成日益增大的压抑。对此,他还作出了进一步的解释,他说:"资产阶级生产方式比以往的生产方式的优越性主要根源于以下两个方面:其一,建立了一种能使有目的—合理的行为的子系统持续发展的经济机制;其二,创立了一种能使政治系统适应于由这些正在发展的子系统所带来的对合法性新的要求的经济合法性"(同上书,第424页)。

由对第一代法兰克福学派"传统批判理论"的反叛,哈贝马斯进一步把马尔库塞的思想推向极端,发展为公开反叛马克思唯物史观的一些基本观点:明确提出"马克思的分析——再也不能原封不动地运用于先进资本主义社会"(同上书,第426页)。原因在于:"自19世纪后25年以来,在最先进的资本主义国家中出现了两种引人注目的发展趋势:其一,强化国家干预,这确保了制度的稳定;其二,推进科学研究与技术之间的相互依存,这使科学成了第一位的生产力。这两种趋势摧毁了作为自由资本主义主要特征的制度结构与有目的—合理的活动的子系统的特殊格局,从而运用马克思根据自由资本主义社会正确提出的政治经济学的重要条件消失了"(同上书,第426—427页)。这就是说由于条件的变化,马克思原来依据自由资本主义时期所得出的一些观点变得过时了,不再适用了。在哈氏看来:自由资本主义时期,社会经济生活完全由价值规律、自由竞争、市场经济调节,生产的社会化与生产资料的私有化之间存在的矛盾必然演变成整个社会的无政府状态,必然出现以经济危机为主要表现的全面危机,而要消除这种状况就只有诉诸于阶级斗争,这就是马克思主义有关论述得以确立的前提。但是19世纪后25年以来的发展证明,鉴于资本主义国家通过权力机关日益强化的有效干预,原来导致国家动荡、制度不稳的状况逐步得到改善,因而阶级斗争已不再成为社会生活的主导倾向、马克思的阶级斗争理论不能再照搬了。

再则,战后科学技术的迅猛发展极大改变了生产力的有机构成。原来在生产力结构中占据中心地位、起着决定性作用的生产者、劳动者等"最活跃因素"的第一位置逐渐为科学技术所取代。而一当"科学技术是第一生产力"的局面形成,产品成本的构成因素即会发生根本性的改变。原来由生产者剩余劳动创造的剩余价值转而主要由不断完善的科学技术担当,马克思原来分析的资本主义必然具备的阶级剥削、阶级压迫的性质也必然随之改变,因而马克思有关资本主义意识形态的论断也就自然随之失效了。总之:"由于存在着上面所讨论的这两种趋势,资本主义社会已经变化到这样一种程度:马克思主义理论的两个主要范畴,即阶级斗争和意识形态再也不能照原样搬用了"(同上书,第433页)。

四、由"革命"到"改良",建构"交往行动理论"

哈贝马斯并不满足对唯物史观基本观点的否定,而是提出了"交往行动理论"与之相抗衡。他说:"马克思确定,对客观化的思维、技术和机制的知识及工具化和策略的行动,简言之,生产力方面的演变的卓有成效的学习过程,能推动时代发展。但有充分的根据可以肯定,对在较成熟的社会协调形式和新的生产关系中所反映出来的、并且代替了新的生产力的道德观、实践知识、交往行动和协调行动冲突的规则方面的学习过程,也能推动时代发展"(《交往行动理论》第1卷,第3页,重庆出版社1996年版)。言下之意,在马克思生活的自由资本主义时期,马克思所强调的通过生产力的变革、通过革命推动社会发展是对的,而在晚期资本主义阶段,革命应由改良加以代替,此时通过社会成员之间借助于语言进行的交往、意识形态相互间的认同、伦理道德意识的共识等同样可以推动时代发展。

在这里,他还特别突出强调了语言、逻辑的重大作用,把人们借助于语言进行的交往形式看作是最为理想的交往模式,认为:"只要我们凭借对话,即完全依靠交往行为,那么我们就具有确定无疑的前提,这样就可能产生从来未有的一致,至少可以产生内在的一致;能够摒弃错误的主张,获得正确的主张,获得正确的规范。那么对话的合理基础,对一个存在于口语交往结构中的生物来说,便有了普遍必然的,即'先验的'约束力"(同上书,第3—4页)。这在一定意义上表明,法兰克福第一代思想家的社会批判理论到了哈贝马斯手里已由意识哲学转变为语言哲学了。

交往行动理论的核心概念是"交往行动",那么什么是"交往行动"呢?"交往行动首先是指,使参与者能毫无保留地在交往后意见一致的基础上,使个人行动计划合作化的一切内在活动"(同上书,第8页)。换句话说,交往行动是指参与这项活动的人通过相互交流达到共识,并在这种共识的前提下,心甘情愿地使原本属于自己的个人行动融合于与自己有着共识的他人活动之中,借以推动时代发展,而不是像从前那样采取强制或革命的手段使别人服从自己,这应该是新的社会条件下人们活动的基本方式。因为在晚期资本主义社会,由国家调节的经济生活、各种各样的社会冲突不再带有阶级斗争的性质,而是生活质量问题。而要解决此类矛盾不必再像以前那样,非要通过你死我活的斗争,而是只要通过改革文化、交流思想即可使整个社会和谐与一致。同样的意思,他还说过多次,比如:"与过去的批判理论相反,具有理性内容的交往行动理论,是对人本主义的内在深处的结构首先进行重建式的,即非历史的分析。它描述按照现代社会权威成员的直观知识进行的行动和理解","交往行动理论可以解释,为什么社会发展本身必然会出现使同时代人能客观地参与他们的生活世界的普遍的结构的问题","这种理论研究的是按照历史上已达到的学习水平,所开展的学习过程的可能性。它必须完全放弃对整体、生活形式和文化,对生活联系和时代进行批判性的评价和标准的排列","交往行动理论把生活世界构思为一种在物化过程中、不是作为单纯的反思出现的领域,而是作为凭借寡头政治经济和独裁国家机器进行压制性协调的现象"(同上书,第9页)。这些论述中贯穿的共同思想就是否定通过阶级斗争实践推动社会发展,主张通过社会成员主观内在的学习、思维、辩论、交流等交往活动参与政治、经济、文化及各方面的社会生活,从而推动社会发展。

显而易见,哈贝马斯的"交往行动理论"在对马克思的唯物史观提出尖锐挑战的同时,也对我们认识当代资本主义提供了颇具新意的启示,值得认真研究。

以下两章并不完全属于现代西方人本主义哲学,但也并不是和后者没有关系。我想细心的读者是不会看不出它们之间的联系与区别的,这里一并献给诸君,求得批评与帮助。

第六章 新康德主义（Neo—Kantinism）

第一节 新康德主义概况

一、新康德主义的产生

康德之后，西方哲学的发展大体上有三个方向：

1、从黑格尔到马克思，循着理性认识的道路前进；

2、意志主义开其端的非理性主义思潮，逐渐形成发展为现代西方人本主义；

3、孔德、斯宾塞开创的实证主义，直到现在的科学哲学。

新康德主义认为这三者都偏离了康德哲学真谛，应重新寻求新的发展方向，而起点就是返回到康德，或者说从康德哲学出发。舒尔采·格弗尼茨说："在我们时代，马克思主义正处在明显的解体状态，重升的太阳康德，使马克思的星辰暗淡无光"（《马克思还是康德》，俄文版，第5页）正是在这样的背景下，新康德主义得以产生。

新康德主义不是一个统一的学术派别，在它的初期只是"回到康德"的一种主张。最早提出这一方向的是李普曼（1840—1912 年），他在 1865 年出版的《康德及其模仿者》一书中明确提出了新康德主义具有代表性的口号："回到康德去！"当时他年仅 25 岁。

二、新康德主义学派结构

新康德主义分为三派：早期学派、马堡学派、弗莱堡学派。早期学派和后者是从时间上划分，后两者是从空间上划分，它们分别以马堡大学和弗莱堡大学为活动中心，由此得名。

康德哲学本身是个矛盾的综合体，各部分之间包含许多矛盾。三派都以康德哲学为出发点，但究竟以康德哲学中的哪一部分为起点，却有不同的看法。早期学派注重康德认识论中的先验感性部分，结合当时的生理心理学，着重研究、发挥康德的先验感性学说，认为先验感性是人类理性和知识的基础与出发点。马堡学派把重点放在人的先验知性（也即纯粹理性）上，认为理性是整个认识的基础，应从理性说明感性，因此强调逻辑，认为认识不在于先天的心理能力而在于后天的逻辑能力。弗莱堡学派认为早期学派、马堡学派只抓住康德的认识学说，忽略了康德关于实践理性高于理论理性的思想，认为应以实践为基础，去说明理性。马堡学派又称逻辑学派，重视必然性，重视事实，在研究领域上偏重自然领域。而弗莱堡学派重视应然性，重视价值，在研究领域上偏重历史。因此如果按其研究的内容划分，早期学派也被称作生理心理学派，马堡学派被称为逻辑学派，弗莱堡学派被称为历史学派。在生理心理学派和逻辑学派之间贯穿着心理和逻辑的争论，在逻辑学派和历史学派之间存在着逻辑和历史的争论。

第二节 早期学派

早期学派的代表人物是朗格（Friedrich Albert Lange 1828—1875），出生于神学教授家庭。他认为唯物主义是哲学最初阶段的表现形式，虽说是最低级的，但相对来说也是最坚固的阶段。他赞成社会主义，认为资本主义的缺陷在于财富滚滚地涌向企业家，工人除悲惨处境外，一无所有。

朗格的生理心理学观点的基本内容如下：

1、朗格受弥勒（Johannea Peter Muller 1801—1858）"感官固有能量"观点影响较深。作为一个生理学家弥勒发现：同一个刺激对不同感官可以产生不同的感觉，如雷电作用于眼睛引起电闪，作用于耳朵引起雷鸣；反之，不同刺激作用于同一感官也可以引起相同的感觉，比如锥刺、针扎都可引起疼痛。这就使感觉和对象之间一一对应的观点被打破了。由此朗格作出结论：

世界是什么样的,离不开感受主体是什么样的。感受主体的生理心理结构不同,感受的世界也不同。因此人无法谈论人以外的世界,所谈的世界,总是为各个人所感受到或感受后的世界。从这一点出发,他特别强调康德所使用的这样一些用语,比如:"对于我们……","对于人……"。言下之意是说只有相对于我们,相对于人类来说,世界才是什么样子的,离开我们,离开人的世界究竟是什么样子,人们无法谈论。再则,世界对其他生物来说是个什么样子,我们也无法知道,自然也就无法谈论。人的时间、空间感觉是感性观念先天所予的形式,是我们借以在其中观察事物的生理心理组织。人们的时空生理心理组织结构不同,自然会对同一个对象有不同的感受。朗格据此强调现代生理心理学研究的惊人成就完全可以证实一个古老的哲学命题:即普罗泰戈拉语所说的"人是万物的尺度"。

2、朗格从先验感性进而探讨先验理性。认为人的理性结构也是根基于人的生理心理组织结构。他把康德提出的十二对范畴还原于人的生理心理结构。在这个问题上康德仅仅停留在先验基础上,朗格试图进一步达到先天。他抓住了因果范畴,试图找到它们的生理基础。他说:"因果观念植根于我们的组织"(《唯物主义史》第158页),这一点和康德有共通之处。康德先验范畴的核心也是因果范畴,他的学说的最大矛盾——物自体——就是由因果律中推论出来的;他认为人们凭借感官、借助于感性、知性直观形式只能认识到"现象",而现象不是凭空产生的,它们的出现必有原因,因此由果溯因,"物自体"便被设定、推论出来了。"物自体"虽然是由因果律推出来的。但这些认识形式,包括因果律,因果观念又不适用于物自体本身,否则就会出现"二律背反",这就构成了康德学说中的一个重要矛盾。

朗格认为从古到今共有四种因果观念:(1)古代形而上学的因果观念。认为"原因不是产生于经验,而产生于纯粹理性,并且由于这一比较高级的根源,古代人相信"因果概念只有超出人类经验时,才是正确的和可以应用的。(2)休谟(Hume)的因果观念。"原因"不是来自纯粹理性而是来自于经验。因果联系纯粹是人们经验性的联想。这样,它的应用限度就很难确定,至少不是无限的,特别是无论如何不能应用于超越人们的经验范围以外的事物上。(3)康德的因果观念。是纯粹理性的首要概念,因而是我们全部经验的基础,在经验的范围内具有无限的正确性。但不可应用到诸如"上帝"、

"世界"、"物自体"等理性无法把握的事物上去。(4)朗格提出第四种观念，认为它根植于人们的生理机体组织，因此在经验的范围内无限正确。

康德利用因果观念推论出"物自体"的存在，朗格自视解决了因果范畴的生理心理依据，但并没有改变因果范畴的功能。他说："我们并不确实知道自在之物是否存在，自在之物不外是个：'极限'概念。我们的整个现象世界是依存于我们的器官的。现象和自在之物的对立是我们自己按照原因和结果的相互关系进行类比而设置的。"这种情况下的"极限概念"就如鱼对于岸的认识。只能用否定形式表达，只能说它"不是什么"，而不能说它"是什么"。

3、朗格把他的学说贯彻到一系列哲学问题中去，其结果是把心理的还原为生理的，把高级的还原为低级的，表面上看"很唯物"，实际上是混淆了唯物主义与唯心主义的根本区别，所以恩格斯批评他为"庸俗唯物主义者"。

第三节　马堡学派的新康德主义

马堡学派的代表人物有：

柯亨（Hermann Cohen 1842—1918）；那托普（Poul Natorp 1854—1924）
卡西尔（Ernst Cassier 1874—1945）；李伯特（Arthur Linert 1878—1946）

一、马堡学派对思维逻辑功能的探讨

早期学派认为人的思维受生理、心理能力的制约。由于不同种族生理、心理能力不同，因此思维必然受种族因素影响，这样，不同种族的人所认识的世界不可避免地受种族幻象的制约。马堡学派则认为人的知识本身具有超越感觉和超越种族的能力，人的特点在于寻求人之外事物的客观性。当我们认识到感觉的局限时说明我们已经超越了感觉的局限性。这种超越是靠逻辑的能力完成的。再则，谈论人的认识不应从认识的起点出发，而应从认识的最高成果出发去看认识能力的大小。人的最高能力不是人的生理能力，而是体现在他的创造物中，即印刷符号、书中以及说出来的东西中，所以讨论认识不应局限于认识的出发点。反之，感性能力离不开逻辑的制约，没有纯粹

不受理性制约的感性，理性囊括和把握了感性，感性活动中已有理性参加在内，这是为人所特有的。即使在简单感觉中也有内在的逻辑构成。不同理性结构的人看到的东西是不一样的。人们先天具有各种"思维规定"（即康德所说的范畴）。和对象结合在一起的思维规定叫"充实的思维规定"，或者说是已经实现的思维。没有实现之前，单纯作为可能性的应叫作"抽象的思维规定"。他是从充实的思维规定中抽象出来的。抽象的思维规定只是具有形成认识的可能性，感觉使这种可能性实现出来。由此马堡学派得出结论：思维除了自身以外，没有任何其他原因。认识是从思维开始的，思维不能产生于本身之外的某一地方。纯粹思维可以从本身产生某一东西。思维本身就是目的和对象。对此柯亨在《纯粹认识的逻辑》（德文版，第12页）中讲得更为清楚，他说："我们不同意先于逻辑的感性学说，我们从思维开始，思维除了本身以外，没有任何其他原因。"

二、对康德认识论的改造

1、用逻辑功能统摄感性功能

和早期学派相反，马堡学派认为人的感性认识只能作为抽象的思维规定，表现为充实的思维规定的助手出现，感性认识内在地包含有逻辑的作用。柯亨说："感觉嘟嘟囔囔地说不清楚，思维则头一个创造出词，感觉意味着模糊的意向；它指向何处呢？这首先由思维来说明，思维头一个给这种意向指出达到目的的方向"（《纯粹认识的逻辑》，德文版，第469页）。

2、把思维结构看做一个发展变化的系统

马堡学派认为：康德的十二对范畴基本上是静止的。对于现实的思维来说，十二对范畴远远不够。但从其具有的先天性（指天生基因携带）来说又显得太多了。所以康德的有关学说常被后人从各个角度予以曲解。和康德相比黑格尔则不需要设定先天庞大的体系，他的体系都是演绎出来的，因为它有发展的原则。马堡学派首先是吸收了黑格尔的合理思想，把静止的逻辑范畴变成发展的过程。其次，又不同于黑格尔，而是把范畴的发展过程从先验变成了一个后验的过程。

3、自在之物成了概念发展中的调节原则

自在之物的出现是以矛盾判断为特征的。在这种情况下，自在之物就成

了概念发展的推动（或者说调节）原则。人们使用、制定概念的目的是为了解决思维矛盾，而思维矛盾在康德看来又是当着人们运用概念去把握自在之物时必然会出现的现象。黑格尔说，"每一个概念都是一个二律背反。"换句话说，每一个概念都是一个要解决的矛盾，突破了这个矛盾，人类的认识就发展了。

4、用逻辑的观点看待世界和人

关于世界起源问题，历来争论不断。经验主义认为世界作为整体是"一"，作为"一"的世界是由多种多样的事物构成的。另一种观念认为宇宙是"一中有多"，而每一个"多"又可以看作"一"。马堡学派则认为世界根源于无限分之一，小到不能以感觉和感觉的延伸为限，而是以逻辑最小点为限。世界的构成最终只能落实在理性的实在性上。同时，马堡学派也用逻辑的观点去看人，人同样起源于"逻辑最小点"。当代学者卡西尔和苏珊同为符号美学的创始人。他们主张用符号论观点去看人，认为人作为一种生物，是符号性的反应刺激，只有人能够用符号的反应看待世界，使用不同符号的人是不同的活动主体，人的一切生活都是以符号的方式出现。在一定意义上，他们的观点与马堡学派有相同之处。

第四节　弗莱堡学派的新康德主义

弗莱堡学派的创始人是文德尔班（Wilhern Windelband 1848—1915），主要代表人物除了文德尔班外还有他的学生李凯尔特（Heinrich Rickert 1863—1936）。

一、社会历史学方法

弗莱堡学派认为人的活动核心是实践。逻辑的基础是实践而不是纯粹思维自由创造的产物。马堡学派用逻辑观点描述世界是万物齐一论的观点，其特点是抹煞了不同事物所具有的个性，把事物看成都是必然的、同一的东西，这是研究自然的方法，所利用的是自然物的可重复性。这种方法没有主体，不适用于社会历史。在社会历史中可贵的是非同一性，即非重复性、一次性，这在对历史事件、历史人物的评价中突出表现了出来。这表明马堡学派是在逻辑的齐一性中抹煞了个性的差别，弗莱堡学派则另辟蹊径。文德尔班说："我们在这里提出一种纯粹方法性上的，严格要求分类性的方法。分类原则是对形式区分的，有一些科学研究一般规律，另一些研究历史事实。即有一些科学的目标是普遍必然性的判断，另一些目标则是单称的实然性命题。"历史学派突出强调社会历史学方法，研究历史事件的一次性。认为逻辑学派追求规律，历史着重形式。历史学拥有一个不可转让的价值：要为人类的记忆保留一去不复返的东西。逻辑学给出一个画面的框架，历史学则添上特有的内容。反对一切从普遍引出特殊，从一引出多。在社会历史方法中，重要的是价值，不是事实；是应然而不是必然。弗莱堡学派的核心是价值观念。文德尔班使价值观念广为流传。

二、弗莱堡学派的价值观

（一）价值根源于对象的一次性

生活中有许多事物反复出现，这样的事物就没有价值，或者说没有很高的价值。一事物的价值在于其他事物的不可取代性，在于它不可重复的一次性。

（二）价值领域可分为三个方面

1、研究判断真伪的逻辑价值体系，即逻辑学的评价，这里重视的是真的价值；

2、研究意欲行为好坏的伦理学评价，这里重视的是善的价值；

3、研究艺术创作和观赏的美丑，是审美评价，强调的是美的价值。

这样真假、善恶、美丑都是价值学下属的三个领域或三个方面。传统哲学把真作为最高目标，倾向于理性。近代把真、善、美统一起来，就必然重视意志和情感。文德尔班指出："如果取消了意志和情感也就不再有价值了。"

（三）价值的自在性

事实和规律的自在性源于现实，而价值总是从属于价值的主体即评价者，那么价值是不是客观的呢？文德尔班提出"价值的趋高性"观点：他认为比较价值，应在深层人性中。价值取向、价值定位、价值评价总是趋向于高标准。这一点不同于动物，动物局囿于它的环境，只在一定范围内具有趋高性。人的价值构成具有文化特征，把价值高低的依据不是放在客体的自在现实上，也不放在主体的自在状况上,而是放在主体的目标上。

　　由以上分析不难看出:新康德主义者着重解决两个问题:1、心理和逻辑的关系,这主要发生在早期学派和马堡学派之间。争论的焦点是心物统一的方式不同,是从心理生理学观点出发去说明逻辑呢,还是相反。早期学派用的是还原论的方式,从生理心理角度去说明逻辑,缺点是容易把思维解释为一种偶然性现象,即认为会随着人的生理心理结构不同对同一认识对象得出不同的逻辑结论,从而破坏了逻辑规律的统一性;另一种是用逻辑现象去说明心理现象,认为逻辑不是心理的符号产物,而是符号本身固有的。这样世界就不是偶然的图像,而是具有必然性的,任何有理性的生物都是这样看的,因此他们赞赏数学和逻辑的语言。认为数学语言是唯一能沟通两种智能生物思维的方式;2、是弗莱堡学派和马堡学派的争论,焦点是逻辑和历史的关系。马堡学派主张逻辑第一,认为人类历史不过是逻辑的展开,历史是可以变化的,但逻辑不变,因此人类可以根据逻辑预测历史。历史学派(即弗莱堡学派)则强调人类发展没有先在的逻辑,逻辑本身是历史的产物,它只是人类的一种历史工具,随着历史发展而不断更新,前一代人的逻辑工具对后一代人可能并不存在,后一代人则可以在历史的基础上创造出新的逻辑来。

第七章 现象学（Phenomenology）

第一节 现象学与胡塞尔

一、现象学的的地位

可以从几个方面去说明：

（一）现象学做为一种方法，是当今西方流行的三大方法之一。另外两种是分析方法和辩证方法。从主导倾向来看，现象学方法也是一种理性方法，而且按照胡塞尔的意愿是比一般理性方法更为理性的方法。与分析方法相比，后者是经验理性方法，而现象学则是超验理性的方法。因为前者往往借助于形式逻辑，运用归纳或演绎推理获取结论，而后者则是通过一系列独特的"描述"来进行的。和生命哲学、意志哲学相比，后者是建立在非理性基础上，而现象学却是力求建立一种超越一般理性而更加严密基础上的理性认识方式。

（二）在发展方向上力图克服现代西方哲学中人本主义与科学主义的对立。就此而论，现象学的一个分支——存在主义虽然导向人本主义，但不能穷尽它，即不能完全代表现象学。

（三）现象学本身所具有的开创性表现在

1、对传统哲学的关系。提出传统的唯物主义和唯心主义的对立有一个共同根源，即把"存在"和"本质"相隔离，现象学认为二者虽有区别，但内在联系却是紧密的。正因为如此，虽有存在主义的一个命题"存在先于本质"

的产生,但同时亦应看到在一定意义上"现象与本质是同一的";

2、为现代哲学开创了一个新的视野——意义世界。胡塞尔指出"哲学并没有因为经验世界和自然世界的分离而受到限制,而是因为意义世界的开发得到解放","哲学的世界应超出科学,对意义世界开发,这样才能摆脱进退维谷的境地"。这些话应当说是很有见地的。

"现象学"中所说的意义不同于语言哲学中的意义,而是关于"对象"的意义。现象学的产生与发展导致两个结果:(1)存在主义;(2)释义学(即解释学)。现象学本身很晦涩,因而对它的理解也各种各样,可以说任何一种对现象学的理解都超出了现象学原本具有的内涵。

(四)影响广泛,不仅在哲学上影响很多派别,也在哲学之外影响许多学科:如社会学、历史学、心理学、语言学、艺术、宗教、美学等,出现了如解释美学、现象学美学、接受美学等分支学科。

二、现象学的含义

"现象学"源于希腊文,其意是"关于现象的学说"。

和康德同时的拉姆伯特(Lambert 1728—1733年)在1764年出版的《新的研究原则》一书中首先谈到一门叫做现象学的学科。他所说的"现象学"是指人类思维中虚幻的现象,类似于"假象"。康德笔下的现象不仅指假象也包括真象。在他那里和"现象"相对立的是"物自体"或"自在之物",即物的真正本质或引起现象的东西,这种提法和今天相似。不同之处在于康德认为凡是人能认识、把握到的都是现象,而"物自体"却是人们凭借认识、无论是感性认识或理性认识都把握不到的东西。黑格尔在《精神现象学》中所说的"现象",含义更为宽泛。他认为人们完全可以克服现象和物自体之间的对立,现象表现着本质,本质一定会通过现象表现出来,二者在互相区别的同时又互相渗透,因为二者都是绝对精神发展不同阶段上的环节,或者说都是绝对精神发展中的不同历史形态。

胡塞尔心目中的"现象"就其宽泛程度来讲和黑格尔一致,即对人显现的一切都是"现象"。"物自体"不在现象之外,"自在之物"就在现象之中,"现象就是本质",既包括实在的东西,也包括心理上的东西。正是因为"现象"内涵的这种宽泛性,才使得"现象学"的成果得以成为各门学科都可以借鉴、利用的东西。

虽然胡塞尔赋予"现象"的意义与黑格尔同样宽泛,但他建立现象学的方法却和黑格尔不同。黑格尔主张对于"现象"要用抽象思辨的方式,胡塞尔却主张要用"描述"的方式。正如皮尔士所说的:"现象学不仅要对一切能观察到的真实东西进行描述,而且要对先于观察的东西,真实的感知、虚幻的知觉、想象和梦进行研究。"

三、胡塞尔现象学的目标

现象学批判两种前哲学的态度,目的是使人们从前哲学或准哲学的态度上升到哲学态度。

两种前哲学的态度是:

(一)"自然的态度",胡塞尔指出:"我们从自然生活中的人的角度开始思考,'以自然的态度'去想象、去判断、去感觉、去意愿"(《二十世纪哲学经典文本 欧洲大陆哲学卷》第136页,复旦大学出版社1999年版)。这即是说,人们按日常经验形成的看法去看待世界,既接受以往流传下来的观念,又通过感官直接观察世界,把世界看成实在的,往往还把一些常识和未经反思的东西简单地接受下来,如"多行不义必自毙"。

(二)"科学的态度",也即实证科学的态度,借助于科学实验、逻辑推演、数值计算,不断揭示出"自然态度"的模糊性、虚假性,力求揭示事物的内在本质与发展规律,但最终给人提供的世界却是一个冰冷的、缺乏人性的世界。虽然这种"科学的态度"能指出旧观念中的错误,但没有力量建设新的人生理论。

胡塞尔认为:特定时代的哲学如果达不到应有的高度,就会出现意识形态上的危机。一方面受到科学的奚落,另一方面受到人们的轻视,这不仅是哲学的悲剧,也是时代的悲剧。由此现象学大谈危机,被称为"危机的哲学"。胡塞尔认为当时社会生活出现了种种危机,具体表现在:1、伦理的危机,上帝形象的塌陷导致意识形态的危机,哲学的重要使命是为重建人性准备理论基础。科学,特别是实证科学在当时虽然取得了长足的发展,但"在我们生命攸关的重要时刻,这种科学等于什么也没有说"。2、科学的危机,主要表现在物理学革命(尤其是普朗克的量子理论,爱因斯坦的相对论,海森堡的新量子论，薛定谔和狄拉克的波动力学相继出现等）使得"物理学稳定的基础已经解体，一切需要重新解释，假使科学不蜕变成假定的大杂烩，它就必须进行哲学的反思，着手对自己的彻底批判"。伽利略的客观主义和笛卡尔的主观态度之间的分裂启示人们必须进行哲学层面的反省。创立"现象学"可以帮助科学找到分裂的依据、澄清和批判一些基本的假定，使科学摆脱危机。3、哲学的危机，表现在人本主义和科学主义，理性主义和非理性主义，经验观点和超验观点的对立。针对这种种"危机"，胡塞尔给现象学提出四个目标：

第一，现象学应追求严密性，这门科学不求助于一些基本的假定，不使用一些未经考察的概念。

第二，追求彻底性，现像学要成为其他学科的开端，而不受其他学科的限制。这正像胡塞尔自己说的，现象学的任务正是在于："在纯粹明证性或自身被给予性的范围之内探究所有的被给予形式和所有的相互关系，并且对这一切进行解释性分析。"

第三，重建人性，应大力研究人的生活世界，为人的日常生活服务，而不是一种单纯的、失掉人性光辉的、所谓纯客观的"自然的态度"，在这个意义上他说："哲学家是人类的公仆"。

第四，追求直观性。寻求直观本质的方法。这种本质不是事物的自然本质，而是体现着人的价值的本质，这种直观是理性的，而不是非理性的。

换言之，这里的：

严密性——非先验性

彻底性——非实证性

探讨人生——非唯科学主义

追求直观——非分析理性，非非理性

现象学虽然没有达到这些目标，但这个目标却具有很高的学术价值，很多人同意这个目标在学术上的应然性。

四、现象学代表人物

现象学的思想先趋是布伦坦诺（1838—1917）。他的意向性理论启发了胡塞尔。布氏有两个杰出的学生，一个是梅农（1853—1921），另一个就是胡塞尔。梅农研究客观理论，胡塞尔着重本体论。胡塞尔的学生舍勒（1874—1928）把现象学应用于社会伦理，取得杰出成就。法柏（1901—1980）作为唯物主义的现象学学者（美国人），认为现象学是唯心主义的最后一个堡垒。

五、胡塞尔思想的发展

胡塞尔（Edmund Husserl, 1859—1938），是犹太血统的德国人，出生于1859年4月8日（与柏格森，杜威同年出生）。1882年在维也纳大学获博士学位。1883年开始跟随布伦坦诺研究哲学。其一生可分为四个时期：

（一）1887—1901年，在哈勒大学任讲师，此时是现象学的酝酿创立时期。因受布氏影响很大，试图从心理活动出发，对意识进行心理分析，同时把逻辑问题也划归于心理学，因而学界又称其为心理时期。需要说明的是，在胡塞尔时代，对"逻辑"的根源与本质问题有两种看法：1、认为逻辑是心理学中的一支；2、认为逻辑是一种规范学，即"思维道德学"，胡塞尔认为两者都是经验主义。前者把逻辑学归于心理学，后者把逻辑看成技术或工具，他坚持康德先验逻辑路线，试图走一条中间道路。1891年《算术哲学》写成，把数的概念解释成计量数的根据，称"数"是心理的计数活动。该书受到弗雷格的严厉批评，胡表示接受，这是他的学术艰难时期，试图放弃自己的观点。十年后写出《逻辑》，提出现象学是对主观过程经验的描述分析，这本书被罗素评价为划时代的里程碑。

（二）1901—1902年，摆脱了心理学倾向，为逻辑寻找自身依据。在哥廷根大学经数学家希尔柏特推荐做编外教授，学术发展比较活跃。他的描述分析的方法和对哲学的献身精神吸引了国内外的大批学生，围绕他组成学术团体。舍勒就是其中之一，该团体的宣言就是《作为严格科学的哲学》，该时期又称作逻辑心理冲突时期。

（三）1916——1928年，此时任弗赖堡大学正式教授。这个时期的突出特点是：着重研究逻辑和人，被学界称为逻辑、历史冲突时期。西方文化、逻辑、历史的危机使他陷入重重困惑和沉思。此时期代表作是《笛卡尔的沉思》。

（四）退休后，即1928—1935年，晚年形成了比较明显的人本主义思想，从逻辑走向历史，提出"生活世界"理论，晚年出版《欧洲科学危机和先验现象学》，此时期又被称作历史时期。

第二节 现象学方法

一、什么是现象学方法？

胡塞尔认为现象学本身就是一种方法，这种方法是一开始既不需要本体论的假定，也不需要认识论和方法论的假定。但在应用时却既要论证本体论又要论证认识论和方法论的合理性。他说："一旦人们理解了我们的目的，他们就不会怀疑只存在一种终极的科学，它是跟揭示本原的先验现象学合为一体的。"进一步讲，现象学就是关于观察者怎样摆脱一切预先假定，凭直觉来发现本质的方法，也就是如何使观察者真正面向事实本身的方法。这是针对人们事实上很难面对事实而提出的。人们在观察任何事实之前，思想上包含了各种各样的文化假定，所以每个人直接地看来，似乎都是面对事实，而实际上都没有真正地面对事实。因此，首要的是摆脱头脑中各种事先固有的各种假定。面对事实包括：发现本质；运用直观；不需要任何假定。

现象学主张：

1、现象就是本质。其意是指本质并非隐藏在现象之后，而是直接呈现于现象之中。现象学承认本质：既不同于柏拉图的理念，也不同于康德的和本质对立的现象，同时也不同于黑格尔《精神现象学》中所说的"现象"，不是用思辨可以达到的。"现象就是本质"不是透过现象去追求本质，而是强调二者不是两个存在物，是完全合一的。

2、在承认现象就是本质的基础上进一步确认：现象是可以直观的。这里的直观不是感性层次（即看、听、触等意义）上的，而是包括感性、知觉、逻辑思维、想象力、理性在内的。理性可以是直观的形态，但不能穷尽直观，直观可以理解为一切认识能力的总和。理性的本质是逻辑分析，而直观总是超出逻辑。

3、直观就是摆脱一切假定，摆脱人类的洞穴（种族幻象）。所以现象学理论包括：（1）悬置法；（2）还原法；（3）意向性理论；（4）先验自我及对先验自我的修正；(5) 生活世界理论，现对主要理论作以介绍。

二、悬置法（加括号法）

悬置法是对一些悬而未决的问题用括号括起，以后说明，这本是数学运算中的方法，胡塞尔引入现象学。

1、悬置的对象

——是悬而未决的问题。比如对于"存在"问题，不是说的一个东西有没有、存在不存在的问题，而是指哲学意义上的、形而上学或本体论意义上的存在。比如：桌子除了它的属性以外，还有没有一般意义、普遍意义上的"存在"问题，这种意义上的"存在"是唯物论、唯心论、唯理论、经验论长期争论不休的问题。以前的哲学把这个"存在"问题视为解决其他问题的前提。胡塞尔认为：这个问题虽然可以作为哲学中的一个问题进行讨论，但它的解决与否并不影响其他问题的解决。

2、悬置的目的

——不是对问题简单地肯定或否定，而是把它看成一种假定，这样就不会受偏见的影响。因为假定本身不会产生偏见，没意识到假定是假定才会产生偏见。意识到假定的假定性，面向事实，会成为一个忠实的观众。胡塞尔指出：人把"自然世界"括了起来，摆脱了自然科学的态度就回到了自身，把"自我"当作"自我"，而不是当作"自然"来对待。这样，我们就回到了"心理的"与"物理的"绝对的界限。划清这个界限，照胡塞尔的说法是整个欧洲哲学的任务。但同时他又和实证主义相区别，他说："如果实证主义只是意味着不带任何偏见地把一切科学都建立在实证性及建立在必须从起点加以把握的东西上，那么我就不是真正的实证主义者。"

3、本质和存在

胡塞尔认为传统哲学的缺点在于它把存在和本质分割开。唯物主义从存在索求本质，唯心主义则从本质索求存在。胡塞尔认为本质和存在可以区分开，但不可分割。人们理性面对的是本质（即其他哲学所认为的意义），感性对象虽然是存在的，但并不都具有本质。影响人类许多有意义的活动并不一定是真实存在的。比如，科学观念中的"零"和"虚数"，"无理数"就是如此。本质世界（意义世界）比实存的感性世界范围要大一些，人们是通过本质理解现存事物,"本质与存在相对区分",本质实际上是理性的对象,存在是感性的对象,但这并不否认人类的一部分理性对象涉及存在与否的问题。简言之,本质问题是理性把自己投射到对象上的问题,实际上它不是从对象中得来的,而是理性向外辐射的结果。事物的意义实际上是人的理性,事物的意义是人赋予的。

4、悬置法是否取消哲学

胡塞尔认为悬置法并不取消哲学,而是开拓了哲学的新视野。传统哲学被本质问题纠缠住,他则取消了这种纠缠,把人引向更广阔的世界。"所以,哲学并没有因为与自然世界、经验世界的分离而被限制住,反而因为意义世界的开发而得到了解放。哲学不再陷于进退维谷的境地,要么与经验科学争地盘,要么只是具有自己那种非科学的思辨或浪漫的方法"(霍尔)。整个科学是在应用着意义,而哲学则是在分析和说明意义。

悬置法是现象学的准备过程,现象学的中心是还原法。还原法又可分为本质的还原和先验的还原。

三、本质还原

当把本质和存在区分后,本质就不是从现象中归纳出来的了,发现本质是一种直观的方法。要注意的是:

1、还原法不是还原主义

还原主义是指用"无非是……"类型语言方式表达思想的思维方法。其哲学态度是把一切存在着的事物还原到基础性存在,如"焚琴煮鹤"。他们认为整个文化世界不存在,认为一切都是物质,把一切非物质的文化性存在都抹煞了。如庸俗唯物主义、拜金主义、物理主义。易言之,还原方法是把精神的还原为心理的,把心理的还原为生理的,再把生理的还原为物理的。在一定意义上说,还原主义只能作为一种科学方法,一种哲学态度,但不能作为人的世界观。(文革时的"血统论"就可以看作是还原主义的一种表现。)

2、还原法还原的是本质的意义

一般认为本质是从存在中抽象提取出来的。但这样就产生了一个疑问,我们是凭什么把一类东西放在一起的?比如我们依据什么把樱桃、苹果、香蕉等都叫做"水果"。胡塞尔认为这是先把本质幅射于对象,再把本质还原到原来的依据上。现象学的还原是试图找出本质的意义,这种意义不是单纯的逻辑过程能够办到的,而是直观的过程。换言之,还原法实质上是直观发现本质的过程。

3、现象学的意义是直观对象

胡塞尔指出:"正像能直接听到声音一样,人能直观到本质。在直观时,人能一目了然地说出判断的本质。"他认为在人的逻辑思维能力之上,人还应有一种直观能力,这种能力不能用语言说明和把握。语言,逻辑只是启发直觉,任何语言和逻辑的背后都存在着一种较高的能力——直觉,本质还原就是找出这个直觉。本质还原的方法是"自由想象的变动"。大意是指主体自由想象客体的变动,从而调动自己对本质的直觉。胡认为人心中原本就有一种直觉能力,辐射到对象上,有些符合本质,有些不符合,要通过自由想象的变动从而确定本质。"自由"是指对象的无限性、变项的无限性。"那在无限开放领域中的一切变项,其中包括任选的和摆脱了它的一切事实属性的最初的例子"(胡塞尔)。"这些变项处于一种中和的互相交叉和整体的互相联结的关系中,更具体地说,它们处于一种冲突中的一致的连续的和统包的综合之中。但是,正是随着这种一致,久经这种自由的和永远可以演变的变更而必定出现的东西就变得模糊起来了。这个不变者,这个在一切异而又异之中保持一致的东西,就是共同于这一切的本质。这个例子的一切可想象的变项以及这样的一切的变项的变项正是由于这个普遍的本质而被限定起来。这个不变者就是相应于这个例子的实体的本质形式,也就是本质。"(这段话的意思就是说在变项中寻找变动的不变者。"变动的不变者"是柏拉图首先使用的。但他是指在实存中发现的不变者,即理念,胡塞尔指出这种不变者有两种:实存的和自己设定的。)

四、先验还原

1、先验还原回答的问题

这里的"先验"虽有"时间上"先于某一特定的具体经验的意思,但更突出强调的是"逻辑上"先于,即决定、超越某一特定经验的内涵。"先验还原"是不满足于关于特定对象本质性的认识,而是由此继进,进一步挖掘出有关该对象本质之所以能够成立的更深层的根据:也即整个认识活动中先于经验认识、决定经验认识的对象、结果、本质得以成立的东西。换句话说，本质还原通过"部分中止判断"、通过"自由想象的变动"获得的是关于特定对象本质性的认识，而先验还原则是通过"彻底中止判断"，以求获得"形而上"意义上的、特定对象本质之所以能够确定、能够成立的更深层次上的逻辑前提或最终根据。

那么，怎么样获得这种根据，最后获得的这种根据具有什么样的性质呢，这就是先验还原要回答的问题。

2、先验还原的思想根源

按照胡塞尔自己的说法，启发他提出先验还原观点的一是笛卡尔的"我思故我在"，二是布伦塔诺的"意向性理论"。

笛氏"由思而我"，即从我在思考、我在怀疑推导出一定有一个"我"在，并把这个"我"作为建立自己整个哲学体系的、不容再进行怀疑的、最终逻辑根据的"阿基米德点"，而这个"我"最根本的特点、最本质的属性又正是能够思维、能够怀疑即具有"纯粹意识"。

布氏"意向性理论"确认：任何意识都是关于对象的意识，或者说都是指向对象的意识，在这个意义上，可以说任何意识都具有指向性、趋向性特征。

人们通过"本质还原"获得的关于对象本质性的认识虽有源于客观存在的一面，同时还具有源于主观意识的另一面。没有前者，就没有了关于特定事物的具体性内容，而没有了后者同样就没有了关于特定事物本质性认识的具体形式，从而导致关于特定事物的本质性认识同样不能成立。

与本质还原相区别，借助于自由想象"变中的不变"把握到的是关于对象本质性认识中的客体性或客观性的东西，而借助于先验还原把握到的却是构成本质性认识的主体性或主观性的东西。这表明所谓"先验还原"的材料是"现象学的剩余"，就是指关于对象本质性认识中剥离掉客观性内容之后的纯粹主观性的东西，并由此出发进一步去追索"先验的主体"。

再则，人们关于对象的认识不仅包含着关于对象是什么的内涵，还必然包含着对象对于"我"来说具有什么样的意义的认识。不仅在关于对象是什么的认识中体现出主体性精神，更在关于对象对于"我"来说具有什么样的意义中体现出主体性精神。与此同时"先验还原"还认为：单纯的我还不足以显现我在，而应从我思的对象中发现我在。没有无对象的思，思中可以发现对象，对象中也可以发现思的我。我、思、对象三者当中，对象也体现自我。胡塞尔认为"客观世界是作为观念、作为主观东西与客观东西之间观念东西的概念而出现的。客观世界是在自我这个第一性的意识世界基础上形成的"。这就是说，在胡塞尔看来，客观事物本身不足以构成客观世界，客观世界只对人存在，主观性（意识性）是构成客观世界基础性、前提性的根据之一，而且相比之下，应该说是更为根本、更具有决定意义的根据。

至此，我们可以粗略地把"现象学方法"描述如下：

1、把以往人们争论不休的诸如客观事物是否独立存在、作为客观事物之一的"人"或"我"是否能离开意识而独立存在等等的问题"悬置起来"存而不论，不然将会导致循环论证；

2、通过"本质还原"获取关于对象的、"变中不变的"、"存在之所以存在的"、形而上学意义上的认识；

3、通过"先验还原"，追索有关"对象"、"我"、以致整个世界之所以能够存在、确立的先验性、主体性、主观性、纯粹意识性根源。

图书在版编目(CIP)数据

西方哲学讲演集/王干才著.
—北京:中央编译出版社,2011.11
ISBN 978-7-5117-0879-3

Ⅰ.①西⋯
Ⅱ.①王⋯
Ⅲ.①西方哲学-文集
Ⅳ.①B5-53

中国版本图书馆CIP数据核字(2011)第096659号

西方哲学讲演集

出 版 人	和 龑
策划编辑	冯 章
责任编辑	冯 章
责任印制	尹 珺
出版发行	中央编译出版社
地 址	北京西城区车公庄大街乙5号鸿儒大厦B座(100044)
电 话	(010)52612345(总编室) (010)52612351(编辑室)
	(010)66130345(发行部) (010)66509618(读者服务部)
	(010)66161011(团购部) (010)52612332(网络销售)
网 址	www.cctpbook.com
经 销	全国新华书店
印 刷	北京瑞哲印刷厂
开 本	787毫米×1092毫米 1/16
字 数	270千字
印 张	18.25
版 次	2011年11月第1版第1次印刷
定 价	49.00元

本社常年法律顾问:北京大成律师事务所首席顾问律师 鲁哈达
凡有印装质量问题,本社负责调换,电话:(010)66509618